学ぶ人は、
変えてゆく人だ。

目の前にある問題はもちろん、

人生の問いや、

社会の課題を自ら見つけ、

挑み続けるために、人は学ぶ。

「学び」で、

少しずつ世界は変えてゆける。

いつでも、どこでも、誰でも、

学ぶことができる世の中へ。

旺文社

JN042145

でる順×分野別

漢検問題集

五訂版

旺文社

目次

編集協力 株式会社友人社
校正 多田祐子・千葉和子・原田俊行
装丁デザイン ライトパブリシティ（大野瑞生）
本文デザイン 伊藤幸恵・佐藤誠
本文イラスト 三木謙次

漢字検定（漢検）とは

本書が目指す「漢字検定（漢検）」とは、公益財団法人日本漢字能力検定協会が主催（しゅさい）する「日本漢字能力検定」のことです。漢字検定は1級から、準1級・準2級を含む10級までの12段階に分かれています。

●受検資格

年齢・学歴などにかかわらず、だれが何級を受検してもかまいません。検定時間が異なれば4つの級まで受検できます。受検には個人受検・団体受検・漢検ＣＢＴ受検の3つがあります（詳しくは10ページ）。

●出題対象となる漢字

漢字検定では、それぞれの級に定められた出題範囲があります。それぞれの級で新たに出題対象となる漢字を配当漢字といい、当該（とうがい）級はそれ以下の級の配当漢字も出題範囲に含まれることが原則です。

4級では、5級までの配当漢字１０２６字と、4級の配当漢字３１３字を合わせた１３３９字が出題の対象となります。

●問い合わせ先

公益財団法人　日本漢字能力検定協会

本　部　〒605－0074
京都府京都市東山区祇園町南側 551 番地
TEL. 075－757－8600
FAX. 075－532－1110

URL　https://www.kanken.or.jp/

●漢字検定４級の審査基準

程度	常用漢字のうち約1300字を理解し、文章の中で適切に使える。
領域・内容	**《読むことと書くこと》** 小学校学年別漢字配当表のすべての漢字と、その他の常用漢字約300字の読み書きを習得し、文章の中で適切に使える。 ・音読みと訓読みとを正しく理解していること ・送り仮名や仮名遣いに注意して正しく書けること ・熟語の構成を正しく理解していること ・熟字訓、当て字を理解していること （小豆／あずき、土産／みやげ　など） ・対義語、類義語、同音・同訓異字を正しく理解していること **《四字熟語》**　四字熟語を理解している。 **《部首》**　部首を識別し、漢字の構成と意味を理解している。

●漢字検定４級の採点基準

字の書き方	正しい筆画で明確に書きましょう。くずした字や乱雑な書き方は採点の対象外です。
字種・字体・読み	2～10級の解答は、内閣告示「常用漢字表」（平成22年）によります。旧字体での解答は不正解となります。
仮名遣い	内閣告示「現代仮名遣い」によります。
送り仮名	内閣告示「送り仮名の付け方」によります。
部首	『漢検要覧　2～10級対応』（公益財団法人日本漢字能力検定協会）収録の「部首一覧表と部首別の常用漢字」によります。
合格基準	合格のめやすは、正答率70%程度です。200点満点ですから、140点以上とれれば合格の可能性大です。

●おもな対象学年と出題内容　※ 2024 年 4 月現在

<table>
<tr><th>内容／級</th><th>レベル</th><th>漢字の書取</th><th>誤字訂正</th><th>同音・同訓異字</th><th>四字熟語</th><th>対義語・類義語</th><th>送り仮名</th><th>熟語の構成</th><th>部首・部首名</th><th>筆順・画数</th><th>漢字の読み</th><th>検定時間</th><th>検定料</th></tr>
<tr><td rowspan="2">2</td><td rowspan="2">高校卒業
・
大学
・
一般程度</td><td>○</td><td>○</td><td>○</td><td>○</td><td>○</td><td>○</td><td>○</td><td>○</td><td></td><td>○</td><td rowspan="2">60 分</td><td rowspan="2">4500 円</td></tr>
<tr><td colspan="10">《対象漢字数》
2136 字（準 2 級までの対象漢字 1951 字＋ 2 級配当漢字 185 字）
※高等学校で習う読みを含む</td></tr>
<tr><td rowspan="2">準2</td><td rowspan="2">高校在学
程度</td><td>○</td><td>○</td><td>○</td><td>○</td><td>○</td><td>○</td><td>○</td><td>○</td><td></td><td>○</td><td rowspan="2">60 分</td><td rowspan="2">3500 円</td></tr>
<tr><td colspan="10">《対象漢字数》
1951 字（3 級までの対象漢字 1623 字＋準 2 級配当漢字 328 字）
※高等学校で習う読みを含む</td></tr>
<tr><td rowspan="2">3</td><td rowspan="2">中学校卒業
程度</td><td>○</td><td>○</td><td>○</td><td>○</td><td>○</td><td>○</td><td>○</td><td>○</td><td></td><td>○</td><td rowspan="2">60 分</td><td rowspan="2">3500 円</td></tr>
<tr><td colspan="10">《対象漢字数》
1623 字（4 級までの対象漢字 1339 字＋ 3 級配当漢字 284 字）
※中学校で習う読みを含む
※高等学校で習う読みは含まない</td></tr>
<tr><td rowspan="2">4</td><td rowspan="2">中学校在学
程度</td><td>○</td><td>○</td><td>○</td><td>○</td><td>○</td><td>○</td><td>○</td><td>○</td><td></td><td>○</td><td rowspan="2">60 分</td><td rowspan="2">3500 円</td></tr>
<tr><td colspan="10">《対象漢字数》
1339 字（5級までの対象漢字 1026 字＋ 4 級配当漢字 313 字）
※中学校で習う読みを含む
※高等学校で習う読みは含まない</td></tr>
<tr><td rowspan="2">5</td><td rowspan="2">小学校
6 年生
修了程度</td><td>○</td><td>○</td><td>○</td><td>○</td><td>○</td><td>○</td><td>○</td><td>○</td><td>○</td><td>○</td><td rowspan="2">60 分</td><td rowspan="2">3000 円</td></tr>
<tr><td colspan="10">《対象漢字数》
1026 字（6 級までの対象漢字 835 字＋ 5 級配当漢字 191 字）
※中学校で習う読みは含まない</td></tr>
</table>

※内容は変更されることがありますので、日本漢字能力検定協会のホームページをご確認ください。

本書の特長

特長① 「でる順」×「分野別」で効果的に学習

合格に必要な実力養成のために、過去の検定試験で実際に出題された漢字を約18年分、独自に分析し、ABの二段階の「でる順」に分け、さらにその中を分野別で構成しました。同じ配当漢字でも、出題用例ごとに頻度を分析しましたので、効果的な学習が可能です。

特長② 実践的な漢字資料付き―別冊付録

「4級配当漢字表」「おもな特別な読み、熟字訓・当て字」「5級以下の配当漢字」「部首一覧」を、見やすい形で別冊に収録しています。また配当漢字表では、その漢字がどの分野でねらわれやすいのか、ひと目でわかるように、アイコンを付けてあります。

学習の基礎資料としてはもちろん、別冊に収録しているので持ち運びもしやすく、検定会場での直前チェックにも使えます。

特長③ 本番対策にもしっかり対応

予想問題（3回分）

検定試験の対策として、本番形式の予想問題を3回分収録しています。

ダウンロード特典

模擬試験2回分（解答付き）と原寸大解答用紙を無料でダウンロードできます。

［ダウンロード特典のご利用方法］

以下のURLまたはQRコードからアクセスし、「漢検」カテゴリの該当級をダウンロードしてください。

URL：https://www.obunsha.co.jp/support/tokuten/

※サービスは予告なく終了する場合があります。

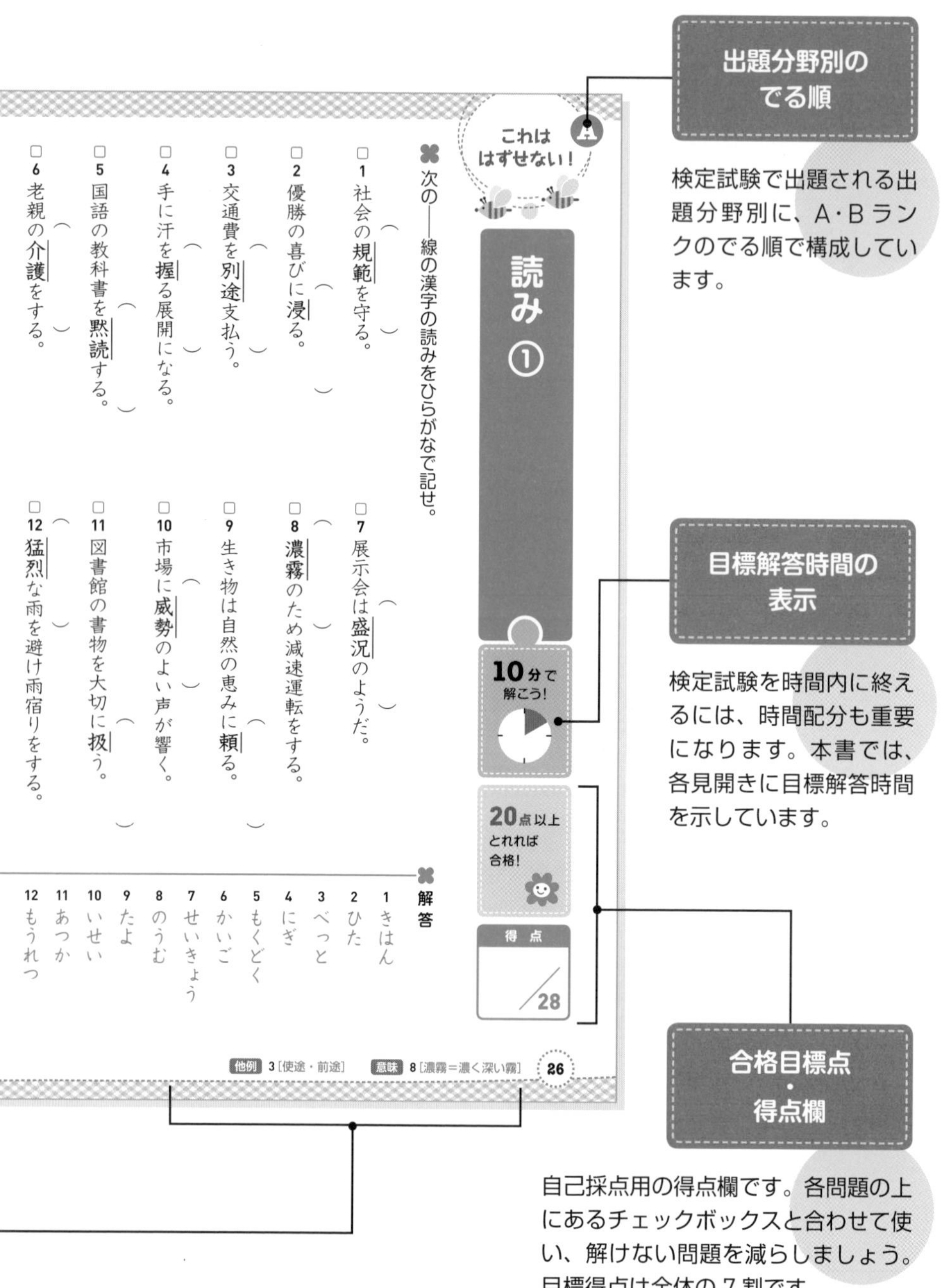

これは はずせない！ A

読み ①

10分で解こう！

20点以上とれれば合格！

得点 /28

次の――線の漢字の読みをひらがなで記せ。

□ 1 社会の規範を守る。（　）
□ 2 優勝の喜びに浸る。（　）
□ 3 交通費を別途支払う。（　）
□ 4 手に汗を握る展開になる。（　）
□ 5 国語の教科書を黙読する。（　）
□ 6 老親の介護をする。（　）
□ 7 展示会は盛況のようだ。（　）
□ 8 濃霧のため減速運転をする。（　）
□ 9 生き物は自然の恵みに頼る。（　）
□ 10 市場に威勢のよい声が響く。（　）
□ 11 図書館の書物を大切に扱う。（　）
□ 12 猛烈な雨を避け雨宿りをする。（　）

解答

1 きはん
2 ひた
3 べっと
4 にぎ
5 もくどく
6 かいご
7 せいきょう
8 のうむ
9 たよ
10 いせい
11 あつか
12 もうれつ

他例 3［使途・前途］　意味 8［濃霧＝濃く深い霧］　26

出題分野別のでる順

検定試験で出題される出題分野別に、A・Bランクのでる順で構成しています。

目標解答時間の表示

検定試験を時間内に終えるには、時間配分も重要になります。本書では、各見開きに目標解答時間を示しています。

合格目標点・得点欄

自己採点用の得点欄です。各問題の上にあるチェックボックスと合わせて使い、解けない問題を減らしましょう。目標得点は全体の７割です。

A ランク…… 検定試験で必ずといっていいほど出題される最重要問題
B ランク…… 検定試験でよくねらわれる合否を左右する重要問題

読み ①

13 人の迷惑を考えない人がいる。（　）
14 君のためなら幾らでも協力する。（　）
15 里へ降りてきたサルを捕獲した。（　）
16 勇気を鼓舞して敵を撃つ。（　）
17 世界でも屈指の大富豪だ。（　）
18 全国各地に店舗を構える。（　）
19 寸暇をおしんで勉強する。（　）
20 松島の雄大な景色に見とれた。（　）
21 目にも鮮やかな料理を楽しむ。（　）
22 池の周りには雑草が繁茂している。（　）
23 彼の形相には鬼気迫るものがある。（　）
24 希望に輝く未来をともに創ろう。（　）
25 毎年恒例のもちつき大会を行う。（　）
26 久々の家族での外出に心が弾む。（　）
27 彼は神妙な態度で語り始めた。（　）
28 問題に鋭い視点から切り込む。（　）

13 めいわく　14 いく　15 ほかく　16 こぶ　17 くっし　18 てんぽ　19 すんか　20 ゆうだい　21 あざ　22 はんも　23 せま　24 かがや　25 こうれい　26 はず　27 しんみょう　28 するど

27　意味 16［鼓舞＝（つづみを打って舞を舞うことの意から）人をはげまし勢いづけること］

赤色シートで消える解答

解答は赤い字で書かれており、付属の赤色シートでかくすことができます。このシートを使えば、同じページの中にある解答を気にすることなく学習できます。

充実した解説

学習の手助けになるように解説を充実させました。解答欄はもとより、ページの欄外にも解説を入れてあり、わざわざ辞書を使わなくてもポイントを押さえた学習が可能です。確実な実力を養成するためにも、しっかり確認しておきましょう。

漢字検定を受検する方法は、大きく分けて3つあります。公開会場で受ける「個人受検」と、コンピューターを使って受検する「漢検ＣＢＴ」、学校や企業・塾などで一定人数以上がまとまって受ける「団体受検」です。それぞれの主な流れを見てみましょう。

公開会場

検定日　原則として毎年、6月・10月・翌年2月の日曜日の年3回。申し込み期間は、検定日の約3か月前から約1か月前。

検定会場　全国主要都市および海外主要都市。

インターネットで申し込み

日本漢字能力検定協会（以下漢検協会）のホームページ(https://www.kanken.or.jp/)の申し込みフォームにアクセスし、必要事項を入力。

コンビニで申し込み

指定のコンビニに設置された端末機で申し込み。

取り扱い書店で申し込み

取り扱い書店で願書を手に入れ、書店で検定料を支払って書店払込証書を入手。

団体受検　（準会場受検）

設置条件を満たしている学校や団体が、自ら団体受検用の会場と責任者を設け実施する受検方法です。2級～10級の準会場での志願者が合計10人以上ならば申し込みが可能で、協会が指定する日程（年間で17日程度）の中から検定日を選択することができます。

※申し込み方法に関する詳しい情報は、日本漢字能力検定協会のホームページをご確認下さい。

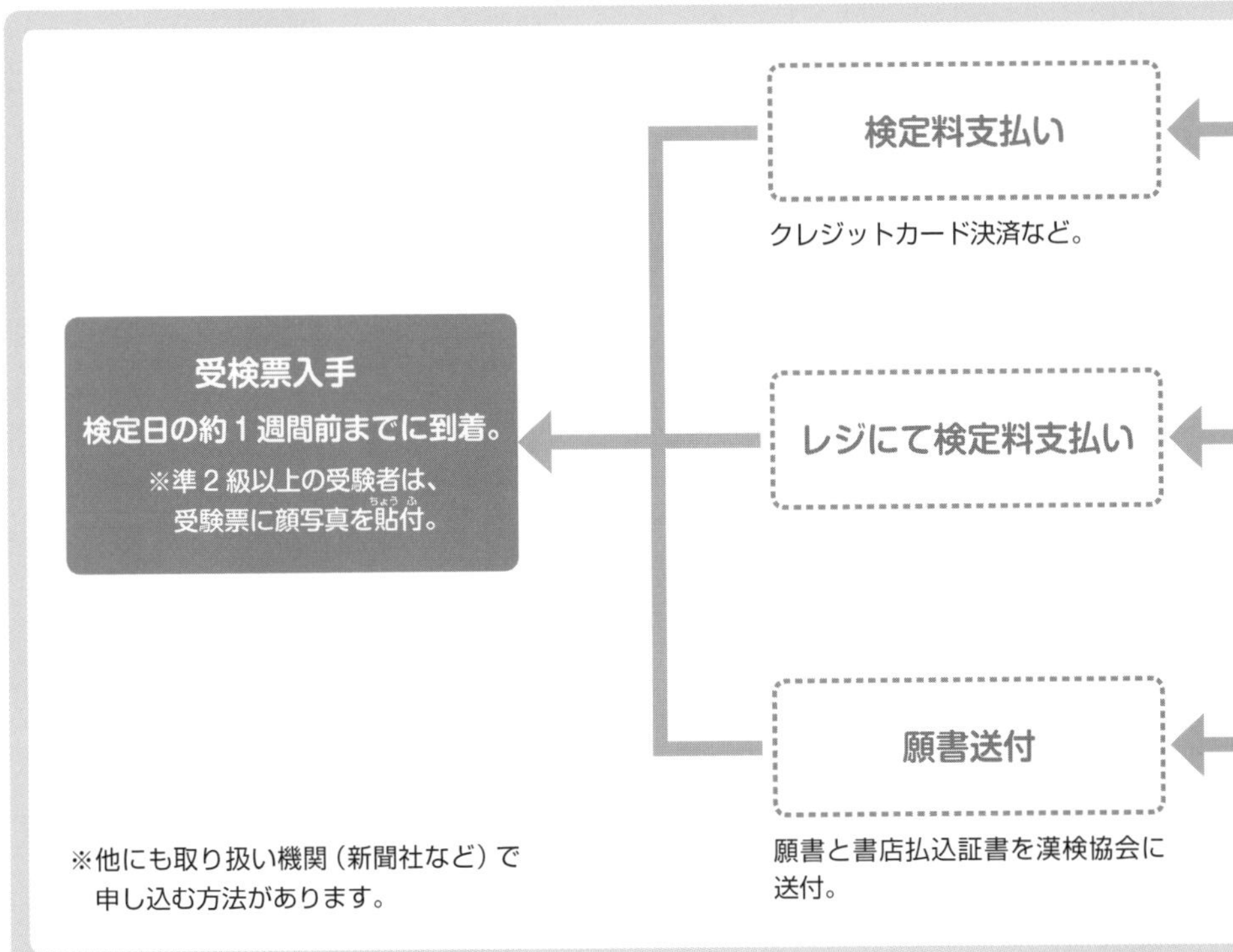

漢検 CBT （コンピューター・ベースド・テスティング）

漢検 CBT は、コンピューターを使って受検するシステムのことです。合格すると従来の検定試験と同じ資格を取得することができます。漢検 CBT で受検できるのは２～７級で、検定料は従来の検定試験と同じ、申し込みはインターネットからのみです。通常の（紙での）検定試験とのちがいは、実施回数です。検定試験が年３回であるのに対し、漢検 CBT は、試験会場によっては日曜祝日も実施しており、都合のよい日程で受検できます。試験会場は 47 都道府県、150 箇所以上に設置されています。また、合否の結果が約 10 日でわかるので非常にスピーディといえます。

自分の学習レベルと審査基準を照らし合わせて、受検級を決めましょう。受検日を決めたら、『でる順×分野別　漢検問題集』で勉強を始めましょう！

3か月前

まずは最低限！

合格に最低限必要とされるAランクの問題を確実に解けるようにしよう！

確かな合格力を！

Aランクが一通り終わったら、Bランクにステップアップ！

申し込みを忘れずに！

申し込み期間は3か月前から1か月前。忘れないように、早めに申し込んでおこう！

1か月前

1週間前

受検票をゲット！

1週間前までに受検票が送られてくる。受検会場・検定時間をしっかり確認しておこう！

直前で実力チェック！

巻末の予想問題で自分の弱点を確認！　全3回収録されているので、定期的に解いてみよう！　模擬試験（2回分）も無料でダウンロードできるので活用しよう！

前日

試験当日

1か月後

試験本番は落ち着いて！

別冊を使って最後の確認を。試験本番では今までがんばった自分を信じて、あわてずしっかりと問題を解こう！
とめ・はねなどははっきりと！ 時間が余ったら、見直すことも忘れずに。

忘れ物は厳禁！

試験当日には、
①受検票　②消しゴム　③筆記用具（HB・B・2Bえんぴつ、またはシャープペンシル）を必ず持っていこう！
万年筆やボールペンは不可で、腕時計・ルーペは持ち込み可となっている。

合格の通知！

検定日の約30日後から漢検ホームページで合否結果を確認できる。また、約40日後に、合格者には合格証書・合格証明書と検定結果通知が、不合格者には検定結果通知が郵送される。

次の級へチャレンジ！

合格したら、次の級の受検を考えよう！
今回と同じ方法で勉強すれば、きっと大丈夫!!
まずは巻末の3級チャレンジテストで力だめし！

合格の目安は7割

漢字検定4級は、200点満点中の70%（140点）程度で合格とされます。

「読み」「同音・同訓異字」「書き取り」を確実におさえる

【資料1】でわかるように、「読み」「同音・同訓異字」「書き取り」の問題の配点が全体の50%を占めており、この3ジャンルをしっかりとおさえることが合格の必須条件です。

その他のジャンルもまんべんなく7割以上の得点を目標として、苦手な分野は集中して学習しましょう。

【資料1】 各ジャンルの配点

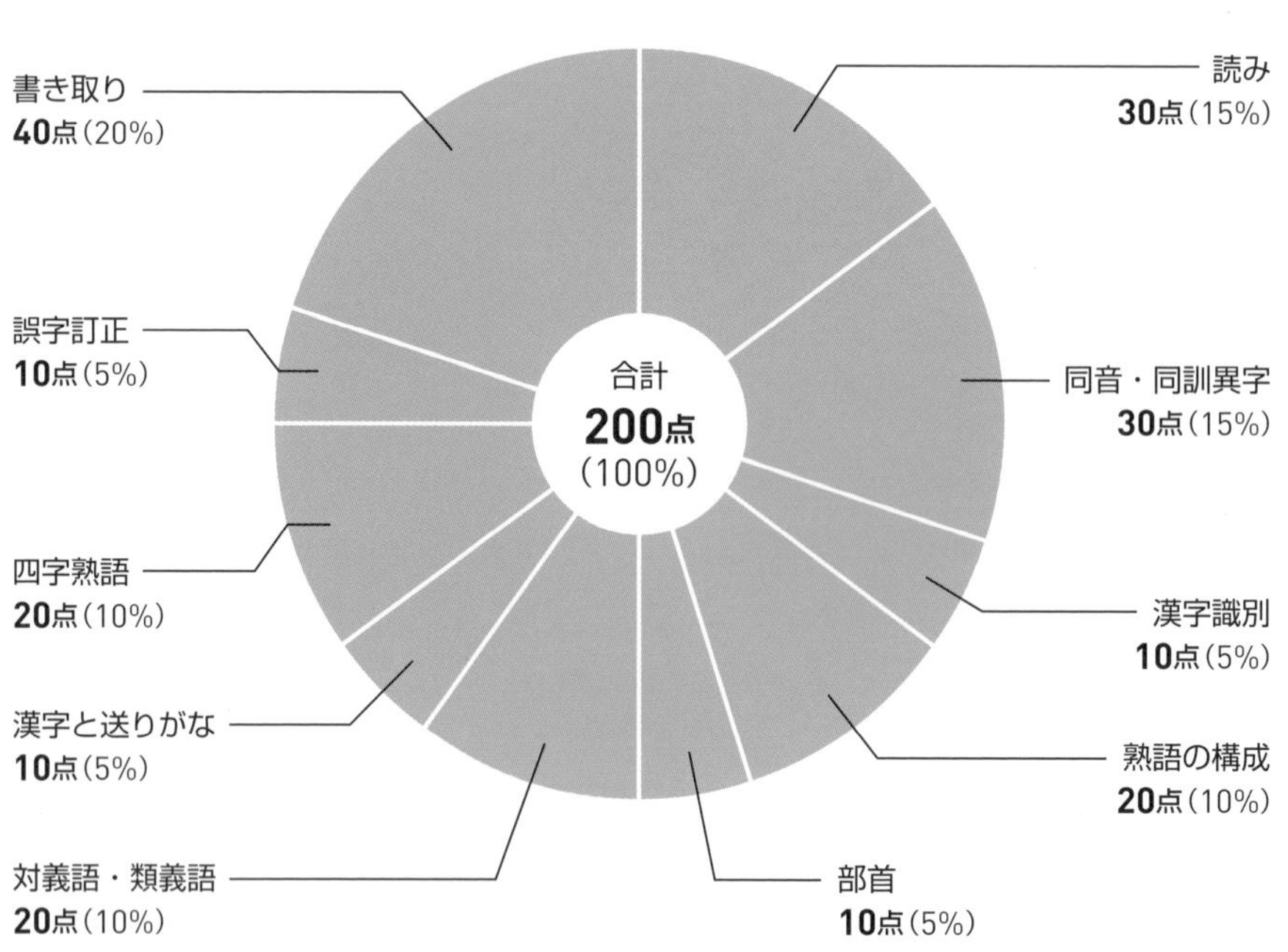

（資料1・2…公益財団法人　日本漢字能力検定協会の2016～2020年刊行資料をもとに作成）

各ジャンルの正答率

【資料２】は合格者と受検者全体の正答率の平均ですが、合格者の平均はおおよそ７割を超えているのに対して、受検者全体の平均では「対義語・類義語」「漢字と送りがな」「四字熟語」「誤字訂正」などが大きく落ち込んでおり、合否を分ける大きなポイントとなりそうです。各分野の正答率を参考に、今後の対策をしっかり立てましょう。

時間配分を意識する

全部で１２０問あるので、時間配分を意識することも大切です。一つの設問に時間をかけすぎないように注意し、わからない設問を飛ばして進める場合は、マークシートの記入欄のズレに注意しましょう。見直しの時間を５～10分程度確保することも忘れずに。

【資料 2】 各ジャンルの正答率

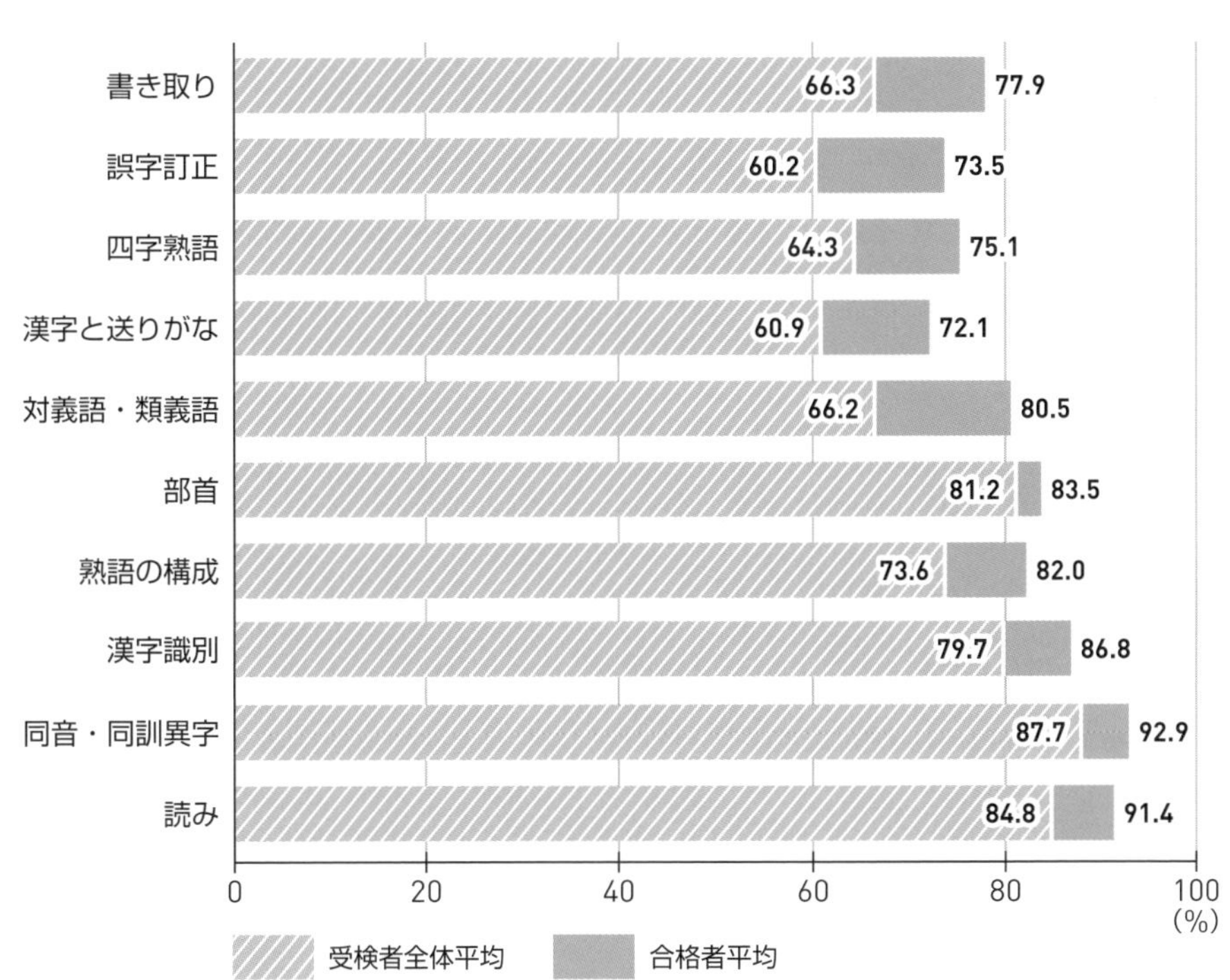

読み

配点　1点×30問

出題傾向

短文中の漢字の読みを答える問題。出題は音読み・訓読みともに、4級配当漢字313字が中心です。また、小学校で習う教育漢字1026字のうち中学校で習う読みも要注意。最近の出題では、音読み（主に二字熟語）が約20問、訓読み（主に一字訓）が約10問出題されるパターンが多いです。

攻略のポイント

●4級配当漢字の読みを確実にチェック

4級配当漢字が出題の中心なので、別冊に収録されている「4級配当漢字表」を、用例を含めて確実にチェックしておきましょう。

●中学校で習う読みをチェック

小学校で学ぶ教育漢字といえども、中学校で習う読みには、意外に難しくて容易に読めないものがたくさんあります。

例　本望（ほんもう）→（「もう」が中学校で習う読み）
　　類似（るいじ）→（「じ」が中学校で習う読み）

●特別な読み、熟字訓・当て字をチェック

特別な読みや熟字訓・当て字は、別冊に一覧があります。数も多くないのでしっかり覚えましょう。

例　田舎（いなか）　芝生（しばふ）　若人（わこうど）

●現代仮名遣いのルールを守る

仮名遣いは内閣告示「現代仮名遣い」によります。「じ」と「ぢ」、「ず」と「づ」の使い分けなど、意外にまちがって覚えている場合もあります。読みがわかっていても正確に答えられなければ不正解です。

●複数の読み方がある熟語は文脈を理解する

複数の読み方を持つ熟語の場合、読み方を変えると意味まで変わるものもあります。文脈を理解して、それに合う読み方をしましょう。

例　分別┬（ふんべつ）…道理をわきまえていること
　　　　└（ぶんべつ）…種類ごとに分けること

同音・同訓異字

配点　2点×15問

出題傾向

3つの短文中にある同じ読みで異なる漢字を、選択肢からそれぞれ選んで答える問題。出題は4級配当漢字が中心です。最近の出題では、同音異字が12問（4組）、同訓異字が3問（1組）出題されるパターンが多いです。

攻略のポイント

●漢字を使い分ける力が必要

漢字を使い分けるためには漢字の意味を知ることが近道です。同じ読みの漢字は複数あるので、日ごろから同じ読みの漢字には注目して、意味も確認しましょう。問題の短文をしっかり読み、その文脈にあった熟語を選ぶことが必要です。

例　努める…努力する
務める…役割や任務にあたる
勤める…勤務する

漢字の識別

配点　2点×5問

出題傾向

3つの空欄に共通する漢字を選択肢から選んで、熟語を完成させる問題です。4級配当漢字を中心に出題されます。

攻略のポイント

●熟語力が問われる

熟語は2字とは限らず3字の熟語も出題されます。3つの空欄のうち、2つの空欄にあてはまるからといって早とちりすると、間違いになる場合もあるので要注意です。さらに、選択した漢字が必ずしも同じ読み方とは限らないのも注意すべきポイントです。

例　**腕**力・鉄**腕**・**腕**前

熟語の構成

配点　2点×10問

出題傾向

二字熟語を構成する上下の漢字が、次にあげる5つのうち、どの関係で結びついているのかを問う問題です。**ア**～**オ**の5つの分類が出題されます。

ア　同じような意味の漢字を重ねたもの
イ　反対または対応の意味を表す字を重ねたもの
ウ　上の字が下の字を修飾しているもの
エ　下の字が上の字の目的語・補語になっているもの
オ　上の字が下の字の意味を打ち消しているもの

攻略のポイント

●**熟語の構成の見分け方**
漢字の意味や熟語の意味をふまえて、簡単な言葉に言いかえるのがポイントです。

▼**ア**と**イ**→2つの漢字がそれぞれ並列の関係になっているので、それぞれの漢字の意味がわかれば簡単に解けます。

例 **ア** 暗黒…暗い・黒い
　 イ 開閉…開く・閉じる

▼**ウ**→2種類の組み合わせがありますが、文章の形にすればわかります。

①下の字が名詞の場合
例 幼児…幼い子供　荒地…荒れた土地

②下の字が動詞の場合
例 精読…くわしく読む　激動…激しく動く

▼**エ**→下の字に「を」「に」を付けて文章を作ってみるとよいでしょう。

例 洗顔…顔「を」洗う　従軍…軍「に」従う

▼**オ**→打ち消しを意味する漢字「不・未・無・非」が上に付くので、すぐにわかります。

部首

配点　1点×10問

出題傾向

問題となる漢字の部首を選択肢（せんたくし）から選ぶ問題です。4級配当漢字を中心に出題されます。「さんずい」「てへん」などの一般的な部首の漢字よりは、「相」（部首は目）、「窓」（部首は穴）などのように判別の難しい漢字がねらわれます。

攻略のポイント

●部首は『漢検要覧　2～10級対応』に準拠

部首の分類は漢和辞典によって異なる場合があります。漢字検定では、部首の分類は『漢検要覧　2～10級対応』（公益財団法人日本漢字能力検定協会）収録の「部首一覧表と部首別の常用漢字」に従わなければなりません（本書は、この一覧に準拠しています）。

●まちがいやすい部首は意識して覚える

まちがいやすい部首には、次のようなものがあります。

①部首が複数考えられる漢字

例　憲→宀？　心？（心が部首）

②部首の見当がつかない漢字

例　九→乙　背→肉　舎→舌

③漢字自体が部首の漢字

例　骨→骨　飛→飛　鼻→鼻

対義語・類義語

配点　2点×10問

対義語は、２つの語が正反対の関係にあるもの（輸入と輸出）と、正反対ではなくても対の関係にあるもの（青年と老人）をいいます。類義語は、２つの語の意味する範囲が同じもの（永遠と永久）と、意味する範囲が一部重なったり近い関係にあったりするもの（先生と教師）をいいます。

出題傾向

問題の熟語に対して、対義語・類義語となる語の空欄1字を選択肢(せんたくし)のひらがなから選んで漢字に直す問題です。問題の熟語を構成するのは4・5級配当漢字が中心です。

攻略のポイント

●対義語の構成を理解する

①上の字がそれぞれ同じもの

例　最高↕最低　歓迎↕歓送　屋内↕屋外

②下の字がそれぞれ同じもの

例　帰路↕往路　空腹↕満腹　雑然↕整然

③上下の字がそれぞれ対応しているもの

例　劣悪↕優良　増進↕減退　分離↕統合

④上下の字がどちらも対応していないもの

例　自供↕黙秘　理想↕現実　義務↕権利

●類義語の構成を理解する

①上の字がそれぞれ同じもの

例　改良＝改善　風習＝風俗　発展＝発達

②下の字がそれぞれ同じもの

例　体験＝経験　武器＝兵器　運命＝宿命

③上の字か下の字が同じもの

例　企画＝画策　解説＝説明　先祖＝祖先

④同じ字がないもの

例　準備＝用意　承知＝納得(なっとく)　集中＝専念

送り仮名

配点　2点×5問

出題傾向

問題文中のカタカナを、漢字1字と送り仮名に直して書く問題です。4・5級配当漢字を書かせる出題が中心だが、教育漢字の中学校で習う読みにも注意しましょう。

攻略のポイント

●送り仮名の主な原則

送り仮名の付け方は、内閣告示「送り仮名の付け方」によります。主な原則を頭に入れておきましょう。

①活用のある語は、活用語尾を送る

例 従う→従わない　従います　従えば　従え

〔例外〕

▼語幹が「し」で終わる形容詞は「し」から送ります

例 厳しい　激しい　難しい

▼活用語尾の前に「か」「やか」「らか」を含む形容動詞は、その音節から送ります

例 暖かだ　健やかだ　明らかだ

②副詞・連体詞・接続詞は、最後の音節を送る

例 必ず　少し　再び　全く　最も

●字数の多い語はねらわれやすい

字数の多い語や先述した中学校で習う読みは、特にねらわれやすいのでチェックしておきましょう。

例 浴びせる　喜ばしい　散らかる　試される
温める　承る　著しい　疑わしい
確かめる

四字熟語

配点　2点×10問

出題傾向

問題文中で使われている四字熟語のうち、カタカナになっている部分を漢字1字に直し、四字熟語を完成させる問題です。出題される四字熟語は典拠のあるものを中心に、「責任回避」のような一般用語も出題されます。解答となる1字は4・5級配当漢字が中心です。

攻略のポイント

●四字熟語の構成を理解する

①数字が使われているもの

例 三寒四温　千変万化

②上の2字と下の2字が似た意味で対応しているもの

例 明朗快活…明朗（明るい）＝快活（元気）

③上の2字と下の2字が反対の意味で対応しているもの

例 針小棒大…針小（小さい）↕棒大（大きい）

④上の2字も下の2字もそれぞれの漢字が反対語で、さらに上の2字と下の2字が対になっているもの

例 利害得失…「利↕害」―「得↕失」

⑤上の2字と下の2字が主語と述語の関係のもの

例 本末転倒…本末「が」転倒「する」

⑥上の2字と下の2字が修飾・被修飾の関係、または連続しているもの

例 我田引水…我が田へ水を引く

⑦4つの字が対等なもの

例 花鳥風月…花＝鳥＝風＝月

誤字訂正

配点　2点×5問

出題傾向

問題文中の漢字のうち、まちがって使われている漢字1字を正しい漢字に書き直す問題です。4・5級配当漢字を中心に出題されます。

攻略のポイント

●誤字の見つけ方

誤字を見つけるためには、文章を1字ずつ、じっくり読むことが大切です。あやしいと思う漢字が見つかったときは、漢字の意味と文脈を照らし合わせて考えるようにしましょう。誤字の種類としては次のパターンがあります。

①形が似ている漢字

例 卒・率　復・腹・複

②形も意味も違うが読みが同じ漢字

例 賞・唱・傷・承・象・障

許容の範囲

印刷物は一般的に明朝(みんちょう)活字と呼ばれる字体のものが多く、楷書(かいしょ)体とは活字デザイン上若干の違いがあります。検定試験では、画数の変わってしまう書き方は不正解ですが、「とめる・はねる」「つける・はなす」など、解答として許容されるものがあります。

以下、明朝体と楷書体の差異に関する例の一部を抜粋(ばっすい)します。検定試験ではどちらで書いても正解となります。

①長短に関する例

無→無＝無

②方向に関する例

主→主＝主

③つけるか、はなすかに関する例

月→月＝月

④はらうか、とめるかに関する例

骨→骨＝骨

⑤はねるか、とめるかに関する例

糸→糸＝糸

⑥その他

令→令＝令

書き取り

配点　2点×20問

出題傾向

問題文中のカタカナを漢字で書く問題です。4・5級配当漢字を中心として、音読み、訓読み、熟字訓・当て字、特別な読みなど、すべての読みに対応して出題されます。教育漢字の中学校で習う読みにも注意しましょう。最近の出題では、音読み（主に二字熟語）が約10問、訓読み（主に一字訓）が約10問出題されるパターンが多いです。

攻略のポイント

●正しく明確に書く

「とめる・はねる」「突き出す・突き出さない」「つける・はなす」「画の長短」など、正しい筆画で明確に書くことが求められます。くずした字や乱雑な書き方は採点の対象外です。

例
- 牛…とめる（平　車）
- 京…はねる（守　可）
- 令…つける（全　命）
- 分…はなす（穴　公）
- 君…突き出す（事　書）
- 急…突き出さない（当　雪）
- 末…上が長い（士　志）
- 未…上が短い（土　夫）

●中学校で習う読みは要注意

教育漢字の中学校で習う読みは、他の問題同様、よくねらわれます。別冊の一覧で確認しておきましょう。

例　割愛（かつあい）→（「カツ」が中学校で習う読み）

これは はずせない！

でる順

ランク

これは はずせない！ A

読み ①

10分で解こう！

20点以上とれれば合格！

得点 ／28

次の——線の漢字の読みをひらがなで記せ。

□1 社会の**規範**を守る。（　　）
□2 優勝の喜びに**浸**る。（　　）
□3 交通費を**別途**支払う。（　　）
□4 手に汗を**握**る展開になる。（　　）
□5 国語の教科書を**黙読**する。（　　）
□6 老いた親の**介護**をする。（　　）
□7 展示会は**盛況**のようだ。（　　）
□8 **濃霧**のため減速運転をする。（　　）
□9 生き物は自然の恵みに**頼**る。（　　）
□10 市場に**威勢**のよい声が響く。（　　）
□11 図書館の書物を大切に**扱**う。（　　）
□12 **猛烈**な雨を避け雨宿りをする。（　　）

解答

1 きはん
2 ひた
3 べっと
4 にぎ
5 もくどく
6 かいご
7 せいきょう
8 のうむ
9 たよ
10 いせい
11 あつか
12 もうれつ

他例 3［使途・前途］　意味 8［濃霧＝濃く深い霧］

□ 13 人の迷惑を考えない人がいる。（　　）

□ 14 君のためなら幾らでも協力する。（　　）

□ 15 里へ降りてきたサルを捕獲した。（　　）

□ 16 勇気を鼓舞して敵を撃つ。（　　）

□ 17 世界でも屈指の大富豪だ。（　　）

□ 18 全国各地に店舗を構える。（　　）

□ 19 寸暇をおしんで勉強する。（　　）

□ 20 松島の雄大な景色に見とれた。（　　）

□ 21 目にも鮮やかな料理を楽しむ。（　　）

□ 22 池の周りには雑草が繁茂している。（　　）

□ 23 彼の形相には鬼気迫るものがある。（　　）

□ 24 希望に輝く未来をともに創ろう。（　　）

□ 25 毎年恒例のもちつき大会を行う。（　　）

□ 26 久々の家族での外出に心が弾む。（　　）

□ 27 彼は神妙な態度で語り始めた。（　　）

□ 28 問題に鋭い視点から切り込む。（　　）

---

13 めいわく
14 いく
15 ほかく
16 こぶ
17 くっし
18 てんぽ
19 すんか
20 ゆうだい
21 あざ
22 はんも
23 せま
24 かがや
25 こうれい
26 はず
27 しんみょう
28 するど

意味 16［鼓舞＝（つづみを打って舞を舞うことの意から）人をはげまし勢いづけること］

A これははずせない！

読み②

10分で解こう！

20点以上とれれば合格！

得点 /28

✤次の――線の漢字の読みをひらがなで記せ。

□1 需要と供給のバランスをとる。（　）

□2 レポートの脚注を読む。（　）

□3 他人に迎合してはいけない。（　）

□4 煙突が屋根の間から見える。（　）

□5 端麗な姿の仏像だ。（　）

□6 会社上層部の不正を訴える。（　）

□7 案内状に地図を添付して送る。（　）

□8 国内一の生産量を誇る。（　）

□9 敏速な行動が成功のカギだ。（　）

□10 全校生徒で校庭の草を刈る。（　）

□11 値下げ競争に拍車をかける。（　）

□12 手柄を立てようと必死になる。（　）

✤解答

1 じゅよう
2 きゃくちゅう
3 げいごう
4 えんとつ
5 たんれい
6 うった
7 てんぷ
8 ほこ
9 びんそく
10 か
11 はくしゃ
12 てがら

他例 9［鋭敏・敏腕・過敏］

13 図書館設立の趣旨を説明する。（　　）
14 台風が一晩中猛威を振るった。（　　）
15 人気（ひとけ）を感じて一目散に逃げる。（　　）
16 味方チームに声援を送る。（　　）
17 小さな女の子が難病と闘う。（　　）
18 怖い夢を見てうなされた。（　　）
19 シチューをじっくり煮込む。（　　）
20 教師が学校の生徒を引率する。（　　）
21 全身の力を使って跳躍する。（　　）
22 雪国の家の屋根は傾斜が急だ。（　　）
23 最新の技術を駆使した電化製品。（　　）
24 今も朽ちることのない名品。（　　）
25 病院内での通話はご遠慮ください。（　　）
26 すれ違えないほど通路が狭い。（　　）
27 正月早々縁起の良い夢を見た。（　　）
28 詳細は資料をご参照ください。（　　）

13 しゅし
14 もうい
15 に
16 せいえん
17 たたか
18 こわ
19 にこ
20 いんそつ
21 ちょうやく
22 けいしゃ
23 くし
24 く
25 えんりょ
26 せま
27 えんぎ
28 しょうさい

他例 25［考慮・思慮］

これは はずせない！ A

読み ③

10分で解こう！

20点以上とれれば合格！

得点 ／28

次の——線の漢字の読みをひらがなで記せ。

□ 1 危険を冒して前に進む。（　　）

□ 2 頭髪は清潔に保つこと。（　　）

□ 3 優雅な午後の一時（ひととき）を過ごす。（　　）

□ 4 信頼されるよう努める。（　　）

□ 5 旅行かばんに荷物を詰める。（　　）

□ 6 被災地に看護師を派遣する。（　　）

□ 7 草木が生い茂る道を歩く。（　　）

□ 8 傷んだ箇所を補修する。（　　）

□ 9 ひどく胸騒ぎがして眠れない。（　　）

□ 10 判断の根拠を示す。（　　）

□ 11 紙が薄くて文字が透ける。（　　）

□ 12 その名画は鮮烈な印象を与えた。（　　）

解答

1 おか
2 とうはつ
3 ゆうが
4 しんらい
5 つ
6 はけん
7 しげ
8 かしょ
9 むなさわ
10 こんきょ
11 す
12 せんれつ

他例 10［論拠］

読み ③

□ 13 苦しい心境を吐露する。（　　）

□ 14 川の水で芋を洗う。（　　）

□ 15 同窓会費を徴収する。（　　）

□ 16 淡い望みは打ちくだかれた。（　　）

□ 17 遺族の申し立てを却下する。（　　）

□ 18 宿で歓待を受けた。（　　）

□ 19 服飾関係の専門学校に行く。（　　）

□ 20 波を受けて船が大きく傾く。（　　）

□ 21 迫力に圧倒されて反論できない。（　　）

□ 22 すんでのところで追突を回避した。（　　）

□ 23 体調不良でチームを離脱した。（　　）

□ 24 腕白な子供が好きだ。（　　）

□ 25 あまりに軽率な行動を戒める。（　　）

□ 26 軒先にてるてるぼうずをつるす。（　　）

□ 27 この時期はとくに繁忙を極める。（　　）

□ 28 病院で適切な医療行為を受ける。（　　）

13 とろ
14 いも
15 ちょうしゅう
16 あわ
17 きゃっか
18 かんたい
19 ふくしょく
20 かたむ
21 はくりょく
22 かいひ
23 りだつ
24 わんぱく
25 いまし
26 のきさき
27 はんぼう
28 いりょう

意味 24［腕白＝子供がいたずらで言うことを聞かず、活発なさま］

これは はずせない！ A

読み ④

10分で解こう！

20点以上とれれば合格！

得点 /28

次の――線の漢字の読みをひらがなで記せ。

□ 1 優れた人材が**輩出**する。（　　）

□ 2 値段は安いが味は**劣**る。（　　）

□ 3 修学旅行で寺を**巡**る。（　　）

□ 4 **奇抜**な格好で人目をひく。（　　）

□ 5 子供の額に**汗**が光る。（　　）

□ 6 **暦**の上ではもう秋です。（　　）

□ 7 彼の発想の豊かさに**脱帽**する。（　　）

□ 8 環境の激変に**戸惑**うばかりだ。（　　）

□ 9 発言の**要旨**をまとめる。（　　）

□ 10 著名な先生に講演を**依頼**する。（　　）

□ 11 **序盤**から白熱した試合展開となる。（　　）

□ 12 会社の**浮沈**にかかわる開発事業だ。（　　）

解答

1 はいしゅつ
2 おと
3 めぐ
4 きばつ
5 あせ
6 こよみ
7 だつぼう
8 とまど
9 ようし
10 いらい
11 じょばん
12 ふちん

意味 11［序盤＝引き続いて行われる物事の初期の段階］

□13 暇を見つけては野球観戦に行く。（　　）

□14 十枚分の原稿を書き上げた。（　　）

□15 夕食を召し上がってください。（　　）

□16 鋭利なナイフで切る。（　　）

□17 軽妙な筆致の小説だ。（　　）

□18 作品を会場に搬入する。（　　）

□19 専門家としての意見を伺う。（　　）

□20 この製品は耐久性に優れている。（　　）

□21 脈絡のない話が延々と続く。（　　）

□22 彼の名声は泣く子も黙るほどだ。（　　）

□23 約束をして固い握手を交わす。（　　）

□24 銀の含有量を調べる。（　　）

□25 最大積載量は一トンです。（　　）

□26 民謡に合わせて盆踊りをする。（　　）

□27 気をつけて横断歩道を渡る。（　　）

□28 この絵画は色の濃淡が美しい。（　　）

13 ひま
14 げんこう
15 め
16 えいり
17 ひっち
18 はんにゅう
19 うかが
20 たいきゅう
21 みゃくらく
22 だま
23 あくしゅ
24 がんゆう
25 せきさい
26 みんよう
27 わた
28 のうたん

意味 17［筆致＝文章などの書きぶり］　他例 18［搬出・運搬］

これは はずせない！ A

読み ⑤

10分で解こう！

20点以上とれれば合格！

得点 ／28

次の――線の漢字の読みをひらがなで記せ。

□ 1 問題解決に手を尽くす。（　　）
□ 2 卒業証書を授与する。（　　）
□ 3 芝生に敷物を広げて寝転がる。（　　）
□ 4 恩師の言葉で慢心を戒めた。（　　）
□ 5 網でこん虫採集をする。（　　）
□ 6 彼は握力がとても強い。（　　）
□ 7 傍観者のような態度を改める。（　　）
□ 8 ちゃわんに米粒がこびり付く。（　　）
□ 9 あめを口の中で溶かす。（　　）
□ 10 喜びのあまり感涙にむせぶ。（　　）
□ 11 日焼けして皮膚が赤くなる。（　　）
□ 12 冬の木々はもの寂しい様子だ。（　　）

解答

1 つ
2 じゅよ
3 しきもの
4 まんしん
5 あみ
6 あくりょく
7 ぼうかん
8 こめつぶ
9 と
10 かんるい
11 ひふ
12 さび

意味 4［慢心＝おごりたかぶる心］

□ 13 事件の**波紋**が広がる。（　）
□ 14 荷物を倉庫から**搬出**する。（　）
□ 15 広く防犯意識が**浸透**する。（　）
□ 16 災害現場の**悲惨**な様子を見る。（　）
□ 17 両案の**相違**点を明確にする。（　）
□ 18 彼は何か**含**むところがあるようだ。（　）
□ 19 **軽薄**な人は好きになれない。（　）
□ 20 水質**汚濁**改善の対策を立てる。（　）

□ 21 冬の空気が**澄**む理由を調べる。（　）
□ 22 機会は備えのある人に**恵**む。（　）
□ 23 舞台で**異彩**を放つ個性的な役者。（　）
□ 24 **豪快**な一本背負いを決める。（　）
□ 25 突然の知らせに表情が**陰**る。（　）
□ 26 **襲来**した敵の軍隊を撃退する。（　）
□ 27 試合中の**遅延**行為で注意を受ける。（　）
□ 28 刻々と変化する状況に**即応**する。（　）

13 はもん
14 はんしゅつ
15 しんとう
16 ひさん
17 そうい
18 ふく
19 けいはく
20 おだく
21 す
22 めぐ
23 いさい
24 ごうかい
25 かげ
26 しゅうらい
27 ちえん
28 そくおう

他例 26［踏襲・襲撃・逆襲］

A これははずせない！

読み⑥

10分で解こう！

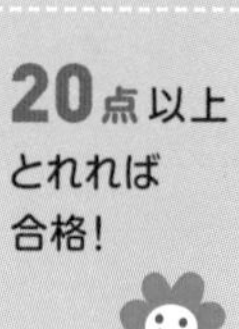

20点以上とれれば合格！

得点　／28

次の――線の漢字の読みをひらがなで記せ。

□1 各地を征服して統一国家を築く。（　）
□2 物価の上しょうが天井知らずだ。（　）
□3 パソコンはすっかり普及した。（　）
□4 ちゃんとお返事ができて偉いね。（　）
□5 この外来種は繁殖力が強い。（　）
□6 大きなクマが町を襲う。（　）
□7 看護師が病人を手厚く介抱した。（　）
□8 平凡な家庭に生まれる。（　）
□9 寝坊しないように目覚ましをかける。（　）
□10 生徒会の書記が会計を兼務する。（　）
□11 臓器の摘出手術が成功する。（　）
□12 憶測だけで判断してはならない。（　）

解答

1 せいふく
2 てんじょう
3 ふきゅう
4 えら
5 はんしょく
6 おそ
7 かいほう
8 へいぼん
9 ねぼう
10 けんむ
11 てきしゅつ
12 おくそく

意味 2［天井知らず＝相場や物価がどこまで上がるかわからないこと］

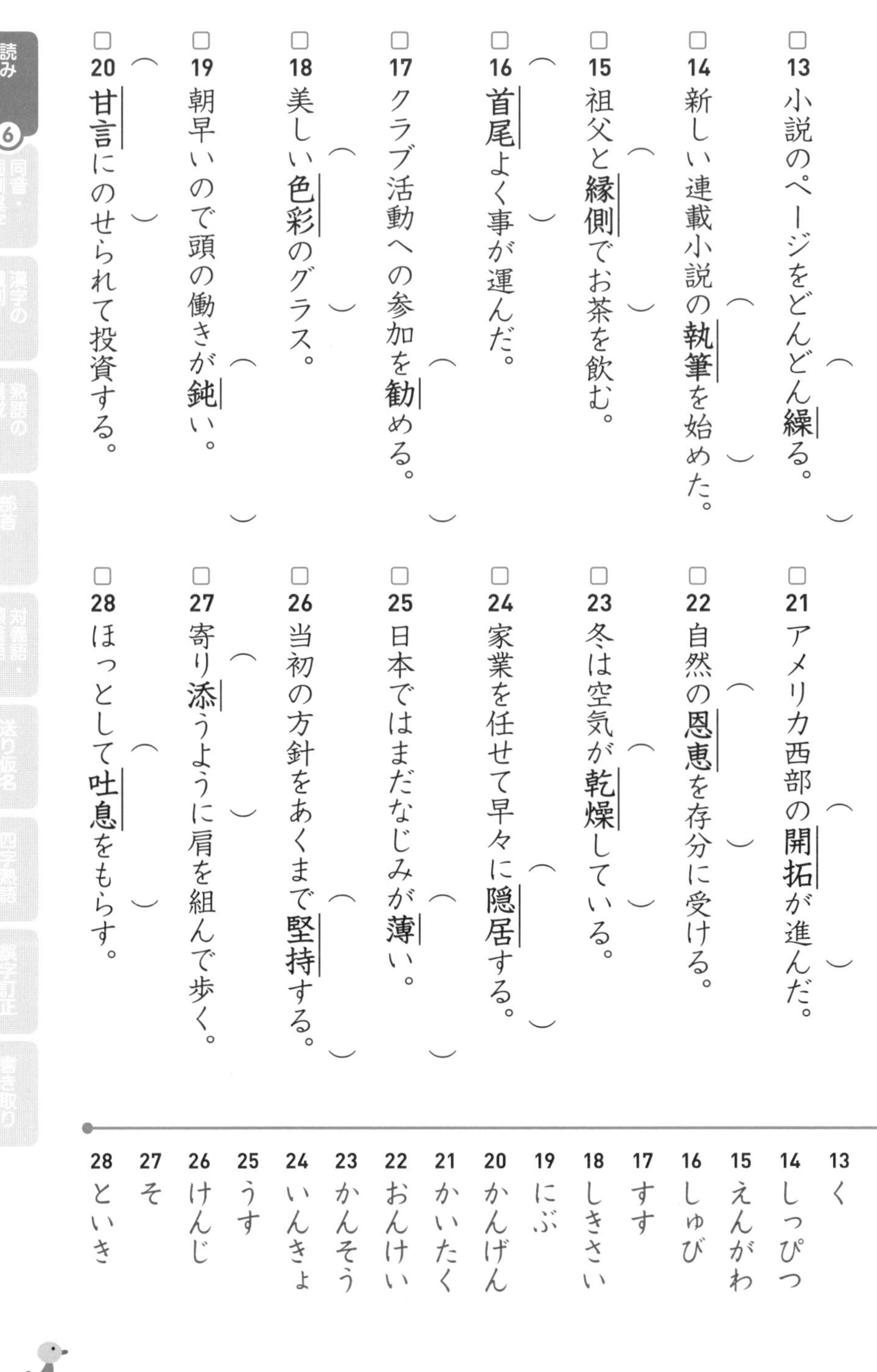

□ 13 小説のページをどんどん繰る。（　　）
□ 14 新しい連載小説の執筆を始めた。（　　）
□ 15 祖父と縁側でお茶を飲む。（　　）
□ 16 首尾よく事が運んだ。（　　）
□ 17 クラブ活動への参加を勧める。（　　）
□ 18 美しい色彩のグラス。（　　）
□ 19 朝早いので頭の働きが鈍い。（　　）
□ 20 甘言にのせられて投資する。（　　）
□ 21 アメリカ西部の開拓が進んだ。（　　）
□ 22 自然の恩恵を存分に受ける。（　　）
□ 23 冬は空気が乾燥している。（　　）
□ 24 家業を任せて早々に隠居する。（　　）
□ 25 日本ではまだなじみが薄い。（　　）
□ 26 当初の方針をあくまで堅持する。（　　）
□ 27 寄り添うように肩を組んで歩く。（　　）
□ 28 ほっとして吐息をもらす。（　　）

13 く
14 しっぴつ
15 えんがわ
16 しゅび
17 すす
18 しきさい
19 にぶ
20 かんげん
21 かいたく
22 おんけい
23 かんそう
24 いんきょ
25 うす
26 けんじ
27 そ
28 といき

意味 16［首尾よく＝都合よく。うまい具合に］　他例 24［隠然］

これは はずせない！ A

読み⑦

10分で解こう！

20点以上とれれば合格！

得点 ／28

次の――線の漢字の読みをひらがなで記せ。

□ 1 勇気ある行動は称賛に値する。（　　）
□ 2 パーティーの支度をする。（　　）
□ 3 神社で合格を祈願する。（　　）
□ 4 現場の惨状に目を背ける。（　　）
□ 5 休眠から覚めて活発に活動する。（　　）
□ 6 古い建物を壊して更地にする。（　　）
□ 7 冒頭で事件のあらましを説く。（　　）
□ 8 幸いにして強力な後ろ盾を得る。（　　）
□ 9 偉容を誇る寺の山門。（　　）
□ 10 その考え方は現実逃避だろう。（　　）
□ 11 世間の荒波にもまれる。（　　）
□ 12 努力を継続することが大切だ。（　　）

解答

1 しょうさん
2 したく
3 きがん
4 そむ
5 きゅうみん
6 こわ
7 ぼうとう
8 だて
9 いよう
10 とうひ
11 あらなみ
12 けいぞく

意味　7［冒頭＝物事のはじめ］　8［後ろ盾＝陰にいて力を貸し、助けること］

読み 7

□ 13 将来のためにお金を蓄える。（　　）

□ 14 大学を卒業して仕事に就く。（　　）

□ 15 証人尋問を今から行う。（　　）

□ 16 水道管が腐食してしまう。（　　）

□ 17 閉鎖的な体質を改善する。（　　）

□ 18 釈明しても聞いてもらえない。（　　）

□ 19 脂肪のとり過ぎに気をつける。（　　）

□ 20 渡航費用は格段に安くなった。（　　）

□ 21「火事だ！」と大声で叫ぶ。（　　）

□ 22 自動制御装置が作動する。（　　）

□ 23 法律に抵触する恐れがある。（　　）

□ 24 きれいに箱詰めする。（　　）

□ 25 敵軍から砲撃を受ける。（　　）

□ 26 慎重に言葉を選びながら発言する。（　　）

□ 27 空気のよい高原で療養する。（　　）

□ 28 雨不足で沿道の花が枯れる。（　　）

13 たくわ
14 つ
15 じんもん
16 ふしょく
17 へいさ
18 しゃくめい
19 しぼう
20 とこう
21 さけ
22 せいぎょ
23 ていしょく
24 はこづ
25 ほうげき
26 しんちょう
27 りょうよう
28 か

意味 23［抵触＝法律やきまりに反すること］

これは はずせない！ A

読み ⑧

10分で解こう！

20点以上とれれば合格！

得点 /28

次の――線の漢字の読みをひらがなで記せ。

□ 1 商品の代金を**払**う。（　　）

□ 2 記述に**作為**のあとがみえる。（　　）

□ 3 リボンの**髪飾**りをつける。（　　）

□ 4 記者の**唐突**な質問に当惑した。（　　）

□ 5 講和のための使者を**遣**わす。（　　）

□ 6 **鈍感**で相手の思いに気付かない。（　　）

□ 7 **誇張**された表現が含まれている。（　　）

□ 8 火山が十年ぶりに火を**噴**く。（　　）

□ 9 窓から飛行機の**尾翼**が見える。（　　）

□ 10 砂の城は**跡形**もなくくずれた。（　　）

□ 11 貴族が住む**御殿**のような家だ。（　　）

□ 12 ミスが響き**劣勢**に立たされる。（　　）

解答

1 はら
2 さくい
3 かみかざ
4 とうとつ
5 つか
6 どんかん
7 こちょう
8 ふ
9 びよく
10 あとかた
11 ごてん
12 れっせい

意味 7［誇張＝実際より大げさに言ったりしたりすること］　他例 12［優劣］

□ 13 彼は**恐怖**（　　）におののいた。

□ 14 **就寝**（　　）前に必ず歯をみがく。

□ 15 政治を**風刺**（　　）したマンガをかく。

□ 16 治安**維持**（　　）活動に従事する。

□ 17 小さいころから神童の**誉**（　　）れが高い。

□ 18 **交替**（　　）しながら車を運転する。

□ 19 **度重**（　　）なる失敗を反省する。

□ 20 情報化社会への**過渡期**（　　）。

□ 21 会場内では私語を**慎**（　　）むように。

□ 22 辺りは**静寂**（　　）に包まれている。

□ 23 国家予算に**匹敵**（　　）するほどの金額。

□ 24 **壁面**（　　）には人の絵が描かれている。

□ 25 君がいてくれれば**鬼**（　　）に金棒だ。

□ 26 服を兄弟で**兼用**（　　）する。

□ 27 八月の**中旬**（　　）に同窓会を開きたい。

□ 28 玄関先に犬を**鎖**（　　）でつないでおく。

---

13 きょうふ
14 しゅうしん
15 ふうし
16 いじ
17 ほま
18 こうたい
19 たびかさ
20 かとき
21 つつし
22 せいじゃく
23 ひってき
24 へきめん
25 おに
26 けんよう
27 ちゅうじゅん
28 くさり

意味 17［誉れ＝よい評判。名誉］　他例 24［岸壁］

これは はずせない！ A

読み ⑨

10分で解こう！

20点以上とれれば合格！

得点　/28

次の——線の漢字の読みをひらがなで記せ。

□ 1 事件の現場は**騒然**としている。（　　）

□ 2 キャンプのたき火が**煙**たい。（　　）

□ 3 **羽毛**入りの布団(ふとん)は暖かい。（　　）

□ 4 **玄米**入りの御飯を食べる。（　　）

□ 5 **多忙**な日程をうまくこなす。（　　）

□ 6 彼の**仕業**に違いない。（　　）

□ 7 **盛**んに地元の特産品の宣伝をする。（　　）

□ 8 手から**滴**がぽたぽたと落ちる。（　　）

□ 9 君の精神力には**驚嘆**するよ。（　　）

□ 10 天井が**斜**めに傾いているようだ。（　　）

□ 11 高僧による**含蓄**のある話を聞く。（　　）

□ 12 観光バスが目的地に**到着**する。（　　）

解答

1 そうぜん
2 けむ
3 うもう
4 げんまい
5 たぼう
6 しわざ
7 さか
8 しずく
9 きょうたん
10 なな
11 がんちく
12 とうちゃく

意味　11［含蓄＝意味が深く味わいのあること］

□13 夏の暑さも峠を越した。（　）

□14 地元の産業を振興する。（　）

□15 隣国の領土を侵す。（　）

□16 病床の友人を見舞う。（　）

□17 上司の指示を仰ぐ。（　）

□18 攻撃の矛先を転じる。（　）

□19 富士山の秀麗な姿が見える。（　）

□20 これまでの経緯を説明する。（　）

□21 鉛を飲み込んだように気分が重い。（　）

□22 大型ヨットが港に停泊する。（　）

□23 君の行動はとうてい是認できない。（　）

□24 非凡な才能の持ち主。（　）

□25 丈夫で軽い素材を使用している。（　）

□26 印象的な描写で映画は幕を閉じた。（　）

□27 威儀を正して式典に臨む。（　）

□28 きれいな装飾品が並ぶ。（　）

---

13 とうげ
14 しんこう
15 おか
16 びょうしょう
17 あお
18 ほこさき
19 しゅうれい
20 けいい
21 なまり
22 ていはく
23 ぜにん
24 ひぼん
25 じょうぶ
26 びょうしゃ
27 いぎ
28 そうしょく

意味 18［矛先＝攻撃の方向や勢い］　他例 22［淡泊］　27［威勢・威圧］

これは はずせない！ A

同音・同訓異字 ①

20分で解こう！

21点以上とれれば合格！

得点 ／30

次の――線のカタカナにあてはまる漢字をそれぞれのア～オから一つ選び、記号を記せ。

□ 1 カン燥地特有の植物を調べる。
□ 2 あちこちでカン声があがる。
□ 3 会計カン査が入る。
（ア 歓　イ 乾　ウ 看　エ 汗　オ 監）

1（　）　2（　）　3（　）

□ 4 ピンで髪をトめる。
□ 5 現場の指揮をトる。
□ 6 絵の具を水でトく。
（ア 執　イ 停　ウ 留　エ 溶　オ 泊）

4（　）　5（　）　6（　）

□ 7 世界各国でショウ賛された。
□ 8 ショウ細な検討を加える。
□ 9 最近の情報をショウ介する。
（ア 紹　イ 唱　ウ 称　エ 招　オ 詳）

7（　）　8（　）　9（　）

□ 10 事件の経イが明らかになる。
□ 11 食料を外国にイ存する。
□ 12 体力をイ持する。
（ア 緯　イ 維　ウ 依　エ 遺　オ 異）

10（　）　11（　）　12（　）

解答

1 イ 乾燥（かんそう）
2 ア 歓声（かんせい）
3 オ 監査（かんさ）
4 ウ 留（と）める
5 ア 執（と）る
6 エ 溶（と）く
7 ウ 称賛（しょうさん）
8 オ 詳細（しょうさい）
9 ア 紹介（しょうかい）
10 ア 経緯（けいい）
11 ウ 依存（いそん（いぞん））
12 イ 維持（いじ）

意味 3［監査＝かんとくして、調べること］

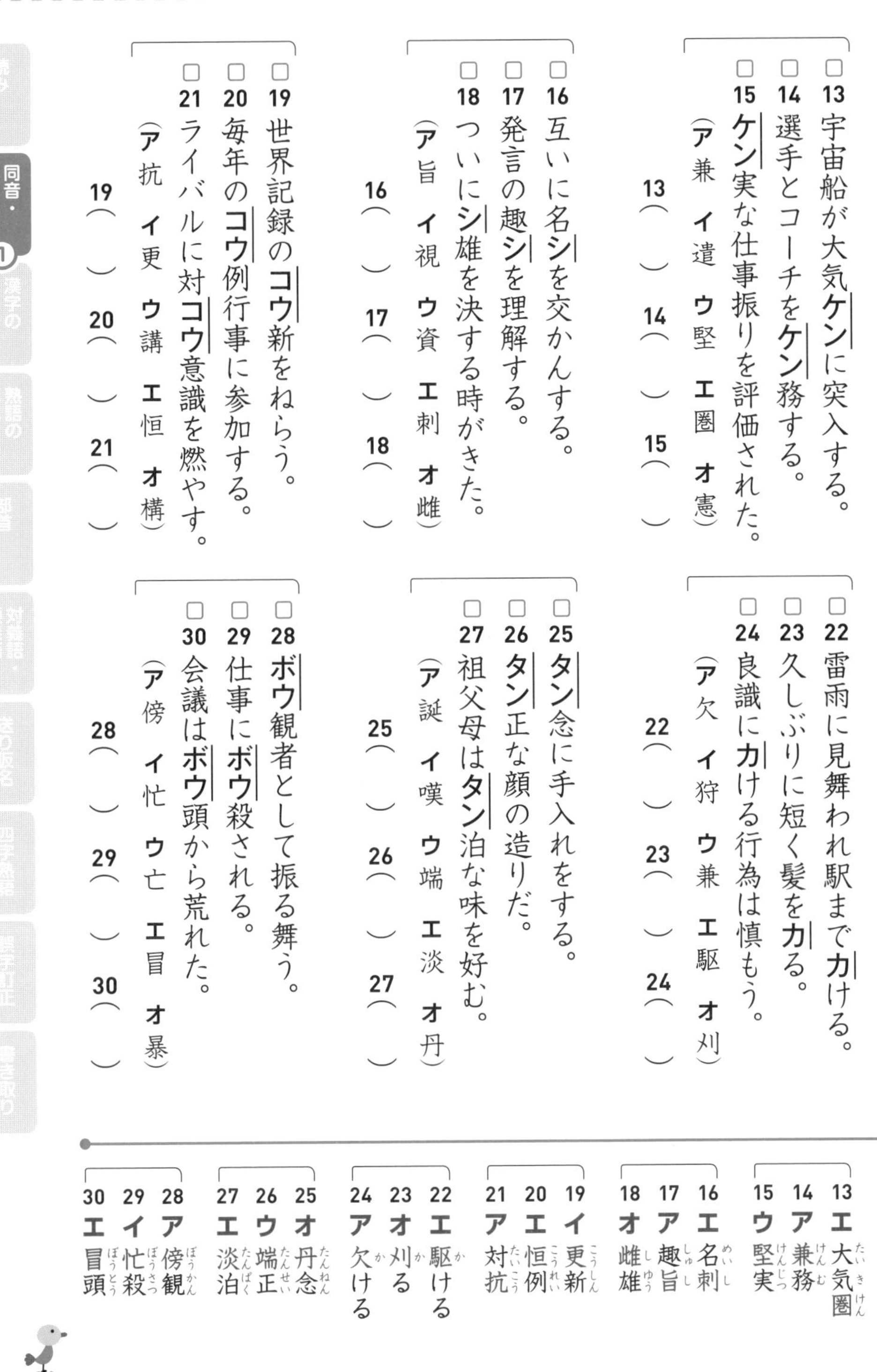

□13 宇宙船が大気ケンに突入する。
□14 選手とコーチをケン務する。
□15 ケン実な仕事振りを評価された。
（ア 兼　イ 遣　ウ 堅　エ 圏　オ 憲）
13（　）14（　）15（　）

□16 互いに名シを交かんする。
□17 発言の趣シを理解する。
□18 ついにシ雄を決する時がきた。
（ア 旨　イ 視　ウ 資　エ 刺　オ 雌）
16（　）17（　）18（　）

□19 世界記録のコウ新をねらう。
□20 毎年のコウ例行事に参加する。
□21 ライバルに対コウ意識を燃やす。
（ア 抗　イ 更　ウ 講　エ 恒　オ 構）
19（　）20（　）21（　）

□22 雷雨に見舞われ駅までカける。
□23 久しぶりに短く髪をカる。
□24 良識にカける行為は慎もう。
（ア 欠　イ 狩　ウ 兼　エ 駆　オ 刈）
22（　）23（　）24（　）

□25 タン念に手入れをする。
□26 タン正な顔の造りだ。
□27 祖父母はタン泊な味を好む。
（ア 誕　イ 嘆　ウ 端　エ 淡　オ 丹）
25（　）26（　）27（　）

□28 ボウ観者として振る舞う。
□29 仕事にボウ殺される。
□30 会議はボウ頭から荒れた。
（ア 傍　イ 忙　ウ 亡　エ 冒　オ 暴）
28（　）29（　）30（　）

13 エ 大気圏（たいきけん）
14 ア 兼務（けんむ）
15 ウ 堅実（けんじつ）
16 エ 名刺（めいし）
17 ア 趣旨（しゅし）
18 オ 雌雄（しゆう）
19 イ 更新（こうしん）
20 エ 恒例（こうれい）
21 ア 対抗（たいこう）
22 エ 駆ける（か）
23 オ 刈る（か）
24 ア 欠ける（か）
25 オ 丹念（たんねん）
26 ウ 端正（たんせい）
27 エ 淡泊（たんぱく）
28 ア 傍観（ぼうかん）
29 イ 忙殺（ぼうさつ）
30 エ 冒頭（ぼうとう）

意味 29［忙殺＝仕事などで非常に忙しいこと］

A これは はずせない！

同音・同訓異字 ②

20分で解こう！

21点以上とれれば合格！

得点 ／30

次の――線のカタカナにあてはまる漢字をそれぞれのア〜オから一つ選び、記号を記せ。

□ 1 世界の平和をキ念する。
□ 2 キ術師が見せた手品に驚いた。
□ 3 その計画はキ上の空論だ。
（ア 机　イ 鬼　ウ 奇　エ 機　オ 祈）
1（　）　2（　）　3（　）

□ 4 コ大広告との批判を受ける。
□ 5 事件の証コ品を見つけた。
□ 6 太コを打ち鳴らす。
（ア 鼓　イ 誇　ウ 戸　エ 古　オ 拠）
4（　）　5（　）　6（　）

□ 7 除夜のかねをツく。
□ 8 次第に相手との距離をツめる。
□ 9 父の跡をツぐ。
（ア 尽　イ 継　ウ 着　エ 詰　オ 突）
7（　）　8（　）　9（　）

□ 10 実キョウを伝える。
□ 11 海外で反キョウを呼ぶ。
□ 12 野球の応援に熱キョウする。
（ア 響　イ 恐　ウ 況　エ 狂　オ 協）
10（　）　11（　）　12（　）

解答

1 オ 祈念（きねん）
2 ウ 奇術（きじゅつ）
3 ア 机上（きじょう）
4 イ 誇大（こだい）
5 オ 証拠（しょうこ）
6 ア 太鼓（たいこ）
7 オ 突く（つく）
8 エ 詰める（つめる）
9 イ 継ぐ（つぐ）
10 ウ 実況（じっきょう）
11 ア 反響（はんきょう）
12 エ 熱狂（ねっきょう）

意味 4［誇大＝実際よりもおおげさであるようす］

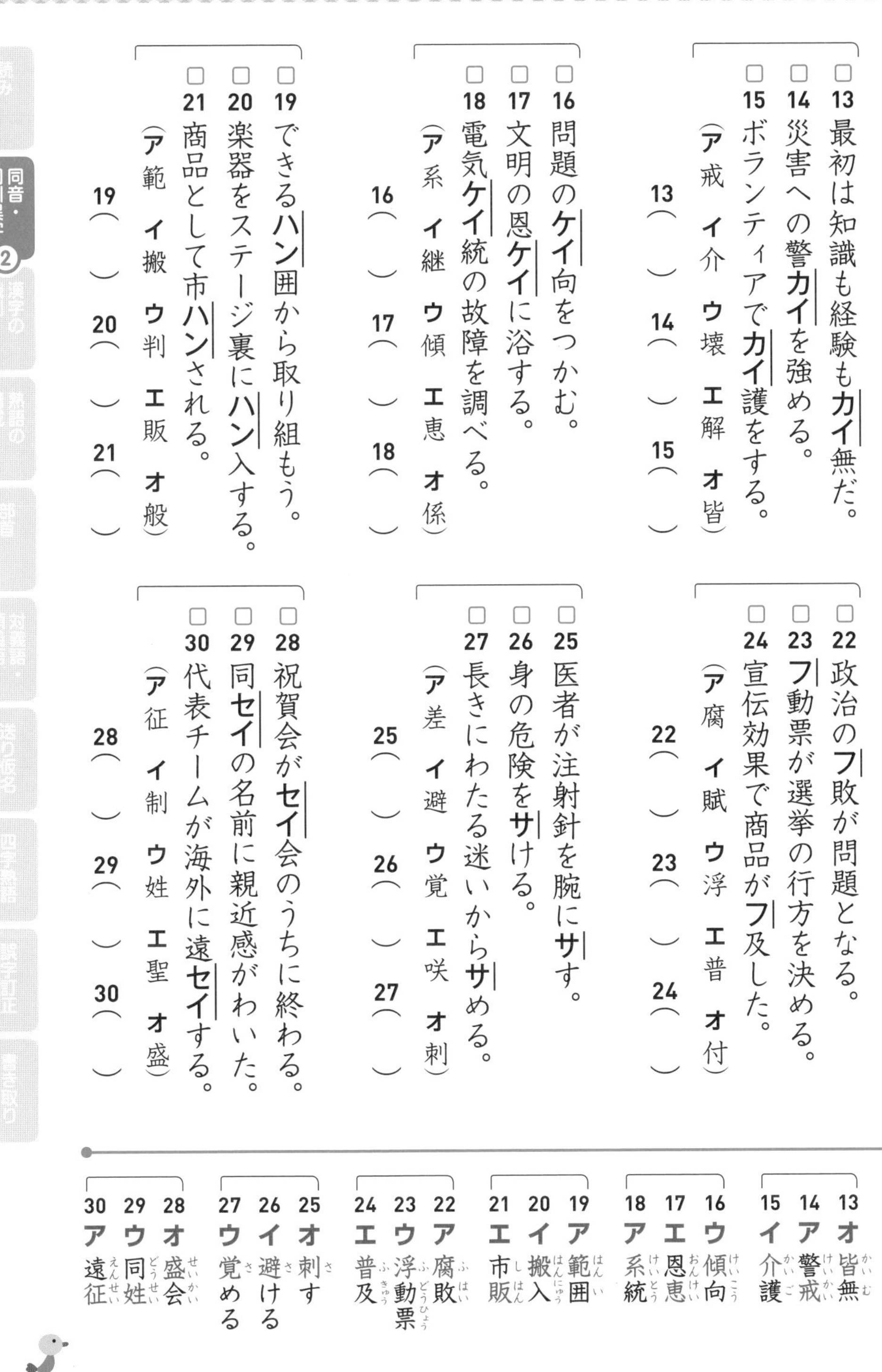

□ 13 最初は知識も経験も**カイ**無だ。
□ 14 災害への警**カイ**を強める。
□ 15 ボランティアで**カイ**護をする。

（ア 戒　イ 介　ウ 壊　エ 解　オ 皆）

13（　）14（　）15（　）

□ 16 問題の**ケイ**向をつかむ。
□ 17 文明の恩**ケイ**に浴する。
□ 18 電気**ケイ**統の故障を調べる。

（ア 系　イ 継　ウ 傾　エ 恵　オ 係）

16（　）17（　）18（　）

□ 19 できる**ハン**囲から取り組もう。
□ 20 楽器をステージ裏に**ハン**入する。
□ 21 商品として市**ハン**される。

（ア 範　イ 搬　ウ 判　エ 販　オ 般）

19（　）20（　）21（　）

□ 22 政治の**フ**敗が問題となる。
□ 23 **フ**動票が選挙の行方を決める。
□ 24 宣伝効果で商品が**フ**及した。

（ア 腐　イ 賦　ウ 浮　エ 普　オ 付）

22（　）23（　）24（　）

□ 25 医者が注射針を腕に**サ**す。
□ 26 身の危険を**サ**ける。
□ 27 長きにわたる迷いから**サ**める。

（ア 差　イ 避　ウ 覚　エ 咲　オ 刺）

25（　）26（　）27（　）

□ 28 祝賀会が**セイ**会のうちに終わる。
□ 29 同**セイ**の名前に親近感がわいた。
□ 30 代表チームが海外に遠**セイ**する。

（ア 征　イ 制　ウ 姓　エ 聖　オ 盛）

28（　）29（　）30（　）

---

13 オ 皆無（かいむ）　14 ア 警戒（けいかい）　15 イ 介護（かいご）

16 ウ 傾向（けいこう）　17 エ 恩恵（おんけい）　18 ア 系統（けいとう）

19 ア 範囲（はんい）　20 イ 搬入（はんにゅう）　21 エ 市販（しはん）

22 ア 腐敗（ふはい）　23 ウ 浮動票（ふどうひょう）　24 エ 普及（ふきゅう）

25 オ 刺す（さ）　26 イ 避ける（さ）　27 ウ 覚める（さ）

28 オ 盛会（せいかい）　29 ウ 同姓（どうせい）　30 ア 遠征（えんせい）

意味 21［市販＝一般の店で売ること］

これは はずせない！ A

漢字の識別 ①

15分で解こう！

13点以上とれれば合格！

得点 ／18

❖三つの□に共通する漢字を入れて熟語を作れ。漢字はア～コから一つ選び、記号を記せ。

□1 相□・□角・交□（　）

□2 規□・師□・□囲（　）

□3 固□・□念・□務（　）

□4 □画・□曲・遊□（　）

ア 手　イ 互　ウ 範　エ 体　オ 恩
カ 減　キ 戯　ク 術　ケ 執　コ 同

□5 □舞・太□・□笛隊（　）

□6 選□・□群・奇□（　）

□7 □性・高□・□心（　）

□8 指□・□出・□発（　）

ア 慢　イ 拓　ウ 鼓　エ 良　オ 低
カ 評　キ 抜　ク 柔　ケ 摘　コ 退

❖解答

1 イ 相互（そうご）・互角（ごかく）・交互（こうご）

2 ウ 規範（きはん）・師範（しはん）・範囲（はんい）

3 ケ 固執（こしつ）・執念（しゅうねん）・執務（しつむ）

4 キ 戯画（ぎが）・戯曲（ぎきょく）・遊戯（ゆうぎ）

5 ウ 鼓舞（こぶ）・太鼓（たいこ）・鼓笛隊（こてきたい）

6 キ 選抜（せんばつ）・抜群（ばつぐん）・奇抜（きばつ）

7 ア 慢性（まんせい）・高慢（こうまん）・慢心（まんしん）

8 ケ 指摘（してき）・摘出（てきしゅつ）・摘発（てきはつ）

注意 3［固執は「こしゅう」とも読む］　意味 3［執務＝事務を取り扱うこと］

9 接□・□覚・□手（　）

10 紹□・□護・□抱（　）

11 □送・運□・□入（　）

12 □動・跳□・飛□（　）

13 猛□・熱□・鮮□（　）

ア 触　イ 烈　ウ 極　エ 影　オ 養
カ 躍　キ 搬　ク 介　ケ 度　コ 回

14 一□・□時・□発力（　）

15 □替・行□・□政者（　）

16 □声・激□・□号（　）

17 □拠・□然・□存（　）

18 □国・閉□・連□（　）

ア 怒　イ 為　ウ 前　エ 交　オ 美
カ 襲　キ 依　ク 瞬　ケ 導　コ 鎖

---

9 ア 接触（せっしょく）・触覚（しょっかく）・触手（しょくしゅ）

10 ク 紹介（しょうかい）・介護（かいご）・介抱（かいほう）

11 キ 搬送（はんそう）・運搬（うんぱん）・搬入（はんにゅう）

12 カ 躍動（やくどう）・跳躍（ちょうやく）・飛躍（ひやく）

13 イ 猛烈（もうれつ）・熱烈（ねつれつ）・鮮烈（せんれつ）

14 ク 一瞬（いっしゅん）・瞬時（しゅんじ）・瞬発力（しゅんぱつりょく）

15 イ 為替（かわせ）・行為（こうい）・為政者（いせいしゃ）

16 ア 怒声（どせい）・激怒（げきど）・怒号（どごう）

17 キ 依拠（いきょ）・依然（いぜん）・依存（いそん（いぞん））

18 コ 鎖国（さこく）・閉鎖（へいさ）・連鎖（れんさ）

意味 17［依拠＝あるものに基づくこと］　他例 17［依願・依頼］

これは はずせない！ A

漢字の識別 ②

15分で解こう！

13点以上とれれば合格！

得点 ／18

三つの□に共通する漢字を入れて熟語を作れ。漢字は**ア**～**コ**から一つ選び、記号を記せ。

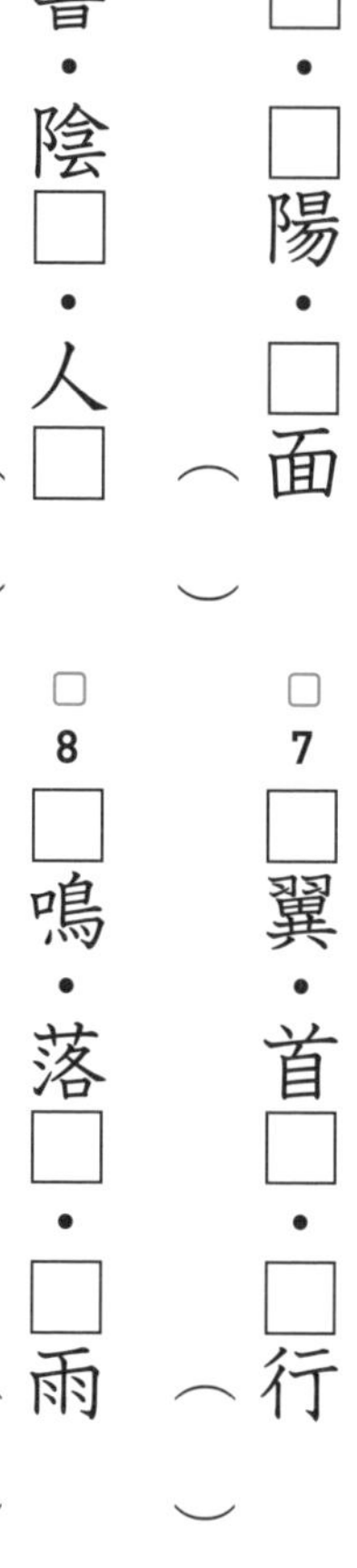

□ 1 繁□・養□・□産（　　）

□ 2 □第・追□・普□（　　）

□ 3 傾□・□陽・□面（　　）

□ 4 □響・陰□・人□（　　）

ア 及　**イ** 茂　**ウ** 斜　**エ** 影　**オ** 通
カ 太　**キ** 音　**ク** 殖　**ケ** 生　**コ** 次

□ 5 新□・□烈・□明（　　）

□ 6 □談・額□・□故（　　）

□ 7 □翼・首□・□行（　　）

□ 8 □鳴・落□・□雨（　　）

ア 尾　**イ** 縁　**ウ** 旧　**エ** 雷　**オ** 主
カ 葉　**キ** 鮮　**ク** 面　**ケ** 照　**コ** 輪

解答

1 **ク** 繁殖（はんしょく）・養殖（ようしょく）・殖産（しょくさん）

2 **ア** 及第（きゅうだい）・追及（ついきゅう）・普及（ふきゅう）

3 **ウ** 傾斜（けいしゃ）・斜陽（しゃよう）・斜面（しゃめん）

4 **エ** 影響（えいきょう）・陰影（いんえい）・人影（ひとかげ）

5 **キ** 新鮮（しんせん）・鮮烈（せんれつ）・鮮明（せんめい）

6 **イ** 縁談（えんだん）・額縁（がくぶち）・縁故（えんこ）

7 **ア** 尾翼（びよく）・首尾（しゅび）・尾行（びこう）

8 **エ** 雷鳴（らいめい）・落雷（らくらい）・雷雨（らいう）

意味　1［殖産＝生産物をふやし、産業を盛んにすること］　4［陰影＝光の当たらない部分］

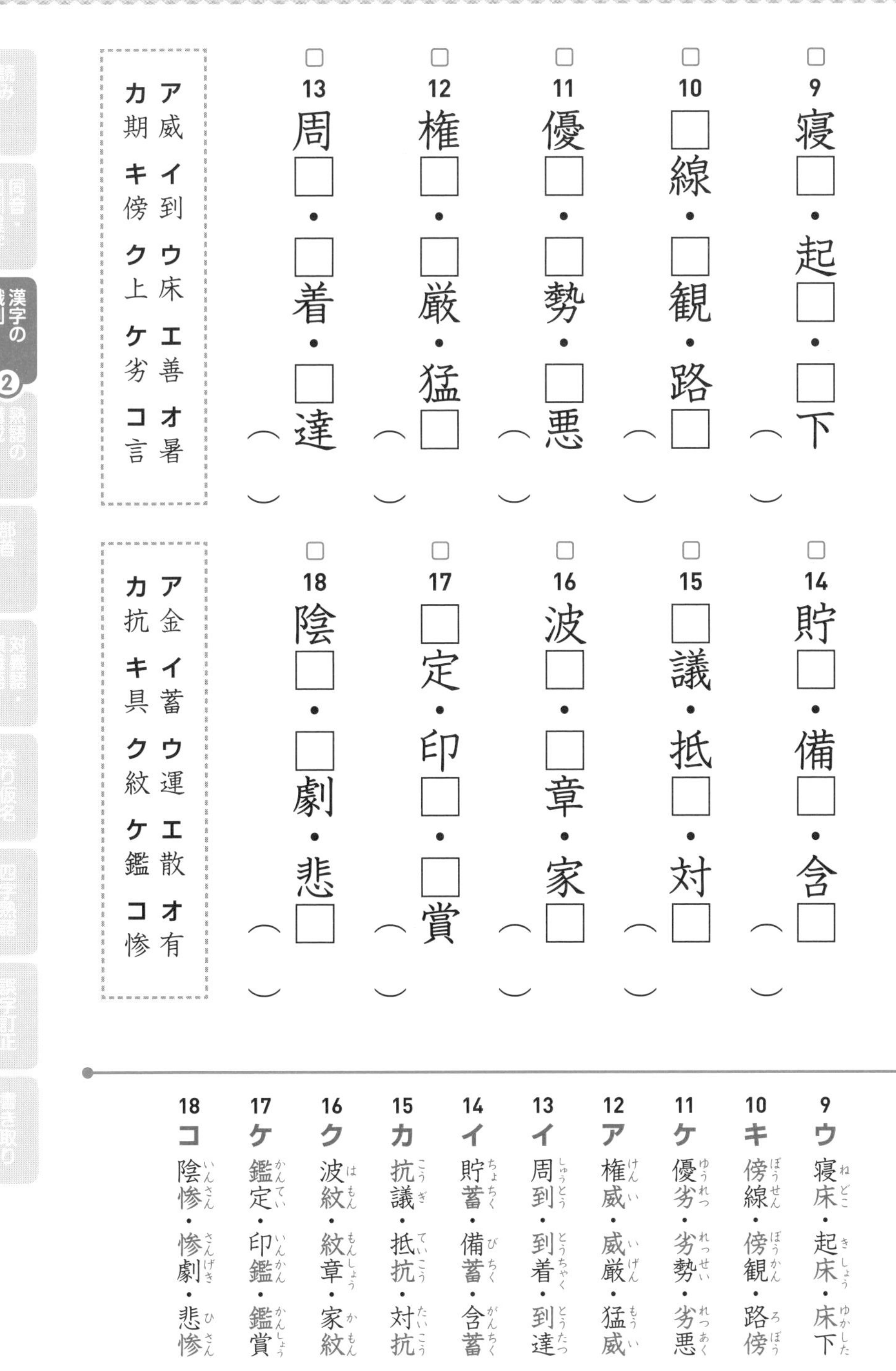

読み　同音・同訓異字　漢字の識別②　熟語の構成　部首　対義語・類義語　送り仮名　四字熟語　誤字訂正　書き取り

□ 9 寝□・起□・□下（　）

□ 10 □線・□観・路□（　）

□ 11 優□・□勢・□悪（　）

□ 12 権□・□厳・猛□（　）

□ 13 周□・□着・□達（　）

ア 威　イ 到　ウ 床　エ 善　オ 暑
カ 期　キ 傍　ク 上　ケ 劣　コ 言

□ 14 貯□・備□・含□（　）

□ 15 □議・抵□・対□（　）

□ 16 波□・□章・家□（　）

□ 17 □定・印□・□賞（　）

□ 18 陰□・□劇・悲□（　）

ア 金　イ 蓄　ウ 運　エ 散　オ 有
カ 抗　キ 具　ク 紋　ケ 鑑　コ 惨

---

9 ウ　寝床（ねどこ）・起床（きしょう）・床下（ゆかした）

10 キ　傍線（ぼうせん）・傍観（ぼうかん）・路傍（ろぼう）

11 ケ　優劣（ゆうれつ）・劣勢（れっせい）・劣悪（れつあく）

12 ア　権威（けんい）・威厳（いげん）・猛威（もうい）

13 イ　周到（しゅうとう）・到着（とうちゃく）・到達（とうたつ）

14 イ　貯蓄（ちょちく）・備蓄（びちく）・含蓄（がんちく）

15 カ　抗議（こうぎ）・抵抗（ていこう）・対抗（たいこう）

16 ク　波紋（はもん）・紋章（もんしょう）・家紋（かもん）

17 ケ　鑑定（かんてい）・印鑑（いんかん）・鑑賞（かんしょう）

18 コ　陰惨（いんさん）・惨劇（さんげき）・悲惨（ひさん）

意味　10［路傍＝みちばた。路辺］

漢字の識別 ③

15分で解こう！

13点以上とれれば合格！

得点 ／18

三つの□に共通する漢字を入れて熟語を作れ。漢字はア〜コから一つ選び、記号を記せ。

1 □手・□子・脈□ （　）

2 □秘・至□・□端 （　）

3 関□・授□・□党 （　）

4 機□・□妙・□細 （　）

ア 極　イ 拍　ウ 械　エ 与　オ 火
カ 微　キ 絶　ク 上　ケ 急　コ 資

5 □出・結□・□骨 （　）

6 □号・□賛・名□ （　）

7 □点・占□・根□ （　）

8 □下・退□・冷□ （　）

ア 拠　イ 果　ウ 却　エ 満　オ 露
カ 夏　キ 称　ク 誉　ケ 領　コ 論

解答

1 イ　拍手（はくしゅ）・拍子（ひょうし）・脈拍（みゃくはく）
2 ア　極秘（ごくひ）・至極（しごく）・極端（きょくたん）
3 エ　関与（かんよ）・授与（じゅよ）・与党（よとう）
4 カ　機微（きび）・微妙（びみょう）・微細（びさい）
5 オ　露出（ろしゅつ）・結露（けつろ）・露骨（ろこつ）
6 キ　称号（しょうごう）・称賛（しょうさん）・名称（めいしょう）
7 ア　拠点（きょてん）・占拠（せんきょ）・根拠（こんきょ）
8 ウ　却下（きゃっか）・退却（たいきゃく）・冷却（れいきゃく）

意味　2［至極＝この上ないこと］

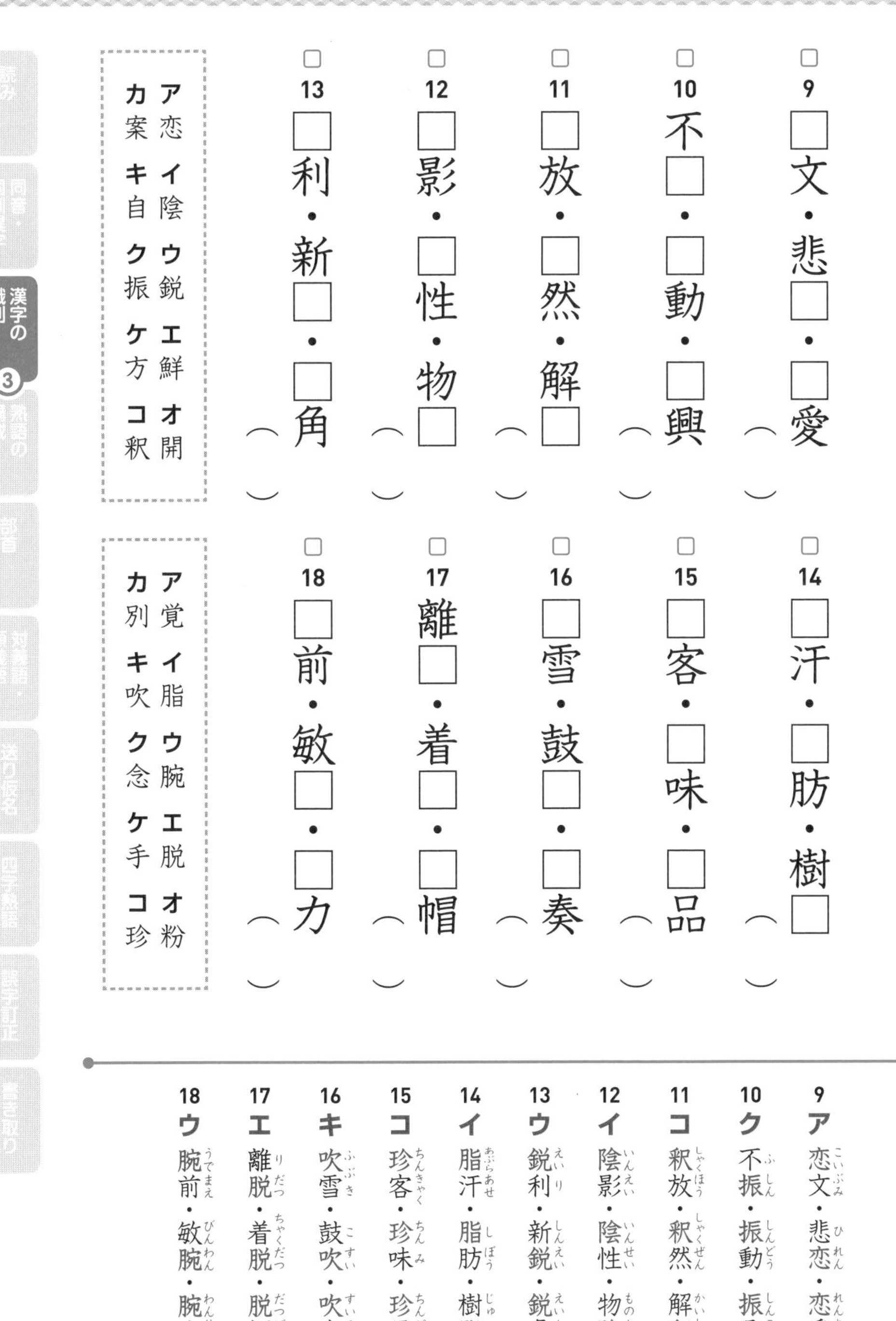

□ 9 □文・悲□・□愛（　　）

□ 10 不□・□動・□興（　　）

□ 11 □放・□然・解□（　　）

□ 12 □影・□性・物□（　　）

□ 13 □利・新□・□角（　　）

ア 恋　イ 陰　ウ 鋭　エ 鮮　オ 開
カ 案　キ 自　ク 振　ケ 方　コ 釈

□ 14 □汗・□肪・樹□（　　）

□ 15 □客・□味・□品（　　）

□ 16 □雪・鼓□・□奏（　　）

□ 17 離□・着□・□帽（　　）

□ 18 □前・敏□・□力（　　）

ア 覚　イ 脂　ウ 腕　エ 脱　オ 粉
カ 別　キ 吹　ク 念　ケ 手　コ 珍

---

9 **ア** 恋文（こいぶみ）・悲恋（ひれん）・恋愛（れんあい）

10 **ク** 不振（ふしん）・振動（しんどう）・振興（しんこう）

11 **コ** 釈放（しゃくほう）・釈然（しゃくぜん）・解釈（かいしゃく）

12 **イ** 陰影（いんえい）・陰性（いんせい）・物陰（ものかげ）

13 **ウ** 鋭利（えいり）・新鋭（しんえい）・鋭角（えいかく）

14 **イ** 脂汗（あぶらあせ）・脂肪（しぼう）・樹脂（じゅし）

15 **コ** 珍客（ちんきゃく）・珍味（ちんみ）・珍品（ちんぴん）

16 **キ** 吹雪（ふぶき）・鼓吹（こすい）・吹奏（すいそう）

17 **エ** 離脱（りだつ）・着脱（ちゃくだつ）・脱帽（だつぼう）

18 **ウ** 腕前（うでまえ）・敏腕（びんわん）・腕力（わんりょく）

意味　11［釈然＝疑いなどが晴れ心がさっぱりするさま］

これは はずせない！ A

漢字の識別④

15分で解こう！

13点以上とれれば合格！

得点　/18

三つの□に共通する漢字を入れて熟語を作れ。漢字はア～コから一つ選び、記号を記せ。

1 猛□・□撃・侵□（　）

2 □指・□折・□服（　）

3 □壊・傾□・転□（　）

4 遺□・□形・筆□（　）

ア 屈　イ 倒　ウ 攻　エ 跡　オ 暑　カ 私　キ 勤　ク 花　ケ 校　コ 骨

5 □式・□礼・行□（　）

6 □台・鼓□・□踏（　）

7 記□・連□・積□（　）

8 □淡・□霧・□度（　）

ア 儀　イ 挙　ウ 舞　エ 温　オ 荷　カ 動　キ 載　ク 進　ケ 及　コ 濃

解答

1 ウ 猛攻（もうこう）・攻撃（こうげき）・侵攻（しんこう）

2 ア 屈指（くっし）・屈折（くっせつ）・屈服（くっぷく）

3 イ 倒壊（とうかい）・傾倒（けいとう）・転倒（てんとう）

4 エ 遺跡（いせき）・跡形（あとかた）・筆跡（ひっせき）

5 ア 儀式（ぎしき）・儀礼（ぎれい）・行儀（ぎょうぎ）

6 ウ 舞台（ぶたい）・鼓舞（こぶ）・舞踏（ぶとう）

7 キ 記載（きさい）・連載（れんさい）・積載（せきさい）

8 コ 濃淡（のうたん）・濃霧（のうむ）・濃度（のうど）

意味 3［傾倒＝ある物事に深く心をひかれ、夢中になること］

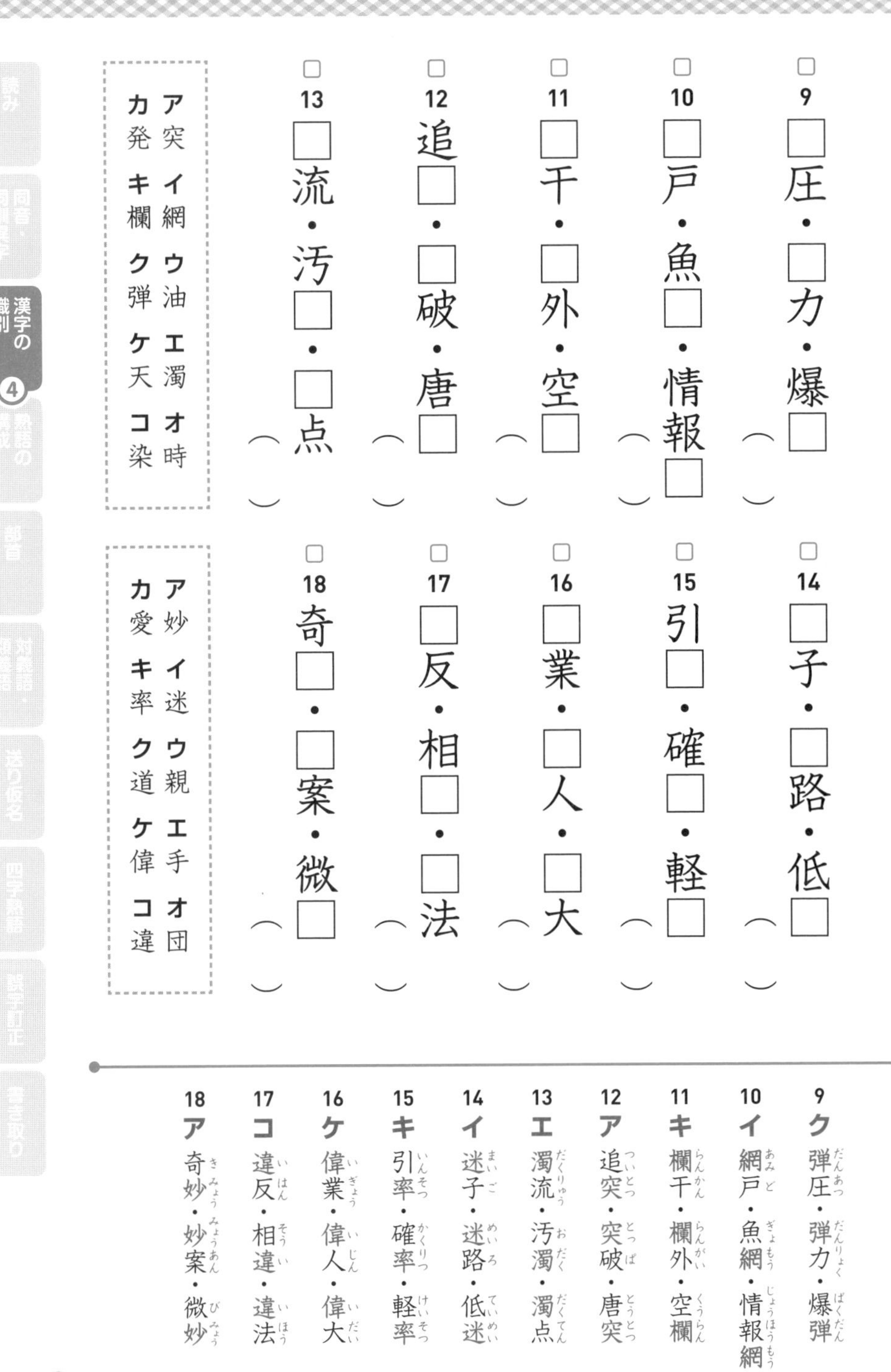

ア 突　イ 網　ウ 油　エ 濁　オ 時
カ 発　キ 欄　ク 弾　ケ 天　コ 染

□ 9 □圧・□力・爆□　（　　）

□ 10 □戸・魚□・情報□　（　　）

□ 11 □干・□外・空□　（　　）

□ 12 追□・□破・唐□　（　　）

□ 13 □流・汚□・□点　（　　）

ア 妙　イ 迷　ウ 親　エ 手　オ 団
カ 愛　キ 率　ク 道　ケ 偉　コ 違

□ 14 □子・□路・低□　（　　）

□ 15 引□・確□・軽□　（　　）

□ 16 □業・□人・□大　（　　）

□ 17 □反・相□・□法　（　　）

□ 18 奇□・□案・微□　（　　）

---

9 **ク** 弾圧（だんあつ）・弾力（だんりょく）・爆弾（ばくだん）

10 **イ** 網戸（あみど）・魚網（ぎょもう）・情報網（じょうほうもう）

11 **キ** 欄干（らんかん）・欄外（らんがい）・空欄（くうらん）

12 **ア** 追突（ついとつ）・突破（とっぱ）・唐突（とうとつ）

13 **エ** 濁流（だくりゅう）・汚濁（おだく）・濁点（だくてん）

14 **イ** 迷子（まいご）・迷路（めいろ）・低迷（ていめい）

15 **キ** 引率（いんそつ）・確率（かくりつ）・軽率（けいそつ）

16 **ケ** 偉業（いぎょう）・偉人（いじん）・偉大（いだい）

17 **コ** 違反（いはん）・相違（そうい）・違法（いほう）

18 **ア** 奇妙（きみょう）・妙案（みょうあん）・微妙（びみょう）

意味　18［妙案＝よい思いつき］

これは はずせない！ A

熟語の構成①

17点以上
とれれば
合格！

得点
/24

◎熟語の構成のしかたには次のようなものがある。

ア　同じような意味の漢字を重ねたもの……（岩石－どちらも「石」の意味）
イ　反対または対応の意味を表す字を重ねたもの……（高低－「高い」↕「低い」と考える）
ウ　上の字が下の字を修飾しているもの……（洋画－「西洋の↓映画」と考える）
エ　下の字が上の字の目的語・補語になっているもの……（着席－「つく↑席に」と考える）
オ　上の字が下の字の意味を打ち消しているもの……（非常－「常ではない」と考える）

✤次の熟語は右のア～オのどれにあたるか、一つ選び、記号を記せ。

□1　栄枯（　　）
□2　未婚（　　）
□3　砂丘（　　）
□4　抜群（　　）

✤解答

1　イ　栄枯（えいこ）「栄える」↕「おとろえる」
2　オ　未婚（みこん）「まだ結婚していない」
3　ウ　砂丘（さきゅう）「砂の↓丘」
4　エ　抜群（ばつぐん）「抜く↑群を」

意味　1［栄枯＝栄えたりおとろえたりすること］

5 清濁（　　）
6 耐震（　　）
7 送迎（　　）
8 起床（　　）
9 獲得（　　）
10 着脱（　　）
11 越境（　　）
12 不慮（　　）
13 功罪（　　）
14 尽力（　　）

15 是非（　　）
16 援助（　　）
17 握力（　　）
18 経緯（　　）
19 繁茂（　　）
20 陰陽（　　）
21 離合（　　）
22 絶縁（　　）
23 不眠（　　）
24 追跡（　　）

---

5 イ 清濁（せいだく）「すむ」↕「濁る」
6 エ 耐震（たいしん）「耐える←地震に」
7 イ 送迎（そうげい）「送る」↕「迎える」
8 エ 起床（きしょう）「起きる←寝床から」
9 ア 獲得（かくとく）どちらも「える」
10 イ 着脱（ちゃくだつ）「着る」↕「脱ぐ」
11 エ 越境（えっきょう）「越える←境を」
12 オ 不慮（ふりょ）「思いがけない」
13 イ 功罪（こうざい）「功績」↕「罪過」
14 エ 尽力（じんりょく）「尽くす←力を」

15 イ 是非（ぜひ）「正しい」↕「よくない」
16 ア 援助（えんじょ）どちらも「たすける」
17 ウ 握力（あくりょく）「握る→力」
18 イ 経緯（けいい）「縦糸（経）」↕「横糸（緯）」
19 ア 繁茂（はんも）どちらも「しげる」
20 イ 陰陽（いんよう）「かげ」↕「ひなた」
21 イ 離合（りごう）「離れる」↕「合う」
22 エ 絶縁（ぜつえん）「絶つ←縁を」
23 オ 不眠（ふみん）「眠らない」
24 エ 追跡（ついせき）「追う←跡を」

意味 13［功罪＝功績と罪過。よい面と悪い面］

これは はずせない！ A

熟語の構成 ②

15分で解こう！

17点以上とれれば合格！

得点　／24

◎熟語の構成のしかたには次のようなものがある。

ア　同じような意味の漢字を重ねたもの……（岩石－どちらも「石」の意味）
イ　反対または対応の意味を表す字を重ねたもの……（高低－「高い」↕「低い」と考える）
ウ　上の字が下の字を修飾しているもの……（洋画－「西洋の↓映画」と考える）
エ　下の字が上の字の目的語・補語になっているもの……（着席－「つく↑席に」と考える）
オ　上の字が下の字の意味を打ち消しているもの……（非常－「常ではない」と考える）

✤次の熟語は右のア～オのどれにあたるか、一つ選び、記号を記せ。

□1　執筆（　　）
□2　師弟（　　）
□3　思慮（　　）
□4　捕獲（　　）

✤解答

1　エ　執筆（しっぴつ）「執る↑筆を」
2　イ　師弟（してい）「先生」↕「生徒」
3　ア　思慮（しりょ）どちらも「おもう」
4　ア　捕獲（ほかく）どちらも「とらえる」

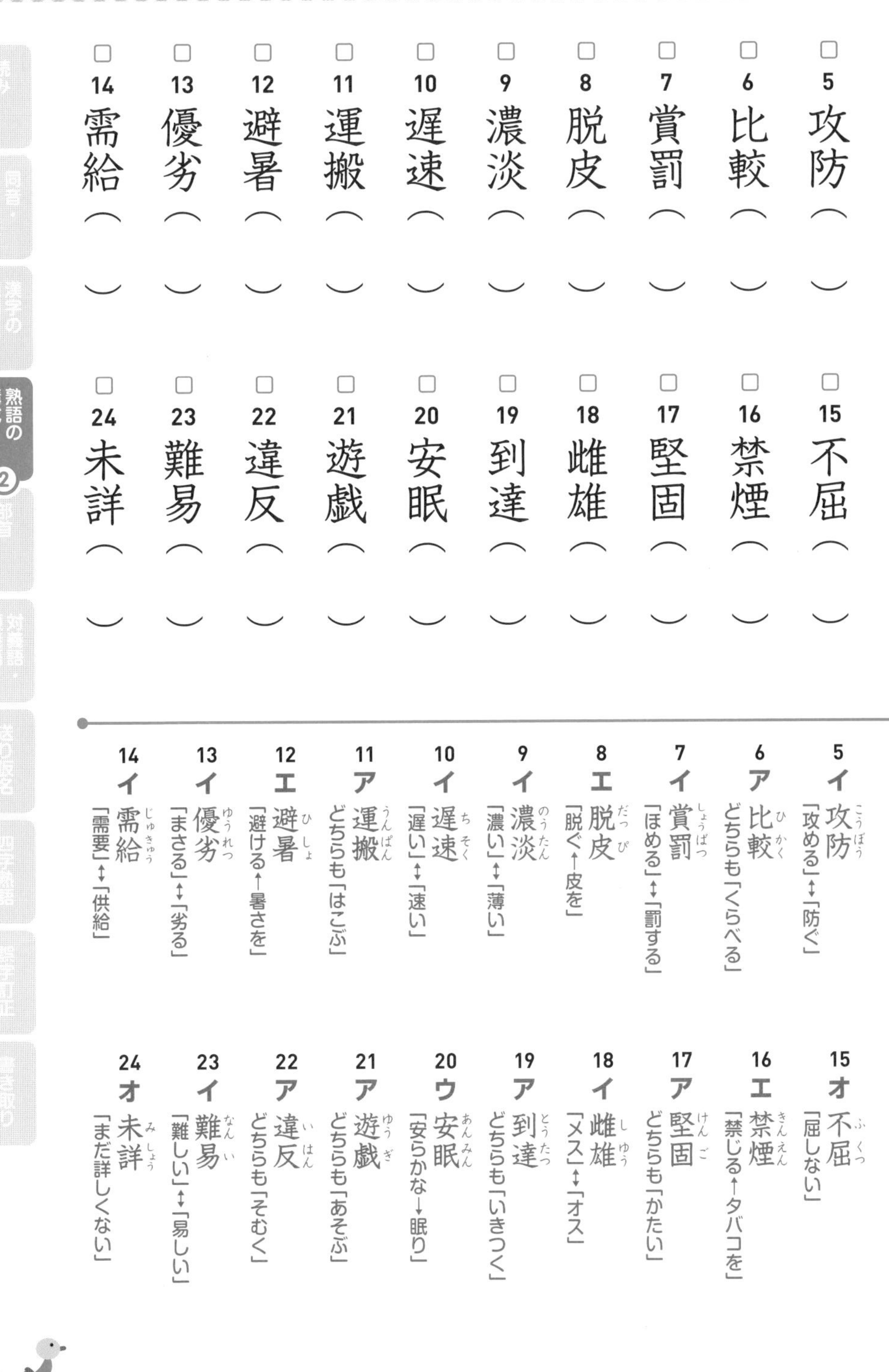

□ 5 攻防（　　）
□ 6 比較（　　）
□ 7 賞罰（　　）
□ 8 脱皮（　　）
□ 9 濃淡（　　）
□ 10 遅速（　　）
□ 11 運搬（　　）
□ 12 避暑（　　）
□ 13 優劣（　　）
□ 14 需給（　　）

□ 15 不屈（　　）
□ 16 禁煙（　　）
□ 17 堅固（　　）
□ 18 雌雄（　　）
□ 19 到達（　　）
□ 20 安眠（　　）
□ 21 遊戯（　　）
□ 22 違反（　　）
□ 23 難易（　　）
□ 24 未詳（　　）

---

5 **イ** 攻防（こうぼう） 「攻める」↔「防ぐ」

6 **ア** 比較（ひかく） どちらも「くらべる」

7 **イ** 賞罰（しょうばつ） 「ほめる」↔「罰する」

8 **エ** 脱皮（だっぴ） 「脱ぐ←皮を」

9 **イ** 濃淡（のうたん） 「濃い」↔「薄い」

10 **イ** 遅速（ちそく） 「遅い」↔「速い」

11 **ア** 運搬（うんぱん） どちらも「はこぶ」

12 **エ** 避暑（ひしょ） 「避ける←暑さを」

13 **イ** 優劣（ゆうれつ） 「まさる」↔「劣る」

14 **イ** 需給（じゅきゅう） 「需要」↔「供給」

15 **オ** 不屈（ふくつ） 「屈しない」

16 **エ** 禁煙（きんえん） 「禁じる←タバコを」

17 **ア** 堅固（けんご） どちらも「かたい」

18 **イ** 雌雄（しゆう） 「メス」↔「オス」

19 **ア** 到達（とうたつ） どちらも「いきつく」

20 **ウ** 安眠（あんみん） 「安らかな→眠り」

21 **ア** 遊戯（ゆうぎ） どちらも「あそぶ」

22 **ア** 違反（いはん） どちらも「そむく」

23 **イ** 難易（なんい） 「難しい」↔「易しい」

24 **オ** 未詳（みしょう） 「まだ詳しくない」

意味 15［不屈＝どのような困難にもくじけないこと］

これは はずせない！ A

熟語の構成 ③

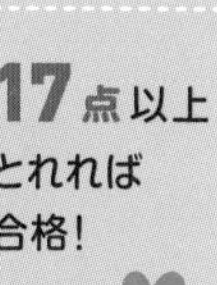

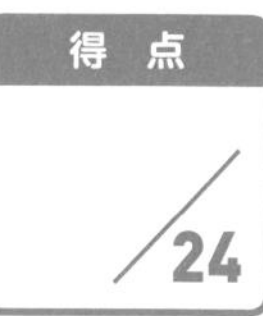

◎熟語の構成のしかたには次のようなものがある。

ア 同じような意味の漢字を重ねたもの……（岩石－どちらも「石」の意味）
イ 反対または対応の意味を表す字を重ねたもの……（高低－「高い」↕「低い」と考える）
ウ 上の字が下の字を修飾しているもの……（洋画－「西洋の↓映画」と考える）
エ 下の字が上の字の目的語・補語になっているもの……（着席－「つく↑席に」と考える）
オ 上の字が下の字の意味を打ち消しているもの……（非常－「常ではない」と考える）

✤次の熟語は右の**ア**～**オ**のどれにあたるか、一つ選び、記号を記せ。

□ **1** 遅刻（　　）
□ **2** 不朽（　　）
□ **3** 乾燥（　　）
□ **4** 仰天（　　）

✤**解答**

1 **エ** 遅刻（ちこく）「遅れる↑時刻に」
2 **オ** 不朽（ふきゅう）「朽ちない」
3 **ア** 乾燥（かんそう）どちらも「かわく」
4 **エ** 仰天（ぎょうてん）「仰ぐ↑天を」

意味 4［仰天＝非常に驚くこと］

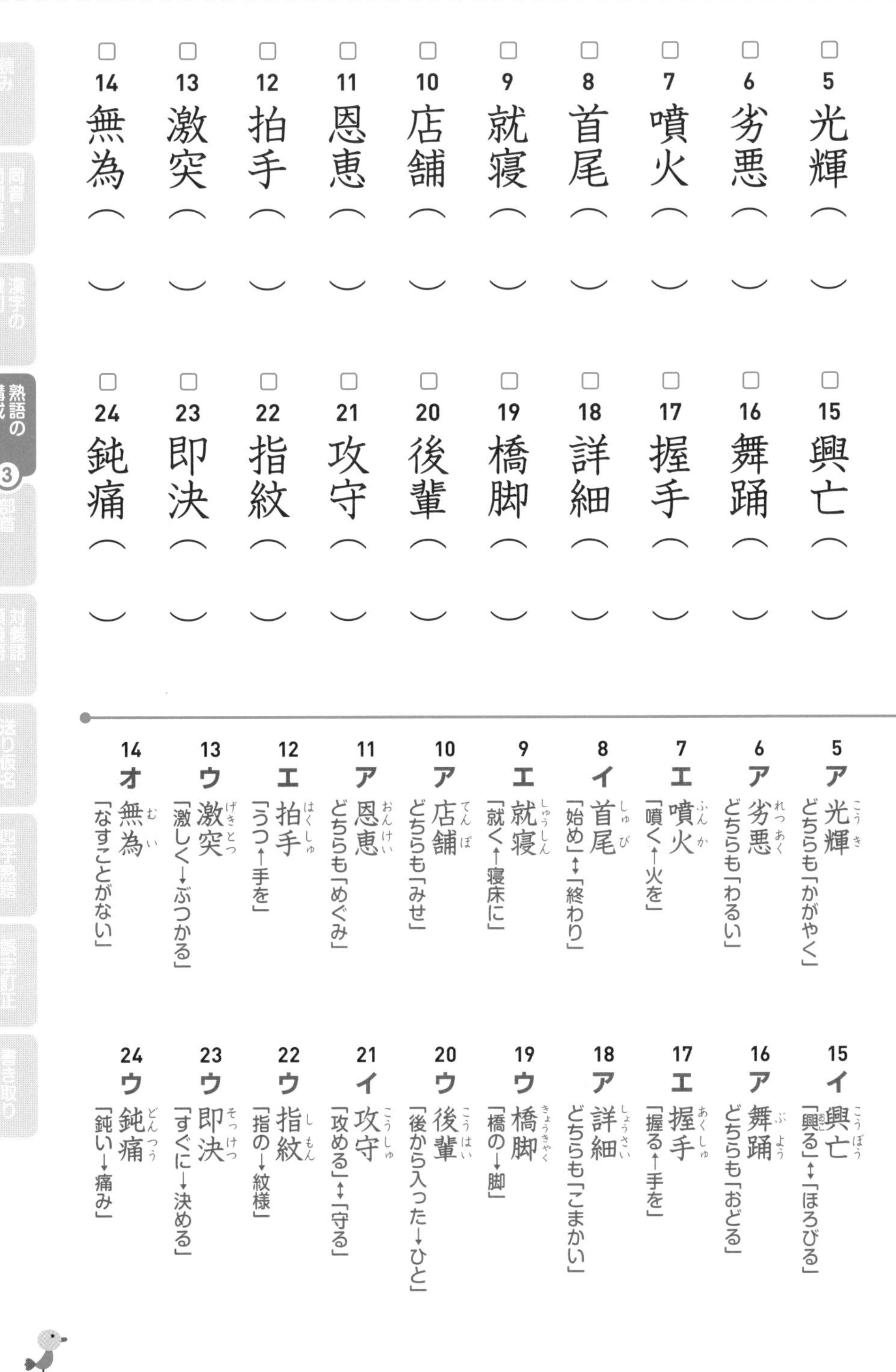

□ 5 光輝（　　）
□ 6 劣悪（　　）
□ 7 噴火（　　）
□ 8 首尾（　　）
□ 9 就寝（　　）
□ 10 店舗（　　）
□ 11 恩恵（　　）
□ 12 拍手（　　）
□ 13 激突（　　）
□ 14 無為（　　）

□ 15 興亡（　　）
□ 16 舞踊（　　）
□ 17 握手（　　）
□ 18 詳細（　　）
□ 19 橋脚（　　）
□ 20 後輩（　　）
□ 21 攻守（　　）
□ 22 指紋（　　）
□ 23 即決（　　）
□ 24 鈍痛（　　）

---

5 **ア** 光輝（こうき） どちらも「かがやく」
6 **ア** 劣悪（れつあく） どちらも「わるい」
7 **エ** 噴火（ふんか） 「噴く」←「火を」
8 **イ** 首尾（しゅび） 「始め」↔「終わり」
9 **エ** 就寝（しゅうしん） 「就く」←「寝床に」
10 **ア** 店舗（てんぽ） どちらも「みせ」
11 **ア** 恩恵（おんけい） どちらも「めぐみ」
12 **エ** 拍手（はくしゅ） 「うつ」←「手を」
13 **ウ** 激突（げきとつ） 「激しく」→「ぶつかる」
14 **オ** 無為（むい） 「なすことがない」

15 **イ** 興亡（こうぼう） 「興る（おこる）」↔「ほろびる」
16 **ア** 舞踊（ぶよう） どちらも「おどる」
17 **エ** 握手（あくしゅ） 「握る」←「手を」
18 **ア** 詳細（しょうさい） どちらも「こまかい」
19 **ウ** 橋脚（きょうきゃく） 「橋の」→「脚」
20 **ウ** 後輩（こうはい） 「後から入った」→「ひと」
21 **イ** 攻守（こうしゅ） 「攻める」↔「守る」
22 **ウ** 指紋（しもん） 「指の」→「紋様」
23 **ウ** 即決（そっけつ） 「すぐに」→「決める」
24 **ウ** 鈍痛（どんつう） 「鈍い」→「痛み」

意味 14［無為＝自然のままで人為の加わっていないこと。何もしないでいること］

これは はずせない！ A

熟語の構成 ④

◎ 熟語の構成のしかたには次のようなものがある。

ア 同じような意味の漢字を重ねたもの……（岩石－どちらも「石」の意味）
イ 反対または対応の意味を表す字を重ねたもの……（高低－「高い」↕「低い」と考える）
ウ 上の字が下の字を修飾しているもの……（洋画－「西洋の↓映画」と考える）
エ 下の字が上の字の目的語・補語になっているもの……（着席－「つく↑席に」と考える）
オ 上の字が下の字の意味を打ち消しているもの……（非常－「常ではない」と考える）

✿ 次の熟語は右のア～オのどれにあたるか、一つ選び、記号を記せ。

□ 1 旧姓（　　）
□ 2 無尽（　　）
□ 3 加減（　　）
□ 4 即答（　　）

✿ 解答

1 ウ 旧姓（きゅうせい）「以前の↓姓」
2 オ 無尽（むじん）「尽きることがない」
3 イ 加減（かげん）「加える」↕「減らす」
4 ウ 即答（そくとう）「即座に↓答える」

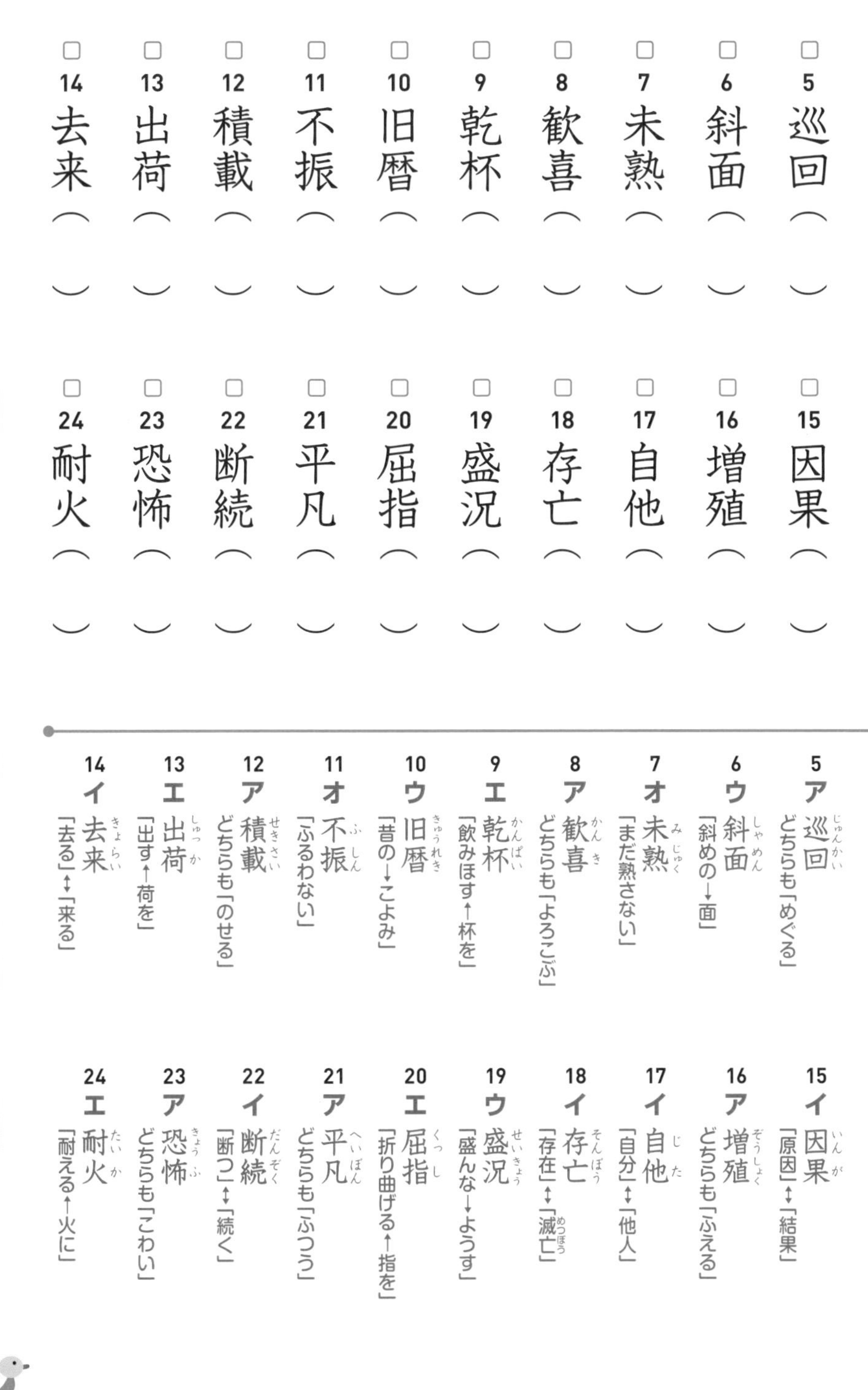

□ 5 巡回（　　）
□ 6 斜面（　　）
□ 7 未熟（　　）
□ 8 歓喜（　　）
□ 9 乾杯（　　）
□ 10 旧暦（　　）
□ 11 不振（　　）
□ 12 積載（　　）
□ 13 出荷（　　）
□ 14 去来（　　）

□ 15 因果（　　）
□ 16 増殖（　　）
□ 17 自他（　　）
□ 18 存亡（　　）
□ 19 盛況（　　）
□ 20 屈指（　　）
□ 21 平凡（　　）
□ 22 断続（　　）
□ 23 恐怖（　　）
□ 24 耐火（　　）

---

5 ア 巡回（じゅんかい） どちらも「めぐる」
6 ウ 斜面（しゃめん） 「斜めの→面」
7 オ 未熟（みじゅく） 「まだ熟さない」
8 ア 歓喜（かんき） どちらも「よろこぶ」
9 エ 乾杯（かんぱい） 「飲みほす←杯を」
10 ウ 旧暦（きゅうれき） 「昔の→こよみ」
11 オ 不振（ふしん） 「ふるわない」
12 ア 積載（せきさい） どちらも「のせる」
13 エ 出荷（しゅっか） 「出す←荷を」
14 イ 去来（きょらい） 「去る」↔「来る」

15 イ 因果（いんが） 「原因」↔「結果」
16 ア 増殖（ぞうしょく） どちらも「ふえる」
17 イ 自他（じた） 「自分」↔「他人」
18 イ 存亡（そんぼう） 「存在」↔「滅亡（めつぼう）」
19 ウ 盛況（せいきょう） 「盛んな→ようす」
20 エ 屈指（くっし） 「折り曲げる←指を」
21 ア 平凡（へいぼん） どちらも「ふつう」
22 イ 断続（だんぞく） 「断つ」↔「続く」
23 ア 恐怖（きょうふ） どちらも「こわい」
24 エ 耐火（たいか） 「耐える←火に」

意味 14［去来＝行ったり来たりすること。消えたり現れたりすること］

熟語の構成 ⑤

15分で解こう！

17点以上とれれば合格！

得点 ／24

◎ 熟語の構成のしかたには次のようなものがある。

ア 同じような意味の漢字を重ねたもの……（岩石 - どちらも「石」の意味）
イ 反対または対応の意味を表す字を重ねたもの……（高低 - 「高い」↕「低い」と考える）
ウ 上の字が下の字を修飾しているもの……（洋画 - 「西洋の↓映画」と考える）
エ 下の字が上の字の目的語・補語になっているもの……（着席 - 「つく↑席に」と考える）
オ 上の字が下の字の意味を打ち消しているもの……（非常 - 「常ではない」と考える）

✤ 次の熟語は右のア～オのどれにあたるか、一つ選び、記号を記せ。

□ 1 捕球（　　）
□ 2 直訴（　　）
□ 3 腐敗（　　）
□ 4 新鮮（　　）

✤ 解答

1 エ 捕球（ほきゅう）「捕る↑球を」
2 ウ 直訴（じきそ）「直に（じか）↓訴える」
3 ウ 腐敗（ふはい）「腐って↓だめになる」
4 ア 新鮮（しんせん）どちらも「あたらしい」

意味 2［直訴＝一定の手続きをふまえずに上の立場の人に直接訴え出ること］

□ 5 曇天（　　）
□ 6 更衣（　　）
□ 7 未踏（　　）
□ 8 歌謡（　　）
□ 9 求婚（　　）
□ 10 冒険（　　）
□ 11 波紋（　　）
□ 12 無恥（　　）
□ 13 珍事（　　）
□ 14 甘言（　　）

□ 15 猛烈（　　）
□ 16 皮膚（　　）
□ 17 瞬間（　　）
□ 18 継続（　　）
□ 19 違約（　　）
□ 20 脱帽（　　）
□ 21 腕力（　　）
□ 22 巨体（　　）
□ 23 乾季（　　）
□ 24 離陸（　　）

---

5 ウ 曇天（どんてん）「曇った→天」
6 エ 更衣（こうい）「かえる←衣服を」
7 オ 未踏（みとう）「まだ踏み入れない」
8 ア 歌謡（かよう）どちらも「うた」
9 エ 求婚（きゅうこん）「求める←結婚を」
10 エ 冒険（ぼうけん）「おかす←危険を」
11 ウ 波紋（はもん）「波の→模様」
12 オ 無恥（むち）「恥と思わない」
13 ウ 珍事（ちんじ）「珍しい→事」
14 ウ 甘言（かんげん）「甘い→言葉」

15 ア 猛烈（もうれつ）どちらも「はげしい」
16 ア 皮膚（ひふ）どちらも「はだ」
17 ウ 瞬間（しゅんかん）「一瞬の→間」
18 ア 継続（けいぞく）どちらも「つづける」
19 エ 違約（いやく）「ちがえる←約束を」
20 エ 脱帽（だつぼう）「脱ぐ←帽子を」
21 ウ 腕力（わんりょく）「腕の→力」
22 ウ 巨体（きょたい）「おおきな→からだ」
23 ウ 乾季（かんき）「乾燥した→季節」
24 エ 離陸（りりく）「離れる←陸を」

意味 12［無恥＝恥を恥と思わないこと。恥知らずなこと］

これは はずせない！ A

熟語の構成 ⑥

◎ 熟語の構成のしかたには次のようなものがある。

ア 同じような意味の漢字を重ねたもの……（岩石－どちらも「石」の意味）
イ 反対または対応の意味を表す字を重ねたもの……（高低－「高い」↔「低い」と考える）
ウ 上の字が下の字を修飾しているもの……（洋画－「西洋の↓映画」と考える）
エ 下の字が上の字の目的語・補語になっているもの……（着席－「つく↑席に」と考える）
オ 上の字が下の字の意味を打ち消しているもの……（非常－「常ではない」と考える）

次の熟語は右の**ア**～**オ**のどれにあたるか、一つ選び、記号を記せ。

□ 1 雅俗（　）
□ 2 越権（　）
□ 3 迎春（　）
□ 4 遠征（　）

解答

1 **イ** 雅俗（がぞく） 「上品」↔「下品」
2 **エ** 越権（えっけん） 「越す↑権限を」
3 **エ** 迎春（げいしゅん） 「迎える↑春を」
4 **ウ** 遠征（えんせい） 「遠くへ↓行く」

意味 1［雅俗＝上品なものと俗っぽいもの］

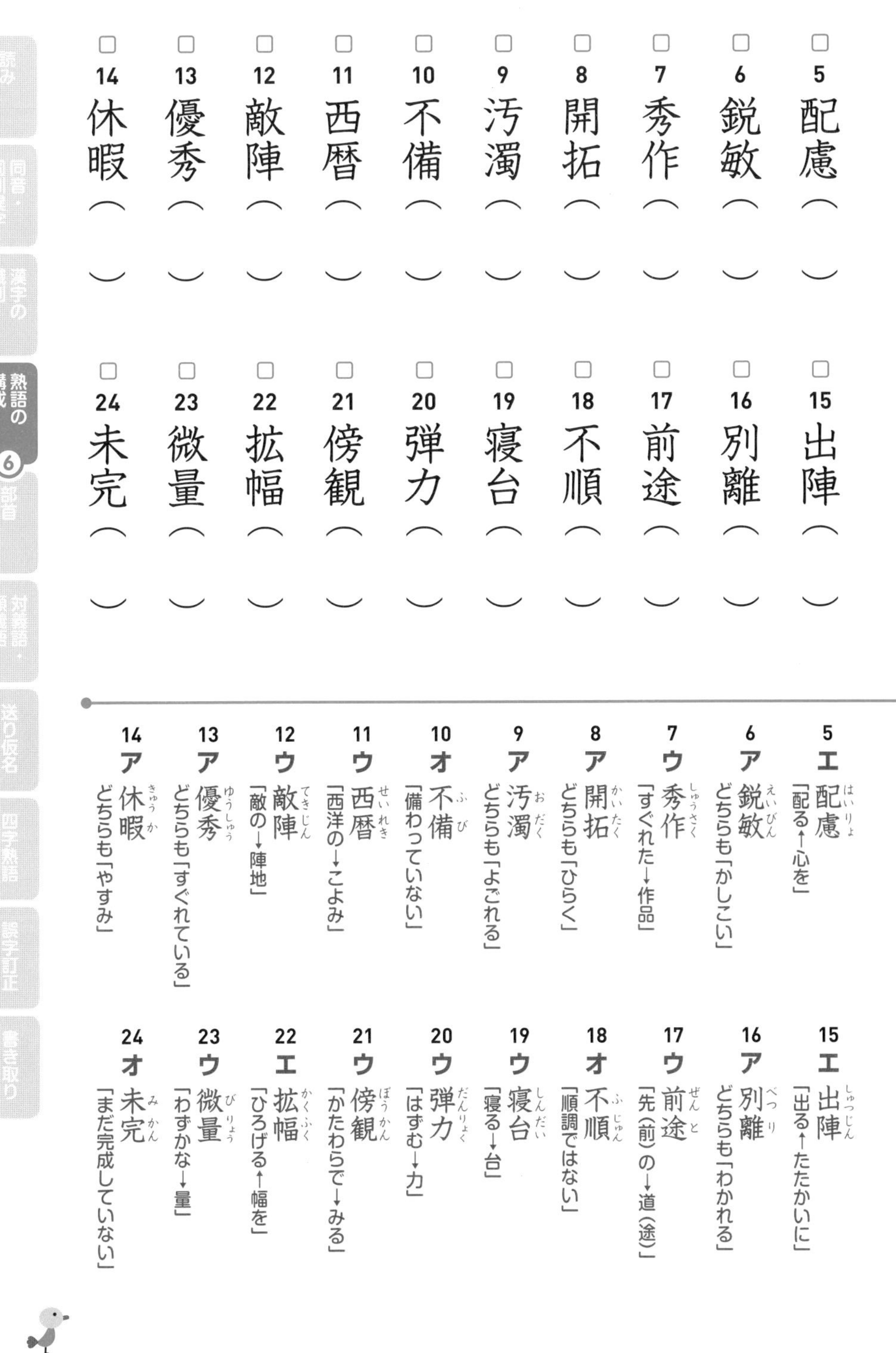

□ 5 配慮（　　）
□ 6 鋭敏（　　）
□ 7 秀作（　　）
□ 8 開拓（　　）
□ 9 汚濁（　　）
□ 10 不備（　　）
□ 11 西暦（　　）
□ 12 敵陣（　　）
□ 13 優秀（　　）
□ 14 休暇（　　）

□ 15 出陣（　　）
□ 16 別離（　　）
□ 17 前途（　　）
□ 18 不順（　　）
□ 19 寝台（　　）
□ 20 弾力（　　）
□ 21 傍観（　　）
□ 22 拡幅（　　）
□ 23 微量（　　）
□ 24 未完（　　）

---

5 エ　配慮（はいりょ）「配る←心を」
6 ア　鋭敏（えいびん）どちらも「かしこい」
7 ウ　秀作（しゅうさく）「すぐれた→作品」
8 ア　開拓（かいたく）どちらも「ひらく」
9 ア　汚濁（おだく）どちらも「よごれる」
10 オ　不備（ふび）「備わっていない」
11 ウ　西暦（せいれき）「西洋の→こよみ」
12 ウ　敵陣（てきじん）「敵の→陣地」
13 ア　優秀（ゆうしゅう）どちらも「すぐれている」
14 ア　休暇（きゅうか）どちらも「やすみ」

15 エ　出陣（しゅつじん）「出る←たたかいに」
16 ア　別離（べつり）どちらも「わかれる」
17 ウ　前途（ぜんと）「先（前）の→道（途）」
18 オ　不順（ふじゅん）「順調ではない」
19 ウ　寝台（しんだい）「寝る→台」
20 ウ　弾力（だんりょく）「はずむ→力」
21 ウ　傍観（ぼうかん）「かたわらで→みる」
22 エ　拡幅（かくふく）「ひろげる←幅を」
23 ウ　微量（びりょう）「わずかな→量」
24 オ　未完（みかん）「まだ完成していない」

意味　21［傍観＝何もせず、ただそばで見ていること］

これは はずせない！ A

熟語の構成⑦

17点以上
とれれば
合格！

◎熟語の構成のしかたには次のようなものがある。

ア　同じような意味の漢字を重ねたもの……（岩石－どちらも「石」の意味）
イ　反対または対応の意味を表す字を重ねたもの……（高低－「高い」↕「低い」と考える）
ウ　上の字が下の字を修飾しているもの……（洋画－「西洋の↓映画」と考える）
エ　下の字が上の字の目的語・補語になっているもの……（着席－「つく↑席に」と考える）
オ　上の字が下の字の意味を打ち消しているもの……（非常－「常ではない」と考える）

✤次の熟語は右の**ア**～**オ**のどれにあたるか、一つ選び、記号を記せ。

□ 1 激怒（　　）
□ 2 救援（　　）
□ 3 珍奇（　　）
□ 4 未到（　　）

✤解答

1 ウ　激怒（げきど）「激しく↓怒る」
2 ア　救援（きゅうえん）どちらも「たすける」
3 ア　珍奇（ちんき）どちらも「めずらしい」
4 オ　未到（みとう）「まだ到達しない」

□ 5 樹齢（　　）
□ 6 敏速（　　）
□ 7 濁流（　　）
□ 8 収支（　　）
□ 9 新郎（　　）
□ 10 前傾（　　）
□ 11 起稿（　　）
□ 12 闘争（　　）
□ 13 退陣（　　）
□ 14 越冬（　　）

□ 15 耐寒（　　）
□ 16 不惑（　　）
□ 17 予測（　　）
□ 18 抜歯（　　）
□ 19 白髪（　　）
□ 20 不詳（　　）
□ 21 偉業（　　）
□ 22 傍線（　　）
□ 23 失脚（　　）
□ 24 製菓（　　）

---

5 **ウ** 樹齢（じゅれい）「樹木の→年齢」

6 **ア** 敏速（びんそく）どちらも「すばやい」

7 **ウ** 濁流（だくりゅう）「濁った→流れ」

8 **イ** 収支（しゅうし）「収入」↔「支出」

9 **ウ** 新郎（しんろう）「結婚したばかりの→男性」

10 **ウ** 前傾（ぜんけい）「前に→傾く」

11 **エ** 起稿（きこう）「起こす←原稿を」

12 **ア** 闘争（とうそう）どちらも「あらそう」

13 **エ** 退陣（たいじん）「しりぞく←陣を」

14 **エ** 越冬（えっとう）「越す←冬を」

15 **エ** 耐寒（たいかん）「耐える←寒さに」

16 **オ** 不惑（ふわく）「惑わない」

17 **ウ** 予測（よそく）「あらかじめ→考える」

18 **エ** 抜歯（ばっし）「抜く←歯を」

19 **ウ** 白髪（はくはつ（しらが））「白い→髪の毛」

20 **オ** 不詳（ふしょう）「詳しくない」

21 **ウ** 偉業（いぎょう）「偉大な→業績」

22 **ウ** 傍線（ぼうせん）「かたわらの→線」

23 **エ** 失脚（しっきゃく）「失う←足もとを」

24 **エ** 製菓（せいか）「製造する←菓子を」

意味 23［失脚＝失敗して地位や立場を失うこと］

これは はずせない！ A

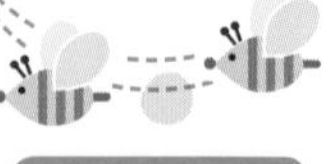

部首①

10分で解こう！

17点以上とれれば合格！

得点　／24

次の漢字の部首をア〜エから一つ選び、記号で記せ。

□ 1 戯　ア 虍　イ 戈　ウ ノ　エ 丶　（　）

□ 2 窓　ア 宀　イ 穴　ウ ム　エ 心　（　）

□ 3 奥　ア ノ　イ 冂　ウ 米　エ 大　（　）

□ 4 彩　ア ノ　イ ⺍　ウ 木　エ 彡　（　）

□ 5 誉　ア ⺍　イ 一　ウ 八　エ 言　（　）

□ 6 壱　ア 士　イ 冖　ウ ノ　エ 匕　（　）

□ 7 扇　ア 一　イ 戸　ウ 尸　エ 羽　（　）

□ 8 殿　ア 尸　イ 八　ウ 殳　エ 又　（　）

□ 9 罰　ア 罒　イ 言　ウ 亠　エ 亅　（　）

□ 10 翼　ア 羽　イ 田　ウ 二　エ 八　（　）

解答

1 イ 戈 ほこづくり ほこがまえ

2 イ 穴 あなかんむり

3 エ 大 だい

4 エ 彡 さんづくり

5 エ 言 げん

6 ア 士 さむらい

7 イ 戸 とだれ とかんむり

8 ウ 殳 るまた ほこづくり

9 ア 罒 あみがしら あみめ よこめ

10 ア 羽 はね

他例 1［戒・我・戦］ 6［士・売・声］ 注意 7［出題範囲では扇のみ］

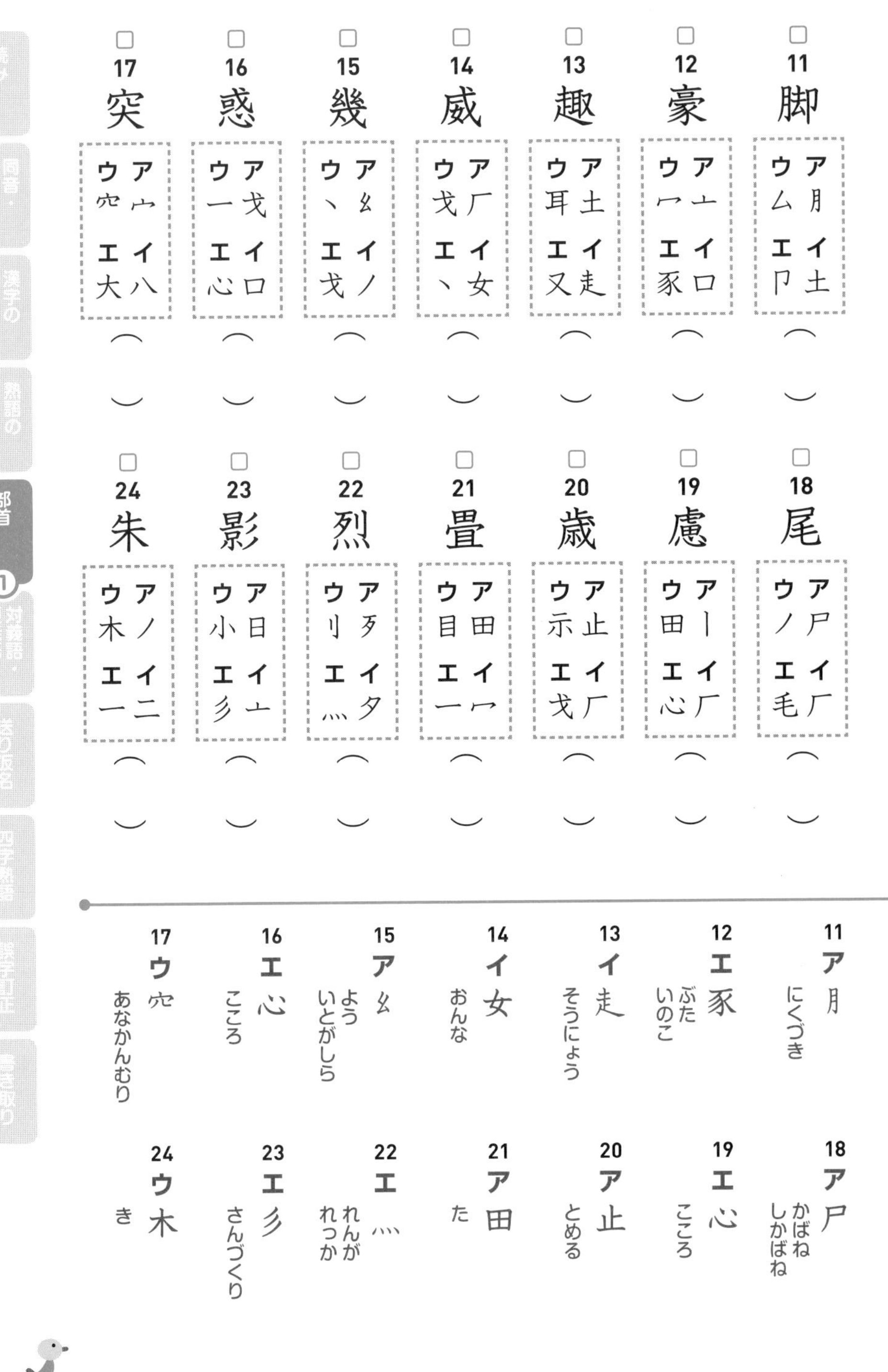

番号	漢字	ア	イ	ウ	エ
□11	脚	月	土	ム	卩
□12	豪	亠	口	冖	豕
□13	趣	土	走	耳	又
□14	威	厂	女	戈	丶
□15	幾	幺	ノ	丶	戈
□16	惑	戈	口	一	心
□17	突	宀	八	穴	大
□18	尾	尸	厂	ノ	毛
□19	慮	丨	厂	田	心
□20	歳	止	厂	示	戈
□21	畳	田	冖	目	一
□22	烈	歹	夕	刂	灬
□23	影	日	亠	小	彡
□24	朱	ノ	二	木	一

11 ア 月 にくづき
12 エ 豕 ぶた いのこ
13 イ 走 そうにょう
14 イ 女 おんな
15 ア 幺 よう いとがしら
16 エ 心 こころ
17 ウ 穴 あなかんむり
18 ア 尸 かばね しかばね
19 エ 心 こころ
20 ア 止 とめる
21 ア 田 た
22 エ 灬 れんが れっか
23 エ 彡 さんづくり
24 ウ 木 き

他例 16［恐・恥・恵］ 24［柔・染・条］

部首②

10分で解こう！

17点以上とれれば合格！

得点 ／24

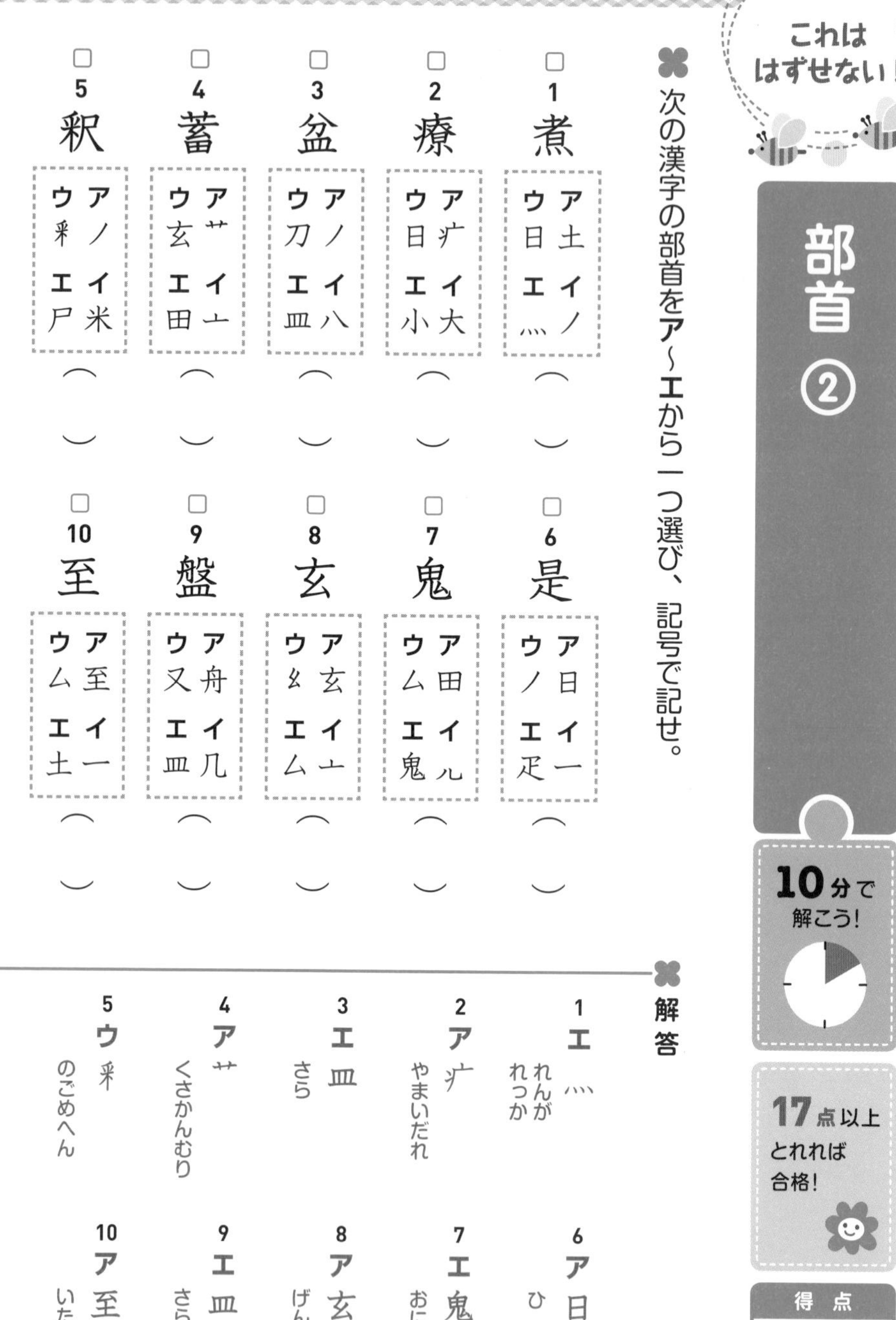

次の漢字の部首をア～エから一つ選び、記号で記せ。

1 煮 （ア 土　イ ノ　ウ 日　エ 灬）（　）
2 療 （ア 疒　イ 大　ウ 日　エ 小）（　）
3 盆 （ア ノ　イ 八　ウ 刀　エ 皿）（　）
4 蓄 （ア 艹　イ 亠　ウ 玄　エ 田）（　）
5 釈 （ア ノ　イ 米　ウ 釆　エ 尸）（　）
6 是 （ア 日　イ 一　ウ ノ　エ 疋）（　）
7 鬼 （ア 田　イ 儿　ウ ム　エ 鬼）（　）
8 玄 （ア 玄　イ 亠　ウ 幺　エ ム）（　）
9 盤 （ア 舟　イ 几　ウ 又　エ 皿）（　）
10 至 （ア 至　イ 一　ウ ム　エ 土）（　）

解答

1 エ 灬 れんが れっか
2 ア 疒 やまいだれ
3 エ 皿 さら
4 ア 艹 くさかんむり
5 ウ 釆 のごめへん
6 ア 日 ひ
7 エ 鬼 おに
8 ア 玄 げん
9 エ 皿 さら
10 ア 至 いたる

注意 5［出題範囲では釈のみ］ 7［出題範囲では鬼のみ］　他例 8［率］ 10［致］

読み
同音・同訓異字
漢字の識別
熟語の構成
部首
2
対義語・類義語
送り仮名
四字熟語
誤字訂正
書き取り

11 驚　ア 艹　イ 攵　ウ 馬　エ 灬　（　）

12 傾　ア 亻　イ 匕　ウ 頁　エ 貝　（　）

13 剤　ア 文　イ 月　ウ 刂　エ 亅　（　）

14 劣　ア 小　イ 八　ウ ノ　エ 力　（　）

15 曇　ア 日　イ 雨　ウ 二　エ ム　（　）

16 却　ア 土　イ ム　ウ 卩　エ ｜　（　）

17 壁　ア 尸　イ 口　ウ 辛　エ 土　（　）

18 帽　ア ｜　イ 巾　ウ 日　エ 目　（　）

19 敷　ア 田　イ 方　ウ 、　エ 攵　（　）

20 珍　ア 王　イ 人　ウ ノ　エ 彡　（　）

21 秀　ア ノ　イ 禾　ウ 木　エ 十　（　）

22 獲　ア 犭　イ 艹　ウ 隹　エ 又　（　）

23 隷　ア 士　イ 示　ウ 一　エ 隶　（　）

24 盾　ア ノ　イ 一　ウ 十　エ 目　（　）

---

11 ウ 馬 うま

12 ア 亻 にんべん

13 ウ 刂 りっとう

14 エ 力 ちから

15 ア 日 ひ

16 ウ 卩 わりふ ふしづくり

17 エ 土 つち

18 イ 巾 はばへん きんべん

19 エ 攵 のぶん ぼくづくり

20 ア 王 おうへん たまへん

21 イ 禾 のぎ

22 ア 犭 けものへん

23 エ 隶 れいづくり

24 エ 目 め

他例 19［敬・故・政］　注意 21［出題範囲では秀のみ］　23［出題範囲では隷のみ］

部首③

10分で解こう！

17点以上とれれば合格！

得点　／24

次の漢字の部首をア〜エから一つ選び、記号で記せ。

□1 暦　ア 厂　イ 木　ウ 一　エ 日　（　）

□2 盗　ア 冫　イ 欠　ウ 人　エ 皿　（　）

□3 載　ア 土　イ 車　ウ 戈　エ 丶　（　）

□4 含　ア ノ　イ 𠆢　ウ 一　エ 口　（　）

□5 雅　ア 二　イ ノ　ウ 亠　エ 隹　（　）

□6 響　ア 幺　イ 阝　ウ 立　エ 音　（　）

□7 奇　ア 大　イ 一　ウ 口　エ 亅　（　）

□8 柔　ア 八　イ 矛　ウ 十　エ 木　（　）

□9 微　ア 彳　イ 山　ウ 儿　エ 攵　（　）

□10 戒　ア 一　イ 廾　ウ 戈　エ ノ　（　）

解答

1 エ 日 ひ

2 エ 皿 さら

3 イ 車 くるま

4 エ 口 くち

5 エ 隹 ふるとり

6 エ 音 おと

7 ア 大 だい

8 エ 木 き

9 ア 彳 ぎょうにんべん

10 ウ 戈 ほこづくり ほこがまえ

他例　1［旨・旬・易］　7［奏・夫・失］

□ 11 斜　ア 𠆢　イ 示　ウ 十　エ 斗　（　　）

□ 12 環　ア 𤣩　イ 罒　ウ 一　エ 口　（　　）

□ 13 疲　ア 亠　イ 冫　ウ 疒　エ 皮　（　　）

□ 14 瞬　ア 目　イ ノ　ウ 冖　エ 舛　（　　）

□ 15 透　ア 辶　イ 禾　ウ 乃　エ 丶　（　　）

□ 16 衛　ア 彳　イ 口　ウ 二　エ 行　（　　）

□ 17 堅　ア 臣　イ 又　ウ 土　エ 二　（　　）

□ 18 項　ア 工　イ 一　ウ 貝　エ 頁　（　　）

□ 19 離　ア 亠　イ 冂　ウ 亻　エ 隹　（　　）

□ 20 髪　ア 長　イ 彡　ウ 髟　エ 又　（　　）

□ 21 勧　ア ノ　イ 二　ウ 隹　エ 力　（　　）

□ 22 委　ア ノ　イ 禾　ウ 十　エ 女　（　　）

□ 23 噴　ア 口　イ 十　ウ 艹　エ 貝　（　　）

□ 24 延　ア ノ　イ 止　ウ 卜　エ 廴　（　　）

---

11 **エ** 斗　とます

12 **ア** 𤣩　おうへん　たまへん

13 **ウ** 疒　やまいだれ

14 **ア** 目　めへん

15 **ア** 辶　しんにょう　しんにゅう

16 **エ** 行　ぎょうがまえ　ゆきがまえ

17 **ウ** 土　つち

18 **エ** 頁　おおがい

19 **エ** 隹　ふるとり

20 **ウ** 髟　かみがしら

21 **エ** 力　ちから

22 **エ** 女　おんな

23 **ア** 口　くちへん

24 **エ** 廴　えんにょう

他例 17［在・基・圧］　**注意** 20［出題範囲では髪のみ］

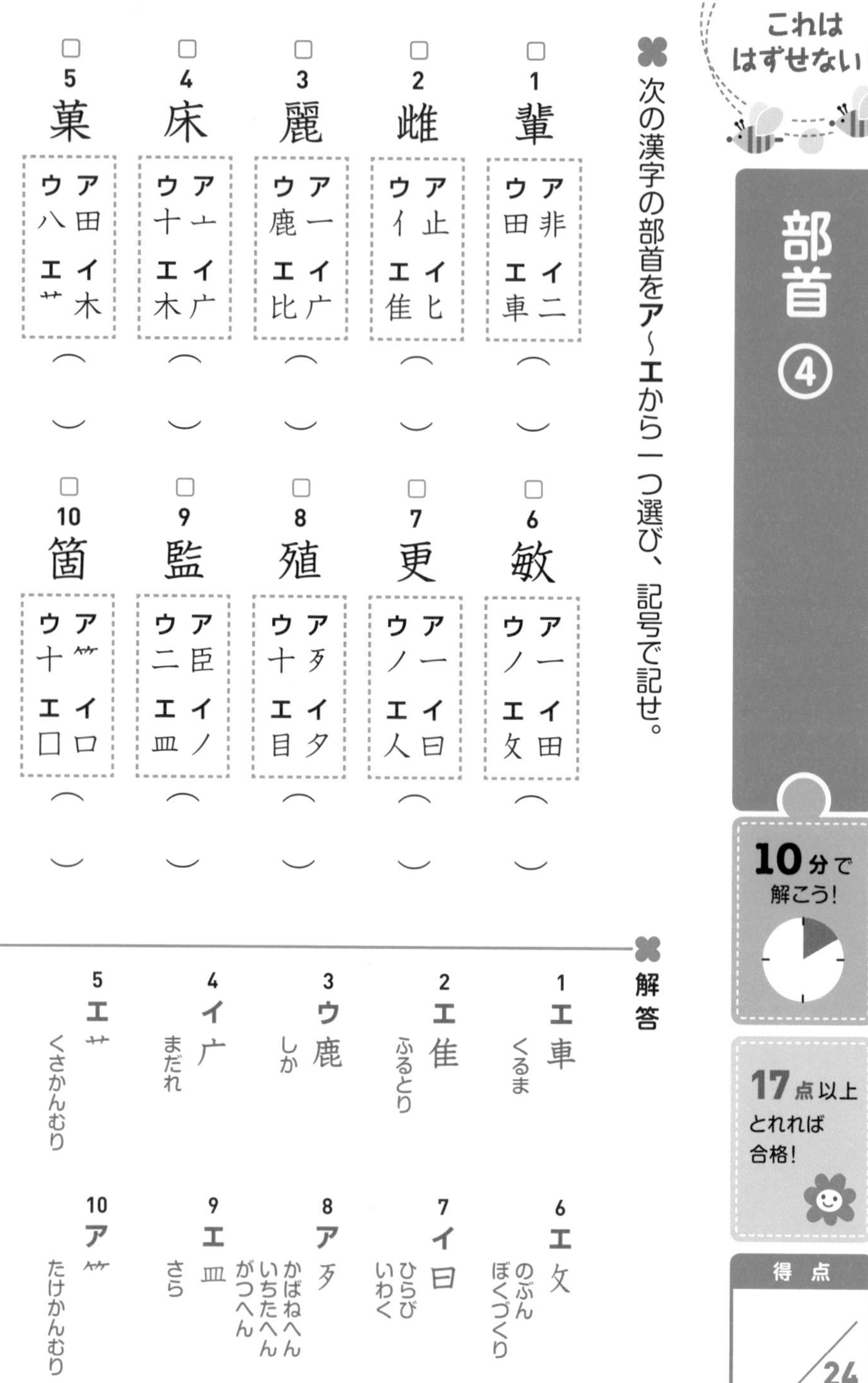

これは はずせない！ A

部首 ④

10分で解こう！

17点以上とれれば合格！

得点 ／24

次の漢字の部首をア〜エから一つ選び、記号で記せ。

□ 1 輩　ア 非　イ 二　ウ 田　エ 車　（　）

□ 2 雌　ア 止　イ 匕　ウ 亻　エ 隹　（　）

□ 3 麗　ア 一　イ 广　ウ 鹿　エ 比　（　）

□ 4 床　ア 亠　イ 广　ウ 十　エ 木　（　）

□ 5 菓　ア 田　イ 木　ウ 八　エ 艹　（　）

□ 6 敏　ア 一　イ 田　ウ ノ　エ 攵　（　）

□ 7 更　ア 一　イ 曰　ウ ノ　エ 人　（　）

□ 8 殖　ア 歹　イ 夕　ウ 十　エ 目　（　）

□ 9 監　ア 臣　イ ノ　ウ 二　エ 皿　（　）

□ 10 箇　ア ⺮　イ 口　ウ 十　エ 囗　（　）

解答

1 エ 車 くるま

2 エ 隹 ふるとり

3 ウ 鹿 しか

4 イ 广 まだれ

5 エ 艹 くさかんむり

6 エ 攵 のぶん ぼくづくり

7 イ 曰 ひらび いわく

8 ア 歹 かばねへん いちたへん がつへん

9 エ 皿 さら

10 ア ⺮ たけかんむり

注意 3［出題範囲では麗と鹿のみ］　他例 8［残・死］

□ 11 粒　ア 亠　イ 立　ウ 木　エ 米　（　）

□ 12 舞　ア 二　イ 夕　ウ 舛　エ 十　（　）

□ 13 薪　ア 艹　イ 立　ウ 木　エ 斤　（　）

□ 14 裁　ア 土　イ 衣　ウ 戈　エ 丶　（　）

□ 15 越　ア 土　イ 走　ウ 厂　エ 戈　（　）

□ 16 歓　ア ノ　イ 隹　ウ 欠　エ 人　（　）

□ 17 倒　ア 亻　イ 至　ウ 扌　エ 刂　（　）

□ 18 圏　ア 冂　イ 口　ウ 己　エ 二　（　）

□ 19 紫　ア 止　イ 匕　ウ 幺　エ 糸　（　）

□ 20 剣　ア 人　イ 一　ウ 口　エ 刂　（　）

□ 21 屈　ア 一　イ 厂　ウ 尸　エ 凵　（　）

□ 22 雄　ア 一　イ ノ　ウ ム　エ 隹　（　）

□ 23 裏　ア 亠　イ 田　ウ 里　エ 衣　（　）

□ 24 御　ア 彳　イ ノ　ウ 止　エ 卩　（　）

---

11 エ 米 こめへん
12 ウ 舛 まいあし
13 ア 艹 くさかんむり
14 イ 衣 ころも
15 イ 走 そうにょう
16 ウ 欠 あくび かける
17 ア 亻 にんべん
18 イ 口 くにがまえ
19 エ 糸 いと
20 エ 刂 りっとう
21 ウ 尸 かばね しかばね
22 エ 隹 ふるとり
23 エ 衣 ころも
24 ア 彳 ぎょうにんべん

注意 12［出題範囲では舞のみ］　他例 21［尽・届・展］

部首⑤

10分で解こう！

17点以上とれれば合格！

得点 /24

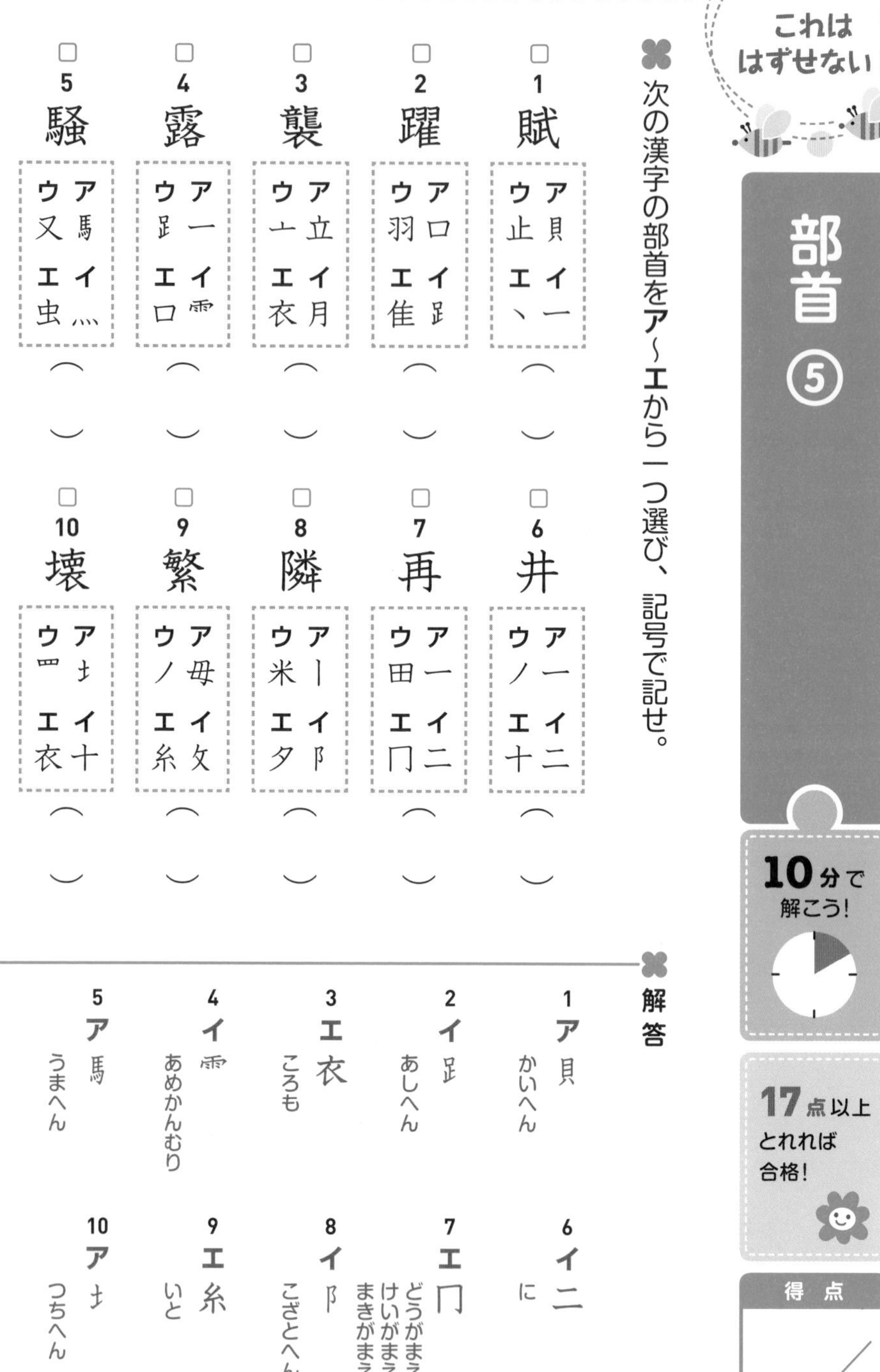

次の漢字の部首をア〜エから一つ選び、記号で記せ。

1 賦 （ア 貝　イ 一　ウ 止　エ 丶）
2 躍 （ア 口　イ ⻊　ウ 羽　エ 隹）
3 襲 （ア 立　イ 月　ウ 亠　エ 衣）
4 露 （ア 一　イ 雨　ウ ⻊　エ 口）
5 騒 （ア 馬　イ 灬　ウ 又　エ 虫）
6 井 （ア 一　イ 二　ウ ノ　エ 十）
7 再 （ア 一　イ 二　ウ 田　エ 冂）
8 隣 （ア 丨　イ 阝　ウ 米　エ 夕）
9 繁 （ア 母　イ 攵　ウ ノ　エ 糸）
10 壊 （ア 土　イ 十　ウ 罒　エ 衣）

解答

1 ア 貝 かいへん
2 イ ⻊ あしへん
3 エ 衣 ころも
4 イ 雨 あめかんむり
5 ア 馬 うまへん
6 イ 二 に
7 エ 冂 どうがまえ けいがまえ まきがまえ
8 イ 阝 こざとへん
9 エ 糸 いと
10 ア 土 つちへん

他例 6［互・二・五］ 9［系・素・糸］

11 屋　ア ノ　イ 尸　ウ 一　エ 土　（　）

12 岸　ア 山　イ 厂　ウ 干　エ 十　（　）

13 劇　ア 一　イ 厂　ウ 豕　エ 刂　（　）

14 暴　ア 日　イ 二　ウ 八　エ 亅　（　）

15 範　ア ノ　イ ⺮　ウ 車　エ 㔾　（　）

16 即　ア 日　イ 丶　ウ 丨　エ 卩　（　）

17 翌　ア 羽　イ 亠　ウ 二　エ 立　（　）

18 舟　ア ノ　イ 冂　ウ 一　エ 舟　（　）

19 蒸　ア 十　イ 艹　ウ 一　エ 灬　（　）

20 衆　ア ノ　イ 皿　ウ 血　エ 丨　（　）

21 術　ア 彳　イ 十　ウ 小　エ 行　（　）

22 隠　ア 阝　イ ノ　ウ ⺍　エ 心　（　）

23 震　ア 雨　イ 厂　ウ 二　エ 辰　（　）

24 甘　ア 一　イ 日　ウ 二　エ 甘　（　）

---

11 イ 尸 かばね しかばね

12 ア 山 やま

13 エ 刂 りっとう

14 ア 日 ひ

15 イ ⺮ たけかんむり

16 エ 卩 わりふ ふしづくり

17 ア 羽 はね

18 エ 舟 ふね

19 イ 艹 くさかんむり

20 ウ 血 ち

21 エ 行 ぎょうがまえ ゆきがまえ

22 ア 阝 こざとへん

23 ア 雨 あめかんむり

24 エ 甘 かん あまい

注意　18［出題範囲では舟のみ］　24［出題範囲では甘のみ］

これは はずせない！ A

対義語・類義語 ①

15分で解こう！

19点以上とれれば合格！

得点 ／26

後の［　］内のひらがなを漢字に直して、対義語・類義語を作れ。［　］内のひらがなは一度だけ使い、漢字一字を記入せよ。

対義語

□1 反抗―服（　）
□2 攻撃―（　）御
□3 希薄―濃（　）
□4 軽率―慎（　）
□5 決定―保（　）

類義語

□6 釈明―（　）解
□7 前途―（　）来
□8 不朽―（　）遠
□9 及第―合（　）
□10 本気―（　）剣

えい　かく　じゅう　しょう　しん　ちょう　べん　ぼう　みつ　りゅう

解答

1 反抗（はんこう）―服従（ふくじゅう）
2 攻撃（こうげき）―防御（ぼうぎょ）
3 希薄（きはく）―濃密（のうみつ）
4 軽率（けいそつ）―慎重（しんちょう）
5 決定（けってい）―保留（ほりゅう）
6 釈明（しゃくめい）―弁解（べんかい）
7 前途（ぜんと）―将来（しょうらい）
8 不朽（ふきゅう）―永遠（えいえん）
9 及第（きゅうだい）―合格（ごうかく）
10 本気（ほんき）―真剣（しんけん）

意味 6［弁解＝言い訳をすること］

対義語

□11 高雅—（　）俗
□12 巨大—微（　）
□13 徴収—（　）入
□14 閉鎖—開（　）
□15 年頭—歳（　）
□16 返却—（　）用
□17 温和—乱（　）
□18 深夜—（　）昼

類義語

□19 屈指—抜（　）
□20 手本—（　）範
□21 対等—互（　）
□22 精進—（　）力
□23 反撃—（　）襲
□24 長者—（　）豪
□25 注意—（　）戒
□26 追憶—回（　）

かく　ぎゃく　ぐん　けい　さい　しゃく　そう　てい　ど　のう　はく　ふ　ほう　ぼう　まつ　も

---

11 高雅（こうが）—低俗（ていぞく）
12 巨大（きょだい）—微細（びさい）
13 徴収（ちょうしゅう）—納入（のうにゅう）
14 閉鎖（へいさ）—開放（かいほう）
15 年頭（ねんとう）—歳末（さいまつ）
16 返却（へんきゃく）—借用（しゃくよう）
17 温和（おんわ）—乱暴（らんぼう）
18 深夜（しんや）—白昼（はくちゅう）

19 屈指（くっし）—抜群（ばつぐん）
20 手本（てほん）—模範（もはん）
21 対等（たいとう）—互角（ごかく）
22 精進（しょうじん）—努力（どりょく）
23 反撃（はんげき）—逆襲（ぎゃくしゅう）
24 長者（ちょうじゃ）—富豪（ふごう）
25 注意（ちゅうい）—警戒（けいかい）
26 追憶（ついおく）—回想（かいそう）

意味　11［高雅＝気高くて上品なこと　低俗＝程度が低くて下品な感じがすること］

これは はずせない！ A

対義語・類義語 ②

15分で解こう！

19点以上とれれば合格！

得点 ／26

後の［　］内のひらがなを漢字に直して、対義語・類義語を作れ。［　］内のひらがなは一度だけ使い、漢字一字を記入せよ。

対義語

□ 1 例外―原（　　）
□ 2 利益―（　　）失
□ 3 回避―直（　　）
□ 4 保守―（　　）新
□ 5 沈殿―浮（　　）

類義語

□ 6 専有―独（　　）
□ 7 守備―（　　）御
□ 8 熱狂―興（　　）
□ 9 永眠―（　　）界
□ 10 考慮―思（　　）

あん　かく　せん　そく　そん　た　ふん　ぼう　めん　ゆう

解答

1 例外（れいがい）―原則（げんそく）
2 利益（りえき）―損失（そんしつ）
3 回避（かいひ）―直面（ちょくめん）
4 保守（ほしゅ）―革新（かくしん）
5 沈殿（ちんでん）―浮遊（ふゆう）
6 専有（せんゆう）―独占（どくせん）
7 守備（しゅび）―防御（ぼうぎょ）
8 熱狂（ねっきょう）―興奮（こうふん）
9 永眠（えいみん）―他界（たかい）
10 考慮（こうりょ）―思案（しあん）

他例 2［利益―損害］ 6［独占は「独」が問われることもある］ 意味 9［永眠＝死ぬこと］

対義語

□ 11 冒頭―（　）尾
□ 12 繁雑―簡（　）
□ 13 起床―（　）寝
□ 14 警戒―（　）断
□ 15 進撃―（　）却
□ 16 離脱―（　）加
□ 17 定期―（　）時
□ 18 中止―継（　）

類義語

□ 19 推量―憶（　）
□ 20 根拠―理（　）
□ 21 介抱―（　）護
□ 22 名誉―光（　）
□ 23 隷属―服（　）
□ 24 薄情―（　）淡
□ 25 周到―（　）密
□ 26 巨木―大（　）

えい　かん　さん　じゅ　しゅう　じゅう　そく　ぞく　たい　まつ　めん　ゆ　ゆう　りゃく　りん　れい

---

11 冒頭（ぼうとう）―末尾（まつび）
12 繁雑（はんざつ）―簡略（かんりゃく）
13 起床（きしょう）―就寝（しゅうしん）
14 警戒（けいかい）―油断（ゆだん）
15 進撃（しんげき）―退却（たいきゃく）
16 離脱（りだつ）―参加（さんか）
17 定期（ていき）―臨時（りんじ）
18 中止（ちゅうし）―継続（けいぞく）

19 推量（すいりょう）―憶測（おくそく）
20 根拠（こんきょ）―理由（りゆう）
21 介抱（かいほう）―看護（かんご）
22 名誉（めいよ）―光栄（こうえい）
23 隷属（れいぞく）―服従（ふくじゅう）
24 薄情（はくじょう）―冷淡（れいたん）
25 周到（しゅうとう）―綿密（めんみつ）
26 巨木（きょぼく）―大樹（たいじゅ）

意味　23［隷属＝他の支配下にあって相手の意のままになること］

これは はずせない！ A

対義語・類義語 ③

15分で解こう！

19点以上とれれば合格！

得点 ／26

後の［　］内のひらがなを漢字に直して、対義語・類義語を作れ。［　］内のひらがなは一度だけ使い、漢字一字を記入せよ。

対義語

1 破壊―建（　）
2 甘言―（　）言
3 近海―遠（　）
4 執着―断（　）
5 短縮―（　）長

類義語

6 冒頭―（　）初
7 可否―（　）非
8 近隣―周（　）
9 脈絡―（　）道
10 修理―（　）修

えん　く　さい　すじ　ぜ　せつ　ねん　へん　ほ　よう

解答

1 破壊（はかい）―建設（けんせつ）
2 甘言（かんげん）―苦言（くげん）
3 近海（きんかい）―遠洋（えんよう）
4 執着（しゅうちゃく）―断念（だんねん）
5 短縮（たんしゅく）―延長（えんちょう）
6 冒頭（ぼうとう）―最初（さいしょ）
7 可否（かひ）―是非（ぜひ）
8 近隣（きんりん）―周辺（しゅうへん）
9 脈絡（みゃくらく）―筋道（すじみち）
10 修理（しゅうり）―補修（ほしゅう）

他例 4［断念は「断」が問われることもある］

対義語

□ 11 兼業―（　）業
□ 12 猛暑―（　）寒
□ 13 簡略―繁（　）
□ 14 需要―供（　）
□ 15 受理―（　）下
□ 16 濁流―（　）流
□ 17 家臣―（　）君
□ 18 悲嘆―歓（　）

類義語

□ 19 簡単―容（　）
□ 20 全快―（　）治
□ 21 健闘―（　）戦
□ 22 手腕―技（　）
□ 23 備蓄―（　）蔵
□ 24 風刺―皮（　）
□ 25 不在―（　）守
□ 26 変更―（　）定

い　かい　かん　き　きゃく　きゅう　げん　ざつ　しゅ　せい　せん　ぜん　ちょ　にく　りょう　る

11 兼業（けんぎょう）―専業（せんぎょう）
12 猛暑（もうしょ）―厳寒（げんかん）
13 簡略（かんりゃく）―繁雑（はんざつ）
14 需要（じゅよう）―供給（きょうきゅう）
15 受理（じゅり）―却下（きゃっか）
16 濁流（だくりゅう）―清流（せいりゅう）
17 家臣（かしん）―主君（しゅくん）
18 悲嘆（ひたん）―歓喜（かんき）

19 簡単（かんたん）―容易（ようい）
20 全快（ぜんかい）―完治（かんち）
21 健闘（けんとう）―善戦（ぜんせん）
22 手腕（しゅわん）―技量（ぎりょう）
23 備蓄（びちく）―貯蔵（ちょぞう）
24 風刺（ふうし）―皮肉（ひにく）
25 不在（ふざい）―留守（るす）
26 変更（へんこう）―改定（かいてい）

意味　24［風刺＝社会や人物の欠点・罪悪を遠回しに批判すること］

対義語・類義語 ④

15分で解こう！

19点以上とれれば合格！

得点 ／26

後の□内のひらがなを漢字に直して、対義語・類義語を作れ。□内のひらがなは一度だけ使い、漢字一字を記入せよ。

対義語

□ 1 劣悪―優（　）
□ 2 生誕―永（　）
□ 3 却下―受（　）
□ 4 存続―断（　）
□ 5 凶作―（　）作

類義語

□ 6 健康―丈（　）
□ 7 音信―消（　）
□ 8 帰郷―帰（　）
□ 9 根底―（　）盤
□ 10 横領―着（　）

き　せい　ぜつ　そく　ぶ　ふく　ほう　みん　り　りょう

解答

1 劣悪（れつあく）―優良（ゆうりょう）
2 生誕（せいたん）―永眠（えいみん）
3 却下（きゃっか）―受理（じゅり）
4 存続（そんぞく）―断絶（だんぜつ）
5 凶作（きょうさく）―豊作（ほうさく）
6 健康（けんこう）―丈夫（じょうぶ）
7 音信（おんしん）―消息（しょうそく）
8 帰郷（ききょう）―帰省（きせい）
9 根底（こんてい）―基盤（きばん）
10 横領（おうりょう）―着服（ちゃくふく）

意味　10［着服＝他人の金品をこっそり盗んで自分の物とすること］

対義語

11 損失―利（　）
12 一致―（　）違
13 正統―（　）端
14 定例―（　）時
15 強固―薄（　）
16 攻撃―（　）備
17 脱退―加（　）
18 消費―（　）蓄

類義語

19 歴然―明（　）
20 即刻―（　）速
21 運搬―（　）送
22 不意―（　）然
23 身長―（　）丈
24 値段―価（　）
25 雑踏―（　）雑
26 許可―承（　）

い　えき　かく　こん　さっ　じゃく　しゅ　せ　そう　ちょ　とつ　にん　はく　めい　りん　ゆ

11 損失（そんしつ）―利益（りえき）
12 一致（いっち）―相違（そうい）
13 正統（せいとう）―異端（いたん）
14 定例（ていれい）―臨時（りんじ）
15 強固（きょうこ）―薄弱（はくじゃく）
16 攻撃（こうげき）―守備（しゅび）
17 脱退（だったい）―加盟（かめい）
18 消費（しょうひ）―貯蓄（ちょちく）

19 歴然（れきぜん）―明白（めいはく）
20 即刻（そっこく）―早速（さっそく）
21 運搬（うんぱん）―輸送（ゆそう）
22 不意（ふい）―突然（とつぜん）
23 身長（しんちょう）―背丈（せたけ）
24 値段（ねだん）―価格（かかく）
25 雑踏（ざっとう）―混雑（こんざつ）
26 許可（きょか）―承認（しょうにん）

他例　17［離脱―加盟］

これは
はずせない！

A

対義語・類義語 ⑤

15分で解こう！

19点以上とれれば合格！

得点

／26

後の□内のひらがなを漢字に直して、対義語・類義語を作れ。□内のひらがなは一度だけ使い、漢字一字を記入せよ。

対義語

□ 1 航行―（　）泊
□ 2 在宅―（　）守
□ 3 歓声―悲（　）
□ 4 与党―（　）党
□ 5 不振―好（　）

類義語

□ 6 支度―（　）備
□ 7 天性―素（　）
□ 8 同等―匹（　）
□ 9 腕前―（　）量
□ 10 改定―（　）更

ぎ　しつ　じゅん　ちょう　てい　てき　へん　めい　や　る

解答

1 航行（こうこう）―停泊（ていはく）
2 在宅（ざいたく）―留守（るす）
3 歓声（かんせい）―悲鳴（ひめい）
4 与党（よとう）―野党（やとう）
5 不振（ふしん）―好調（こうちょう）
6 支度（したく）―準備（じゅんび）
7 天性（てんせい）―素質（そしつ）
8 同等（どうとう）―匹敵（ひってき）
9 腕前（うでまえ）―技量（ぎりょう）
10 改定（かいてい）―変更（へんこう）

他例 9［技量は「量」が問われることもある］

対義語

□ 11 不仲―円（　）
□ 12 複雑―単（　）
□ 13 先祖―子（　）
□ 14 冷静―興（　）
□ 15 加盟―脱（　）
□ 16 陰性―（　）性
□ 17 優良―劣（　）
□ 18 逃走―（　）跡

類義語

□ 19 閉口―（　）惑
□ 20 縁者―（　）類
□ 21 無視―黙（　）
□ 22 皮肉―（　）刺
□ 23 善戦―（　）闘
□ 24 看護―（　）抱
□ 25 道端―（　）傍
□ 26 最初―冒（　）

あく　かい　けん　こん　さつ　じゅん　しん　そん　たい　つい　とう　ふう　ふん　まん　よう　ろ

---

11 不仲（ふなか）―円満（えんまん）
12 複雑（ふくざつ）―単純（たんじゅん）
13 先祖（せんぞ）―子孫（しそん）
14 冷静（れいせい）―興奮（こうふん）
15 加盟（かめい）―脱退（だったい）
16 陰性（いんせい）―陽性（ようせい）
17 優良（ゆうりょう）―劣悪（れつあく）
18 逃走（とうそう）―追跡（ついせき）

19 閉口（へいこう）―困惑（こんわく）
20 縁者（えんじゃ）―親類（しんるい）
21 無視（むし）―黙殺（もくさつ）
22 皮肉（ひにく）―風刺（ふうし）
23 善戦（ぜんせん）―健闘（けんとう）
24 看護（かんご）―介抱（かいほう）
25 道端（みちばた）―路傍（ろぼう）
26 最初（さいしょ）―冒頭（ぼうとう）

意味　21［黙殺＝聞き知っていながら問題にしないこと］

これは
はずせない！ A

送り仮名

15分で解こう！

20点以上とれれば合格！

得点　／28

次の――線のカタカナを漢字一字と送り仮名（ひらがな）に直せ。

□1 おもちゃをチラカス。（　　）
□2 秋にユタカナ実りを得る。（　　）
□3 スグレた才能の持ち主だ。（　　）
□4 約束の時刻がスギル。（　　）
□5 チヂレた髪をきれいに編む。（　　）
□6 生き残るための秘策をサズケル。（　　）
□7 先行きをアヤブム声が聞こえる。（　　）
□8 一日中歩き通しで疲れハテル。（　　）
□9 機材を一週間カリル。（　　）
□10 コロガルように駆け下りていく。（　　）
□11 一人いれば用がタリル。（　　）
□12 お墓に花をソナエル。（　　）

解答

1 散らかす
2 豊かな
3 優れ
4 過ぎる
5 縮れ
6 授ける
7 危ぶむ
8 果てる
9 借りる
10 転がる
11 足りる
12 供える

意味 1［散らかす＝やたらにばらまく］

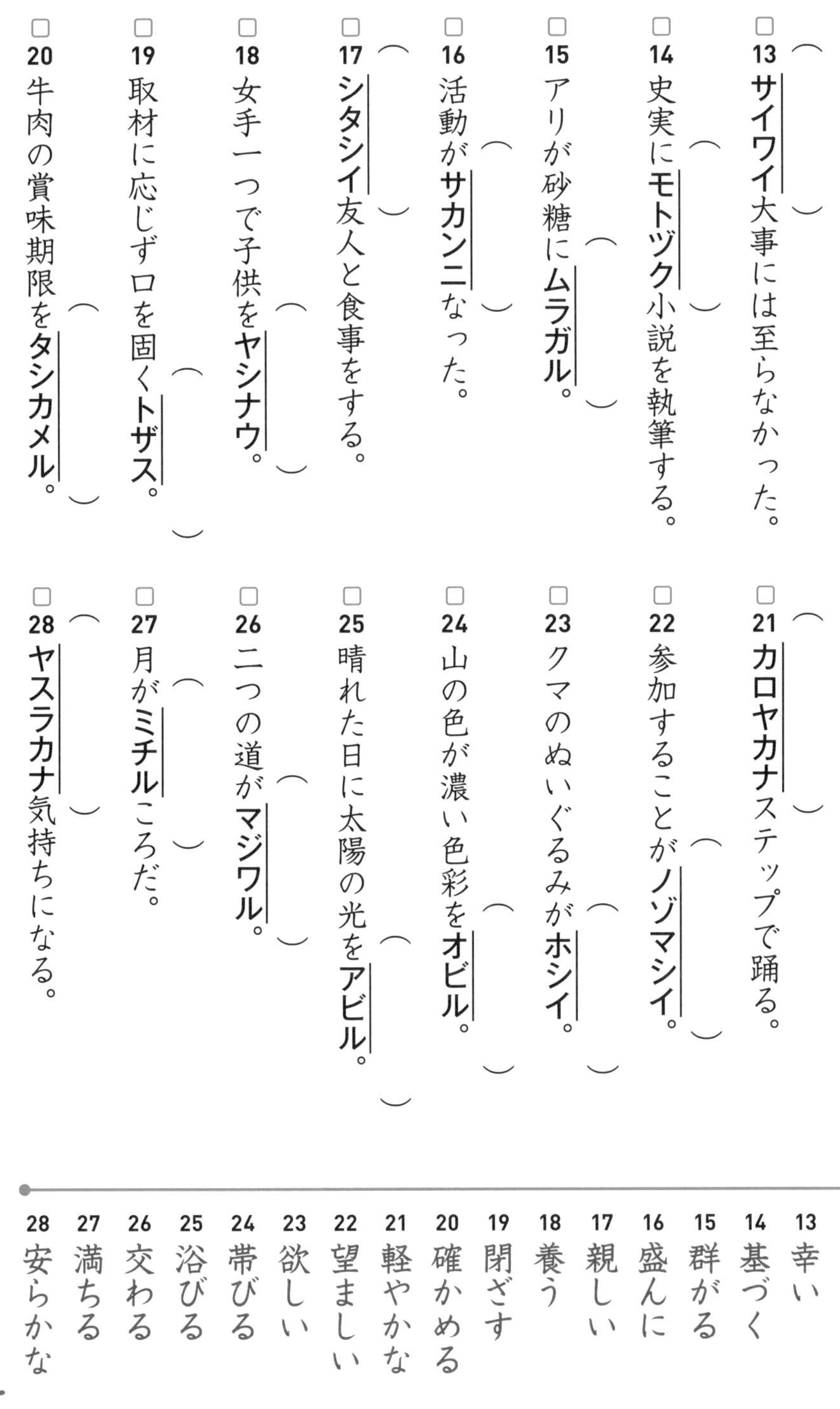

13 サイワイ（　　）大事には至らなかった。

14 史実にモトヅク（　　）小説を執筆する。

15 アリが砂糖にムラガル（　　）。

16 活動がサカンニ（　　）なった。

17 シタシイ（　　）友人と食事をする。

18 女手一つで子供をヤシナウ（　　）。

19 取材に応じず口を固くトザス（　　）。

20 牛肉の賞味期限をタシカメル（　　）。

21 カロヤカナ（　　）ステップで踊る。

22 参加することがノゾマシイ（　　）。

23 クマのぬいぐるみがホシイ（　　）。

24 山の色が濃い色彩をオビル（　　）。

25 晴れた日に太陽の光をアビル（　　）。

26 二つの道がマジワル（　　）。

27 月がミチル（　　）ころだ。

28 ヤスラカナ（　　）気持ちになる。

読み／同音・同訓異字／漢字の識別／熟語の構成／部首／対義語・類義語／送り仮名／四字熟語／誤字訂正／書き取り

13 幸い
14 基づく
15 群がる
16 盛んに
17 親しい
18 養う
19 閉ざす
20 確かめる
21 軽やかな
22 望ましい
23 欲しい
24 帯びる
25 浴びる
26 交わる
27 満ちる
28 安らかな

意味 21［軽やか＝軽そうなさま。軽快］

これは はずせない！ A

四字熟語 ①

15分で解こう！

17点以上とれれば合格！

得点

/24

次のカタカナを漢字に直し、一字だけ記せ。

□ 1 一網（ダ）尽

□ 2 起（ショウ）転結

□ 3 山紫水（メイ）

□ 4 理（ロ）整然

□ 5 狂喜（ラン）舞

□ 6 沈思黙（コウ）

□ 7 一触即（ハツ）

□ 8 （ホウ）年満作

□ 9 （イ）口同音

□ 10 付（ワ）雷同

解答

1 一網打尽（いちもうだじん）　一度に一味全員をとらえること。

2 起承転結（きしょうてんけつ）　文章や物事の順序・組み立て。

3 山紫水明（さんしすいめい）　自然の風景が美しいこと。

4 理路整然（りろせいぜん）　筋道がきちんとしていること。

5 狂喜乱舞（きょうきらんぶ）　乱れ舞うほど喜ぶこと。

6 沈思黙考（ちんしもっこう）　黙って深く考えこむこと。

7 一触即発（いっしょくそくはつ）　今にも大事件が起こりそうな状態。

8 豊年満作（ほうねんまんさく）　農作物が豊かによく実ること。

9 異口同音（いくどうおん）　皆が口をそろえて同じことを言うこと。

10 付和雷同（ふわらいどう）　人の意見に軽々しく同調すること。

他例　2［起承転結は「転」が問われることもある］

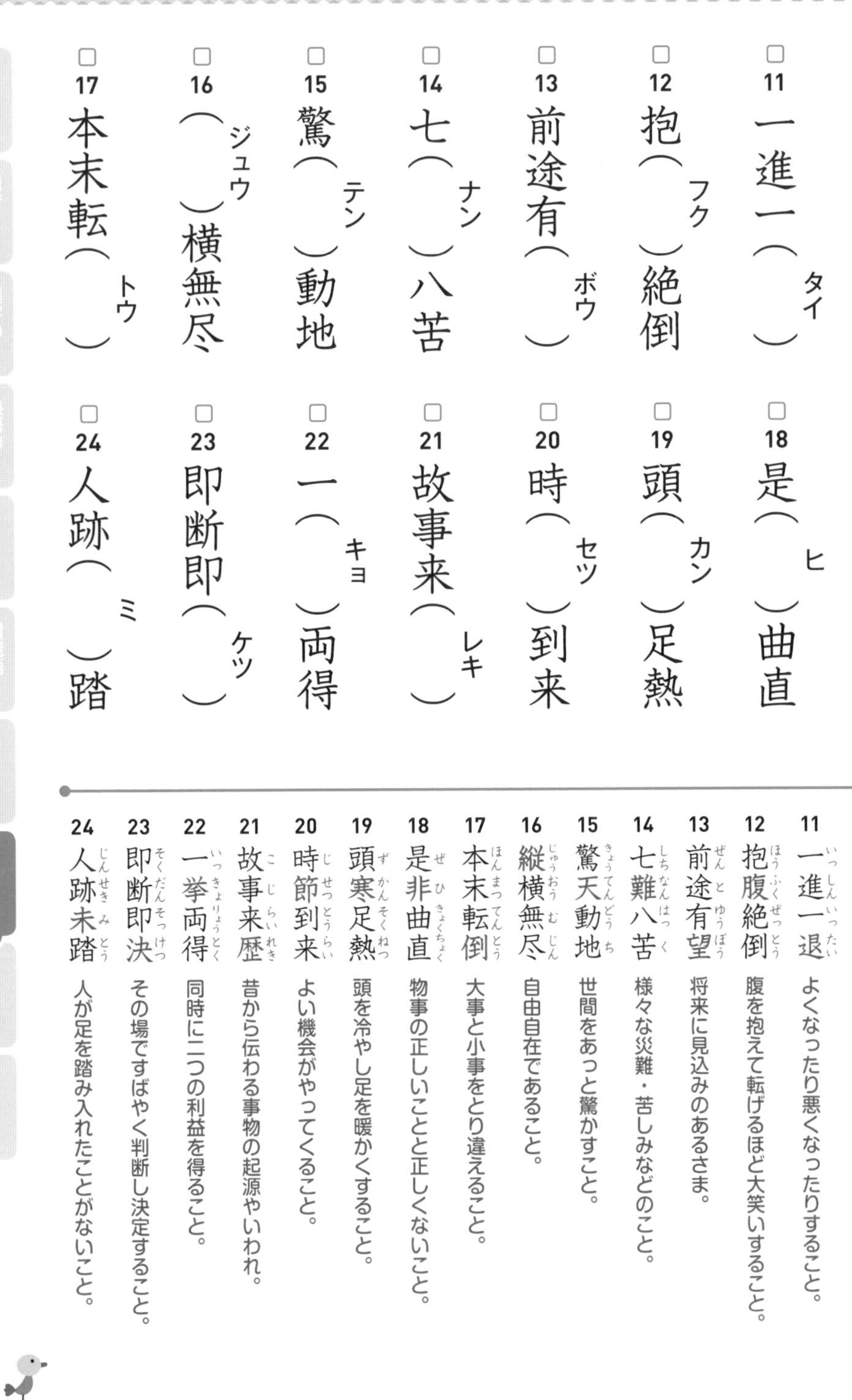

□ 11 一進一（タイ）

□ 12 抱（フク）絶倒

□ 13 前途有（ボウ）

□ 14 七（ナン）八苦

□ 15 驚（テン）動地

□ 16 （ジュウ）横無尽

□ 17 本末転（トウ）

□ 18 是（ヒ）曲直

□ 19 頭（カン）足熱

□ 20 時（セツ）到来

□ 21 故事来（レキ）

□ 22 一（キョ）両得

□ 23 即断即（ケツ）

□ 24 人跡（ミ）踏

---

11 一進一退（いっしんいったい） よくなったり悪くなったりすること。

12 抱腹絶倒（ほうふくぜっとう） 腹を抱えて転げるほど大笑いすること。

13 前途有望（ぜんとゆうぼう） 将来に見込みのあるさま。

14 七難八苦（しちなんはっく） 様々な災難・苦しみなどのこと。

15 驚天動地（きょうてんどうち） 世間をあっと驚かすこと。

16 縦横無尽（じゅうおうむじん） 自由自在であること。

17 本末転倒（ほんまつてんとう） 大事と小事をとり違えること。

18 是非曲直（ぜひきょくちょく） 物事の正しいことと正しくないこと。

19 頭寒足熱（ずかんそくねつ） 頭を冷やし足を暖かくすること。

20 時節到来（じせつとうらい） よい機会がやってくること。

21 故事来歴（こじらいれき） 昔から伝わる事物の起源やいわれ。

22 一挙両得（いっきょりょうとく） 同時に二つの利益を得ること。

23 即断即決（そくだんそっけつ） その場ですばやく判断し決定すること。

24 人跡未踏（じんせきみとう） 人が足を踏み入れたことがないこと。

他例 17［本末転倒は「転」が問われることもある］

これは はずせない！ A

四字熟語 ②

15分で解こう！

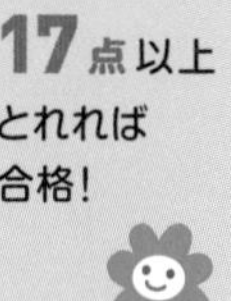

17点以上とれれば合格！

得点

／24

次のカタカナを漢字に直し、一字だけ記せ。

□ 1 適（ザイ）適所

□ 2 奇（ソウ）天外

□ 3 （タン）刀直入

□ 4 美辞（レイ）句

□ 5 意味深（チョウ）

□ 6 不（ゲン）実行

□ 7 用意（シュウ）到

□ 8 名所（キュウ）跡

□ 9 力戦（フン）闘

□ 10 五（リ）霧中

解答

1 適材適所（てきざいてきしょ）　人を才能に適した任務につけること。

2 奇想天外（きそうてんがい）　思いもよらない変わった発想。

3 単刀直入（たんとうちょくにゅう）　ずばりと話の本題に入るさま。

4 美辞麗句（びじれいく）　うわべだけを美しく飾ったことば。

5 意味深長（いみしんちょう）　言外に他の意味を含んでいること。

6 不言実行（ふげんじっこう）　あれこれ言わずに実行すること。

7 用意周到（よういしゅうとう）　手ぬかりのないさま。

8 名所旧跡（めいしょきゅうせき）　景色や古跡などで有名なところ。

9 力戦奮闘（りきせんふんとう）　力の限り戦うこと。

10 五里霧中（ごりむちゅう）　どうすべきか見当がつかないこと。

他例　2［奇想天外は「奇」「天」が問われることもある］

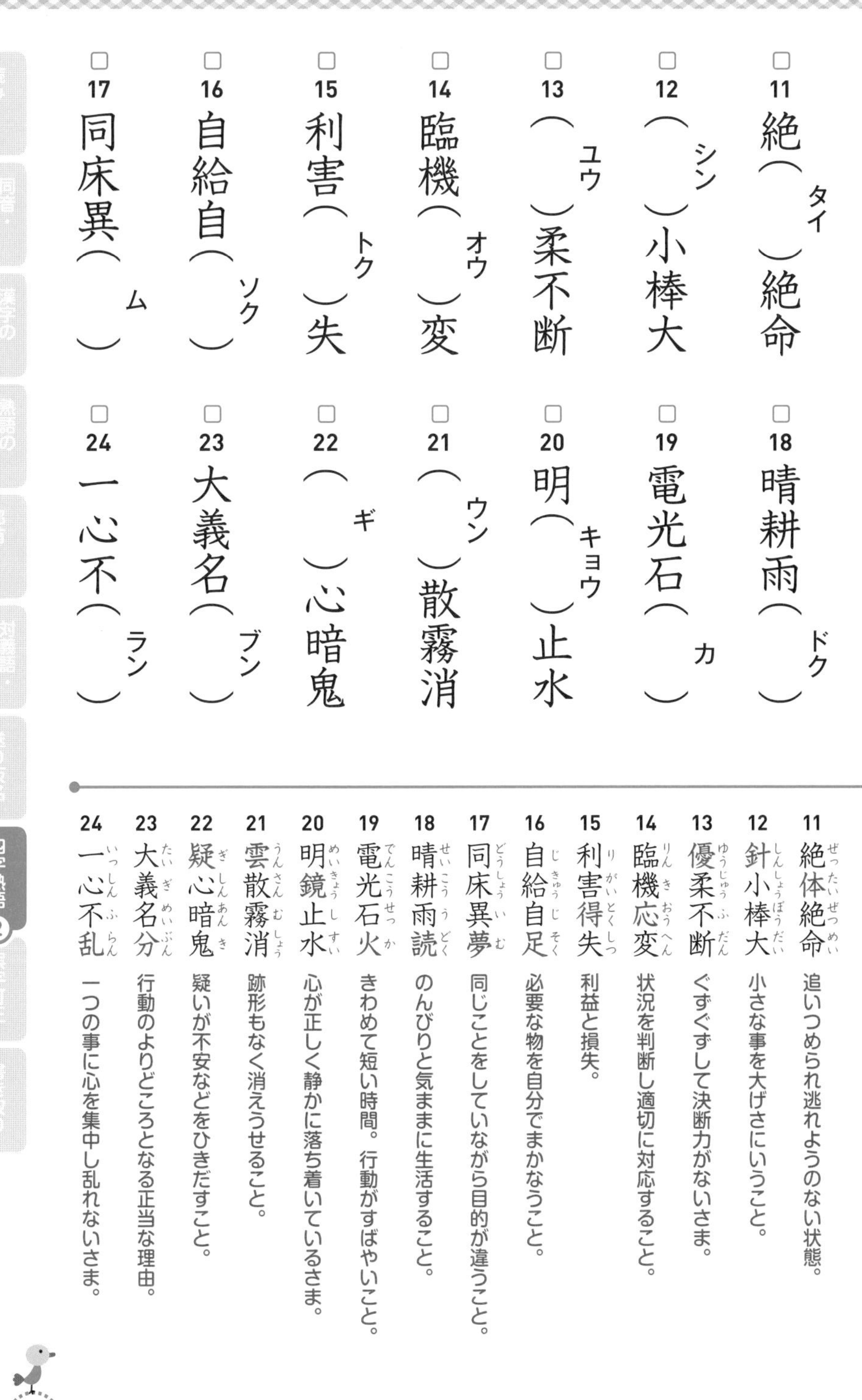

□ 11 絶（タイ）絶命

□ 12 （シン）小棒大

□ 13 （ユウ）柔不断

□ 14 臨機（オウ）変

□ 15 利害（トク）失

□ 16 自給自（ソク）

□ 17 同床異（ム）

□ 18 晴耕雨（ドク）

□ 19 電光石（カ）

□ 20 明（キョウ）止水

□ 21 （ウン）散霧消

□ 22 （ギ）心暗鬼

□ 23 大義名（ブン）

□ 24 一心不（ラン）

---

11 絶体絶命（ぜったいぜつめい） 追いつめられ逃れようのない状態。

12 針小棒大（しんしょうぼうだい） 小さな事を大げさにいうこと。

13 優柔不断（ゆうじゅうふだん） ぐずぐずして決断力がないさま。

14 臨機応変（りんきおうへん） 状況を判断し適切に対応すること。

15 利害得失（りがいとくしつ） 利益と損失。

16 自給自足（じきゅうじそく） 必要な物を自分でまかなうこと。

17 同床異夢（どうしょういむ） 同じことをしていながら目的が違うこと。

18 晴耕雨読（せいこううどく） のんびりと気ままに生活すること。

19 電光石火（でんこうせっか） きわめて短い時間。行動がすばやいこと。

20 明鏡止水（めいきょうしすい） 心が正しく静かに落ち着いているさま。

21 雲散霧消（うんさんむしょう） 跡形もなく消えうせること。

22 疑心暗鬼（ぎしんあんき） 疑いが不安などをひきだすこと。

23 大義名分（たいぎめいぶん） 行動のよりどころとなる正当な理由。

24 一心不乱（いっしんふらん） 一つの事に心を集中し乱れないさま。

他例 21［雲散霧消は「霧」が問われることもある］

これは はずせない！ A

四字熟語 ③

15分で解こう！

17点以上とれれば合格！

得点 /24

次のカタカナを漢字に直し、一字だけ記せ。

□ 1 薄（リ）多売
□ 2 （ヒン）行方正
□ 3 自画自（サン）
□ 4 無（ミ）乾燥
□ 5 悪戦（ク）闘
□ 6 心機一（テン）
□ 7 （ソッ）先垂範
□ 8 大（キ）晩成
□ 9 油（ダン）大敵
□ 10 起死（カイ）生

解答

1 薄利多売（はくりたばい） 利益を少なくし品物を多く売ること。
2 品行方正（ひんこうほうせい） 心や行いが正しくりっぱなさま。
3 自画自賛（じがじさん） 自分で自分のことをほめること。
4 無味乾燥（むみかんそう） 何のおもしろみもあじわいもないさま。
5 悪戦苦闘（あくせんくとう） 困難に打ち勝とうとする必死の努力。
6 心機一転（しんきいってん） あるきっかけで気持ちが転じること。
7 率先垂範（そっせんすいはん） 自ら進んで手本を示すこと。
8 大器晩成（たいきばんせい） 大人物は遅れて大成すること。
9 油断大敵（ゆだんたいてき） 不注意は失敗を招く大きな敵であること。
10 起死回生（きしかいせい） 絶望的な状況を立て直すこと。

他例 10［起死回生は「死」が問われることもある］

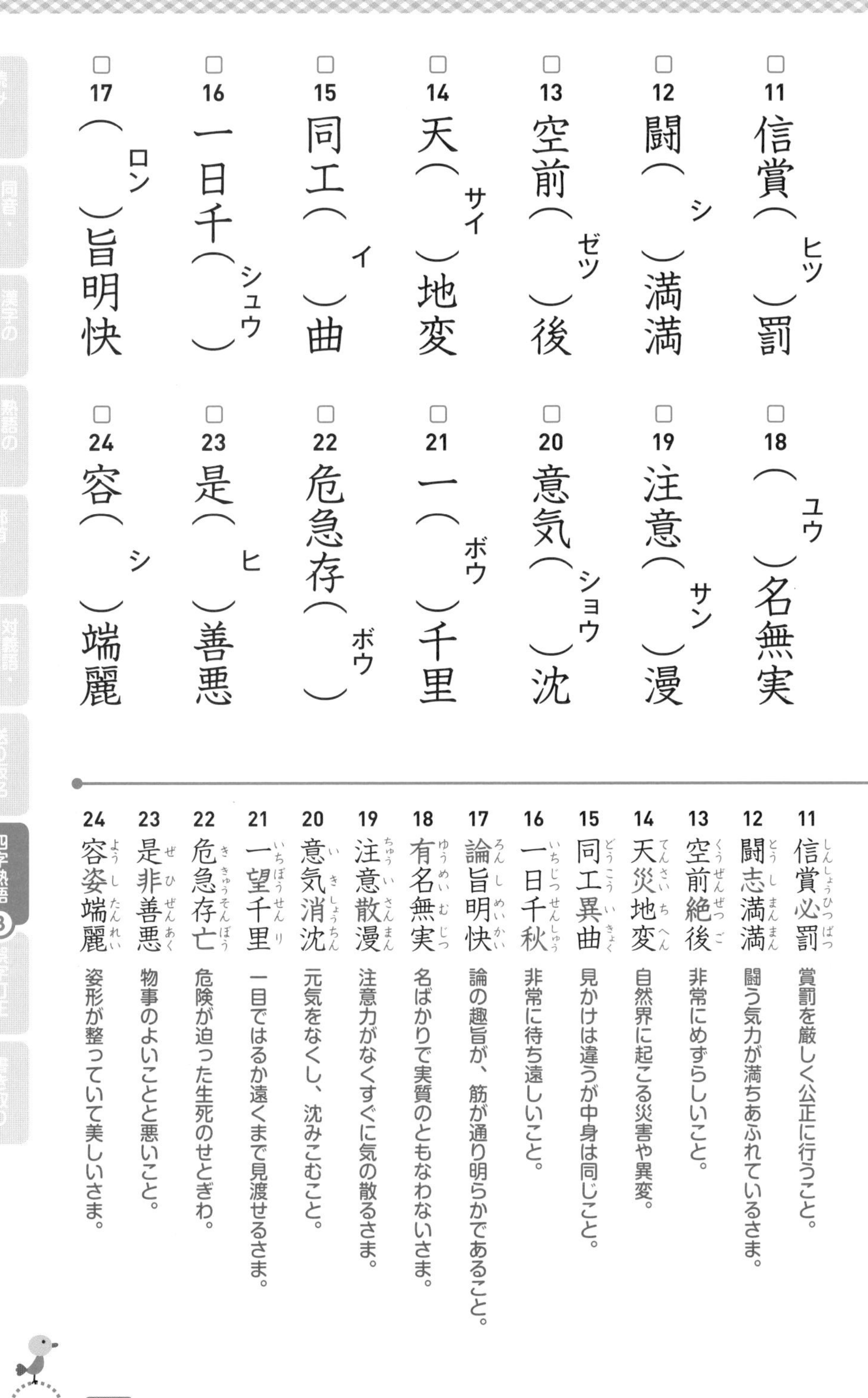

□ 11 信賞（ヒツ）罰

□ 12 闘（シ）満満

□ 13 空前（ゼツ）後

□ 14 天（サイ）地変

□ 15 同工（イ）曲

□ 16 一日千（シュウ）

□ 17 （ロン）旨明快

□ 18 （ユウ）名無実

□ 19 注意（サン）漫

□ 20 意気（ショウ）沈

□ 21 一（ボウ）千里

□ 22 危急存（ボウ）

□ 23 是（ヒ）善悪

□ 24 容（シ）端麗

---

11 信賞必罰（しんしょうひつばつ） 賞罰を厳しく公正に行うこと。

12 闘志満満（とうしまんまん） 闘う気力が満ちあふれているさま。

13 空前絶後（くうぜんぜつご） 非常にめずらしいこと。

14 天災地変（てんさいちへん） 自然界に起こる災害や異変。

15 同工異曲（どうこういきょく） 見かけは違うが中身は同じこと。

16 一日千秋（いちじつせんしゅう） 非常に待ち遠しいこと。

17 論旨明快（ろんしめいかい） 論の趣旨が、筋が通り明らかであること。

18 有名無実（ゆうめいむじつ） 名ばかりで実質のともなわないさま。

19 注意散漫（ちゅういさんまん） 注意力がなくすぐに気の散るさま。

20 意気消沈（いきしょうちん） 元気をなくし、沈みこむこと。

21 一望千里（いちぼうせんり） 一目ではるか遠くまで見渡せるさま。

22 危急存亡（ききゅうそんぼう） 危険が迫った生死のせとぎわ。

23 是非善悪（ぜひぜんあく） 物事のよいことと悪いこと。

24 容姿端麗（ようしたんれい） 姿形が整っていて美しいさま。

他例 12［闘志満満は「闘」が問われることもある］

これは はずせない！ A

誤字訂正 ①

15分で解こう！

14点以上とれれば合格！

得点　／20

次の各文にまちがって使われている同じ読みの漢字が一字ある。上の（　）に誤字を、下の（　）に正しい漢字を記せ。

□ 1 私たちのチームは試合の後半になると調子を出し切れず負ける傾行がある。（　）→（　）

□ 2 夏休みの科題として発表された研究テーマは、ヘチマの生長日記だ。（　）→（　）

□ 3 明日に迫った中間試験に向けて、万全の対作を立てて勉強する。（　）→（　）

□ 4 在宅学習の志援活動の一環として、インターネットによる情報提供を行う。（　）→（　）

□ 5 美術館に印象派の画家の代表的作品が添示されている。（　）→（　）

□ 6 生まれて初めて隣国を訪れ、各地の名所を巡って歓光した。（　）→（　）

□ 7 先日の台風の被外は大きく、復旧には時間を要するだろう。（　）→（　）

□ 8 一度こじれた関係を修復するのは容意ではなく、長い時間がかかるだろう。（　）→（　）

解答

1 行→向（傾向）
2 科→課（課題）
3 作→策（対策）
4 志→支（支援）
5 添→展（展示）
6 歓→観（観光）
7 外→害（被害）
8 意→易（容易）

意味　8［容易＝たやすいようす。やさしいようす］

□ **9** 私は戦争の悲惨さを知り、いかに平和を獲特し維持するかを思案した。（　）→（　）

□ **10** 新しい髪型は私の与想以上に周囲の評判が良くて自慢したい気分だ。（　）→（　）

□ **11** 初めて目にする舞台操置が大がかりで、思わず驚嘆した。（　）→（　）

□ **12** 横断歩道を渡るときは、左右をよく覚認する必要がある。（　）→（　）

□ **13** 芝生に寝転がり、川に添うようにして咲く満開の桜を優雅に楽しんだ。（　）→（　）

□ **14** 東京駅では多種多様な弁当が販買されているため、旅客からの評判が良い。（　）→（　）

□ **15** 構内が改全され、以前に比べて格段に便利になったと評判だ。（　）→（　）

□ **16** 経財的な問題が浮上し、習い事を辞めることになった。（　）→（　）

□ **17** これだけ距離が開くと、表情の微妙な違いを読み溶くのはむずかしい。（　）→（　）

□ **18** 内需を拡大するためには国内の接備投資が必要であると力説する。（　）→（　）

□ **19** 総理大臣は一国の首悩として立派に職務をまっとうした。（　）→（　）

□ **20** 彼は生物学の上で、多大な功積を残した人として知られている。（　）→（　）

---

9 特→得（獲得）
10 与→予（予想）
11 操→装（装置）
12 覚→確（確認）
13 添→沿（沿う）
14 買→売（販売）
15 全→善（改善）
16 財→済（経済）
17 溶→解（解く）
18 接→設（設備）
19 悩→脳（首脳）
20 積→績（功績）

意味　19［首脳＝団体・組織などの主だった人］

誤字訂正 ②

次の各文にまちがって使われている同じ読みの漢字が一字ある。上の（　）に誤字を、下の（　）に正しい漢字を記せ。

□ 1 確固たる証拠が得られていない状態で反断を下すのは容易ではない。（　）→（　）

□ 2 注目の新人選手は、記者会見の席で入団後の抱布を力強く語った。（　）→（　）

□ 3 あまりにも遠くに矢が飛び過ぎたので、即定するのが難しかった。（　）→（　）

□ 4 国家は拡大した結果、多用な民族を内包し、その独自の文化の保持を認めた。（　）→（　）

□ 5 凶器から載取された指紋を容疑者のものと照合した結果、見事一致した。（　）→（　）

□ 6 駅前の解発が進み、近代的な建築物が林立して辺りは一変した。（　）→（　）

□ 7 長らく成績が低鳴していたチームだったが、近年は勝率が上がりつつある。（　）→（　）

□ 8 不動産が的正な価格で売買されていなかったことを突き止めて非難する。（　）→（　）

解答

1 反→判（判断）
2 布→負（抱負）
3 即→測（測定）
4 用→様（多様）
5 載→採（採取）
6 解→開（開発）
7 鳴→迷（低迷）
8 的→適（適正）

意味 5［採取＝調査・研究などのために、血液・指紋などをとること］

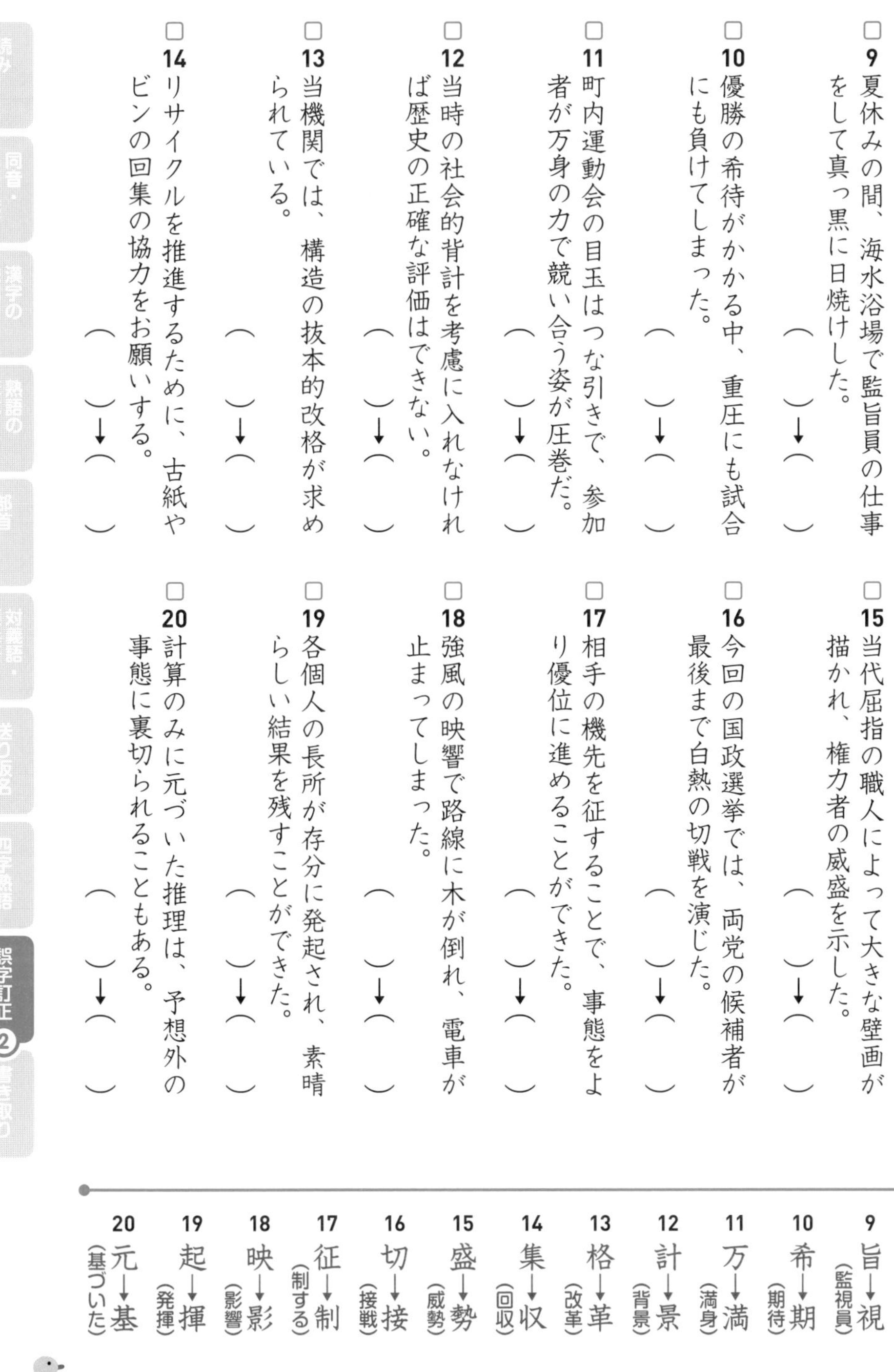

□ **9** 夏休みの間、海水浴場で監旨員の仕事をして真っ黒に日焼けした。（　）→（　）

□ **10** 優勝の希待がかかる中、重圧にも試合にも負けてしまった。（　）→（　）

□ **11** 町内運動会の目玉はつな引きで、参加者が万身の力で競い合う姿が圧巻だ。（　）→（　）

□ **12** 当時の社会的背計を考慮に入れなければ歴史の正確な評価はできない。（　）→（　）

□ **13** 当機関では、構造の抜本的改格が求められている。（　）→（　）

□ **14** リサイクルを推進するために、古紙やビンの回集の協力をお願いする。（　）→（　）

□ **15** 当代屈指の職人によって大きな壁画が描かれ、権力者の威盛を示した。（　）→（　）

□ **16** 今回の国政選挙では、両党の候補者が最後まで白熱の切戦を演じた。（　）→（　）

□ **17** 相手の機先を征することで、事態をより優位に進めることができた。（　）→（　）

□ **18** 強風の映響で路線に木が倒れ、電車が止まってしまった。（　）→（　）

□ **19** 各個人の長所が存分に発起され、素晴らしい結果を残すことができた。（　）→（　）

□ **20** 計算のみに元づいた推理は、予想外の事態に裏切られることもある。（　）→（　）

---

9 旨→視（監視員）
10 希→期（期待）
11 万→満（満身）
12 計→景（背景）
13 格→革（改革）
14 集→収（回収）
15 盛→勢（威勢）
16 切→接（接戦）
17 征→制（制する）
18 映→影（影響）
19 起→揮（発揮）
20 元→基（基づいた）

意味　11［満身＝全身・体中］

これは はずせない！ A

誤字訂正③

15分で解こう！

14点以上とれれば合格！

得点 /20

次の各文にまちがって使われている同じ読みの漢字が一字ある。上の（　）に誤字を、下の（　）に正しい漢字を記せ。

□ 1 食品を乾燥させることで長期間の補存が可能となり、輸送にも便利となる。（　）→（　）

□ 2 環境を破壊しない液体の完成が報道されて会社に取在が殺到した。（　）→（　）

□ 3 試験時間が終わるまで何度も慎調に見直しをして、満点を目指す。（　）→（　）

□ 4 すべての値札を消費税込みの価格表次に変更する作業が夜中まで続いた。（　）→（　）

□ 5 彼は一版常識が欠けているため、取引先を激怒させてしまった。（　）→（　）

□ 6 運動会で傷害物競走に出場し、途中で逆転して見事一位を獲得した。（　）→（　）

□ 7 あのビルは老朽化しているため、耐震性を考慮して解築する予定だ。（　）→（　）

□ 8 腹部を冷やし圧迫するなどの応急処致のお陰で回復が早かった。（　）→（　）

解答

1 補→保（保存）
2 在→材（取材）
3 調→重（慎重）
4 次→示（表示）
5 版→般（一般）
6 傷→障（障害物）
7 解→改（改築）
8 致→置（処置）

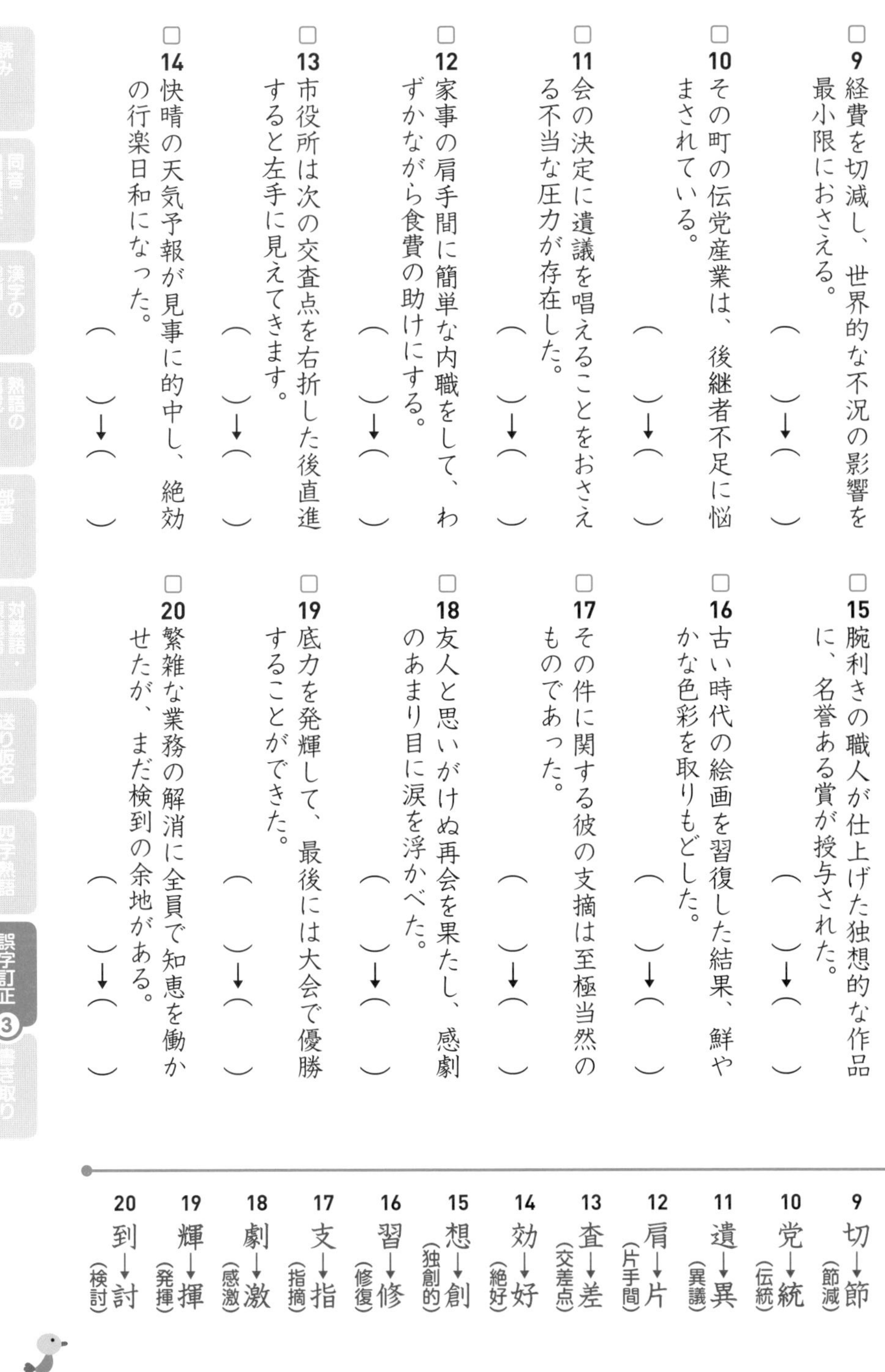

□ **9** 経費を切減し、世界的な不況の影響を最小限におさえる。（　）→（　）

□ **10** その町の伝党産業は、後継者不足に悩まされている。（　）→（　）

□ **11** 会の決定に遺議を唱えることをおさえる不当な圧力が存在した。（　）→（　）

□ **12** 家事の肩手間に簡単な内職をして、わずかながら食費の助けにする。（　）→（　）

□ **13** 市役所は次の交査点を右折した後直進すると左手に見えてきます。（　）→（　）

□ **14** 快晴の天気予報が見事に的中し、絶効の行楽日和になった。（　）→（　）

□ **15** 腕利きの職人が仕上げた独想的な作品に、名誉ある賞が授与された。（　）→（　）

□ **16** 古い時代の絵画を習復した結果、鮮やかな色彩を取りもどした。（　）→（　）

□ **17** その件に関する彼の支摘は至極当然のものであった。（　）→（　）

□ **18** 友人と思いがけぬ再会を果たし、感劇のあまり目に涙を浮かべた。（　）→（　）

□ **19** 底力を発輝して、最後には大会で優勝することができた。（　）→（　）

□ **20** 繁雑な業務の解消に全員で知恵を働かせたが、まだ検到の余地がある。（　）→（　）

---

9 切→節（節減）
10 党→統（伝統）
11 遺→異（異議）
12 肩→片（片手間）
13 査→差（交差点）
14 効→好（絶好）
15 想→創（独創的）
16 習→修（修復）
17 支→指（指摘）
18 劇→激（感激）
19 輝→揮（発揮）
20 到→討（検討）

他例 18［刺激・激動・激減］

これは はずせない！ A

誤字訂正 ④

15分で解こう！

14点以上とれれば合格！

得点　／20

次の各文にまちがって使われている同じ読みの漢字が一字ある。上の（　）に誤字を、下の（　）に正しい漢字を記せ。

□ 1 宝石などの高貨な品物は、店舗奥の金庫に保管している。（　）→（　）

□ 2 新製品の注文が刷到し、材料不足から一時は生産中止になってしまった。（　）→（　）

□ 3 彼の始めた事業は準調に業績をのばし続けている。（　）→（　）

□ 4 川岸の堤防の保修工事を行うための予算を計上し、満額の承認を受けた。（　）→（　）

□ 5 労朽化により倒壊の危険があるため、鉄橋を閉鎖し通行止めにした。（　）→（　）

□ 6 両選手団が音楽と共に到場し、観客の大きな声援を浴びた。（　）→（　）

□ 7 先方のご厚意により、無料で宿泊所と体育館を程供してもらう。（　）→（　）

□ 8 就職活動が解禁されたばかりだが、知人の招介で就職先が決定している。（　）→（　）

解答

1 貨→価（高価）
2 刷→殺（殺到）
3 準→順（順調）
4 保→補（補修）
5 労→老（老朽化）
6 到→登（登場）
7 程→提（提供）
8 招→紹（紹介）

他例 1［価格・栄養価・評価］

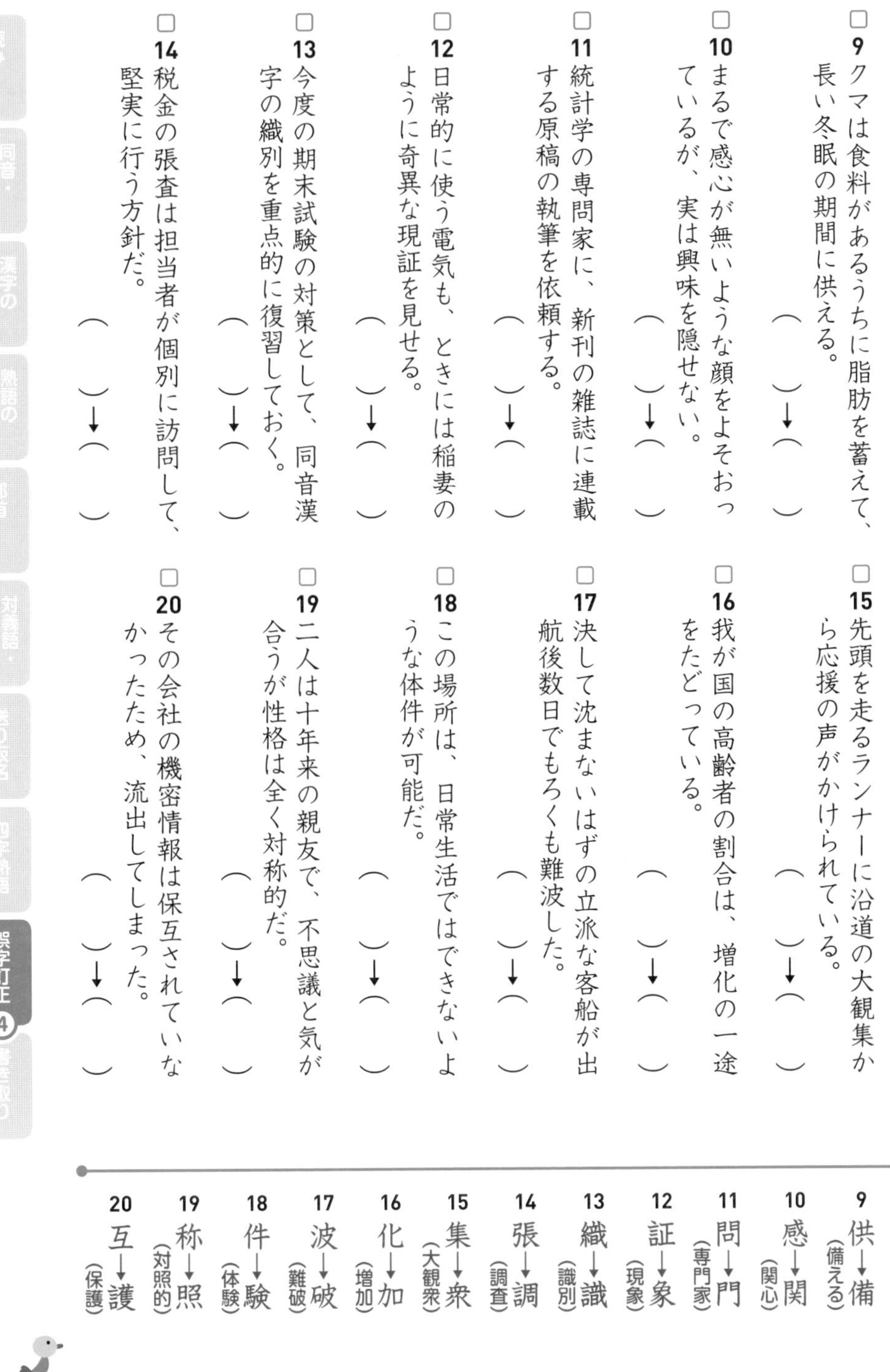

読み
同音・同訓異字
漢字の識別
熟語の構成
部首
対義語・類義語
送り仮名
四字熟語
誤字訂正 4
書き取り

□ 9 クマは食料があるうちに脂肪を蓄えて、長い冬眠の期間に供える。（　）→（　）

□ 10 まるで感心が無いような顔をよそおっているが、実は興味を隠せない。（　）→（　）

□ 11 統計学の専問家に、新刊の雑誌に連載する原稿の執筆を依頼する。（　）→（　）

□ 12 日常的に使う電気も、ときには稲妻のように奇異な現証を見せる。（　）→（　）

□ 13 今度の期末試験の対策として、同音漢字の織別を重点的に復習しておく。（　）→（　）

□ 14 税金の張査は担当者が個別に訪問して、堅実に行う方針だ。（　）→（　）

□ 15 先頭を走るランナーに沿道の大観集から応援の声がかけられている。（　）→（　）

□ 16 我が国の高齢者の割合は、増化の一途をたどっている。（　）→（　）

□ 17 決して沈まないはずの立派な客船が出航後数日でもろくも難波した。（　）→（　）

□ 18 この場所は、日常生活ではできないような体件が可能だ。（　）→（　）

□ 19 二人は十年来の親友で、不思議と気が合うが性格は全く対称的だ。（　）→（　）

□ 20 その会社の機密情報は保互されていなかったため、流出してしまった。（　）→（　）

9 供→備（備える）
10 感→関（関心）
11 問→門（専門家）
12 証→象（現象）
13 織→識（識別）
14 張→調（調査）
15 集→衆（大観衆）
16 化→加（増加）
17 波→破（難破）
18 件→験（体験）
19 称→照（対照的）
20 互→護（保護）

意味 17［難破＝暴風雨などにあって、船が壊れたり沈んだりすること］

誤字訂正 ⑤

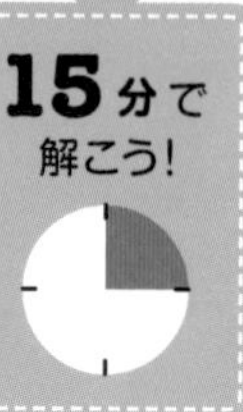

得点 /20

次の各文にまちがって使われている同じ読みの漢字が一字ある。上の（　）に誤字を、下の（　）に正しい漢字を記せ。

□ 1 常に消費者の必要と満足を意識したサービスを提協できるようにする。（　）→（　）

□ 2 観葉植物には直写日光に弱い品種もあり、生育環境に注意を要する。（　）→（　）

□ 3 中性脂肪を減らすために運動を始めたが、なかなか好果が見られない。（　）→（　）

□ 4 必ず表示を確認して、避けたい添化物が含まれていない食品を選ぶ。（　）→（　）

□ 5 隣人は、先代からの負の遺産に対所する必要があった。（　）→（　）

□ 6 国会議員を辞職し隠居した後は、政局の動勢をただ見守るばかりだ。（　）→（　）

□ 7 自動車の制備不良によって、数台を巻き込んだ大きな交通事故が起きた。（　）→（　）

□ 8 夏休みの宿題で朝顔の観刷をするため、家庭菜園の一角に種をまいた。（　）→（　）

解答

1 協→供（提供）
2 写→射（直射）
3 好→効（効果）
4 化→加（添加物）
5 所→処（対処）
6 勢→静（動静）
7 制→整（整備）
8 刷→察（観察）

□ 9 娘が結婚式を上げる日の朝、手渡された花束に父は涙を流した。　（　）→（　）

□ 10 決して断念することなく、目標達成のために勢一杯の力を尽くす。　（　）→（　）

□ 11 事前に利用当録を済ませなければならなかったが、多忙で忘れていた。　（　）→（　）

□ 12 出題範位と会場を十分に確認した上で検定試験に臨む。　（　）→（　）

□ 13 日本の伝統的な文化材を保護する活動が全国各地で支援されている。　（　）→（　）

□ 14 物事を正確に伝えるためには、短く簡欠に要点だけを述べることが重要だ。　（　）→（　）

□ 15 はじめから真刻に考えるより、まず試してから修正した方がいい。　（　）→（　）

□ 16 結婚して五年後、対望の子を授かったことが判明し、二人で歓喜した。　（　）→（　）

□ 17 博物館で開かれている展欄会で、新進気鋭の芸術家が注目を集めた。　（　）→（　）

□ 18 景気が低迷して、ますます価確競争が激化するだろう。　（　）→（　）

□ 19 彼は回りの目を気にしすぎて自分からの積極的な発言を避けている。　（　）→（　）

□ 20 荷物は視定された所から搬入するように注意書きが添えられていた。　（　）→（　）

---

9 上→挙（挙げる）
10 勢→精（精一杯）
11 当→登（登録）
12 位→囲（範囲）
13 材→財（文化財）
14 欠→潔（簡潔）
15 真→深（深刻）
16 対→待（待望）
17 欄→覧（展覧会）
18 確→格（価格）
19 回→周（周り）
20 視→指（指定）

意味　16［待望＝待ちこがれること］

これは はずせない！ A

誤字訂正 ⑥

15分で解こう！

14点以上とれれば合格！

次の各文にまちがって使われている同じ読みの漢字が一字ある。上の（　）に誤字を、下の（　）に正しい漢字を記せ。

□ 1 生徒数が限少しているので、近隣の学校との統合が予定されている。 （　）→（　）

□ 2 運動選手にとって体調を維事することは、技術の向上と同様に重要だ。 （　）→（　）

□ 3 主な客層として小学生を創定したお菓子が店頭に並んでいる。 （　）→（　）

□ 4 他社の製品と非較検討の必要があるように思われた。 （　）→（　）

□ 5 適度な運動と栄養は両者とも健功のために欠かせない。 （　）→（　）

□ 6 川の指標生物を調査した結果、その環況条件の悪化が明らかになった。 （　）→（　）

□ 7 転校した友人から頼りが届き、新しい学級に慣れた様子が伝わってきた。 （　）→（　）

□ 8 展示会の評番が非常に良く、公開期間の延長が決定した。 （　）→（　）

得点 ／20

解答

1 限→減（減少）
2 事→持（維持）
3 創→想（想定）
4 非→比（比較）
5 功→康（健康）
6 況→境（環境）
7 頼→便（便り）
8 番→判（評判）

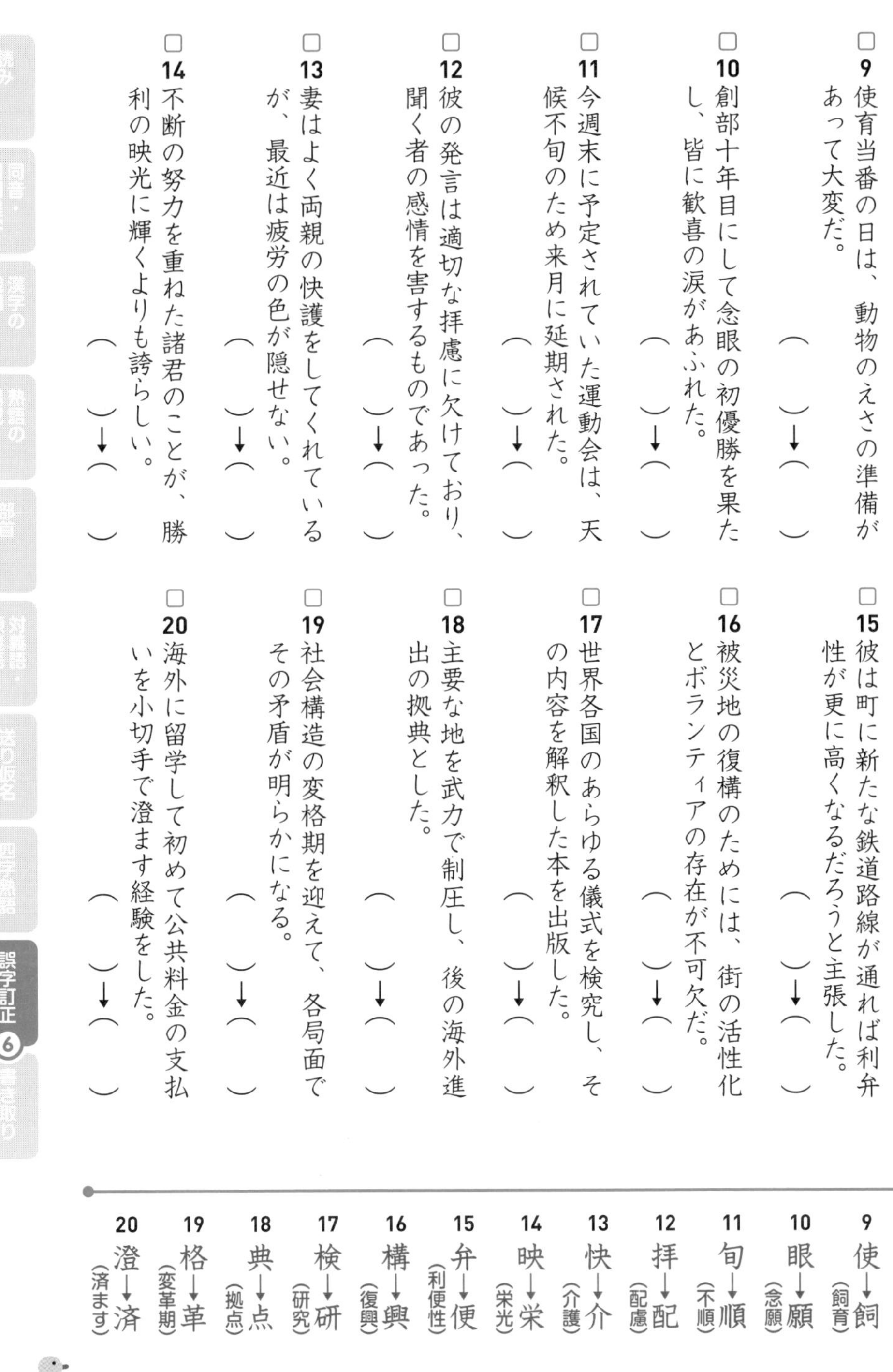

□ 9 使育当番の日は、動物のえさの準備があって大変だ。（　）→（　）

□ 10 創部十年目にして念眼の初優勝を果たし、皆に歓喜の涙があふれた。（　）→（　）

□ 11 今週末に予定されていた運動会は、天候不旬のため来月に延期された。（　）→（　）

□ 12 彼の発言は適切な拝慮に欠けており、聞く者の感情を害するものであった。（　）→（　）

□ 13 妻はよく両親の快護をしてくれているが、最近は疲労の色が隠せない。（　）→（　）

□ 14 不断の努力を重ねた諸君のことが、勝利の映光に輝くよりも誇らしい。（　）→（　）

□ 15 彼は町に新たな鉄道路線が通れば利弁性が更に高くなるだろうと主張した。（　）→（　）

□ 16 被災地の復構のためには、街の活性化とボランティアの存在が不可欠だ。（　）→（　）

□ 17 世界各国のあらゆる儀式を検究し、その内容を解釈した本を出版した。（　）→（　）

□ 18 主要な地を武力で制圧し、後の海外進出の拠典とした。（　）→（　）

□ 19 社会構造の変格期を迎えて、各局面でその矛盾が明らかになる。（　）→（　）

□ 20 海外に留学して初めて公共料金の支払いを小切手で澄ます経験をした。（　）→（　）

---

9 使→飼（飼育）
10 眼→願（念願）
11 旬→順（不順）
12 拝→配（配慮）
13 快→介（介護）
14 映→栄（栄光）
15 弁→便（利便性）
16 構→興（復興）
17 検→研（研究）
18 典→点（拠点）
19 格→革（変革期）
20 澄→済（済ます）

意味 19［変革＝社会・制度などが変わり改まること］

これは はずせない！ A

書き取り ①

15分で解こう！

20点以上とれれば合格！

次の――線のカタカナを漢字に直せ。

□1 シンセンな魚が捕れた。（　　）

□2 友達をウラギることはできない。（　　）

□3 カミンをとることにした。（　　）

□4 人生のカドデを祝う。（　　）

□5 キョダイなクジラが打ち上がった。（　　）

□6 この地域はサッカーがサカんだ。（　　）

□7 読書運動をスイシンする。（　　）

□8 王の命令にソムく。（　　）

□9 カミツなスケジュールをこなす。（　　）

□10 事件解決のスジミチを見つける。（　　）

□11 オルガンがオゴソかに鳴り響く。（　　）

□12 職人の見事なテナみに驚いた。（　　）

解答

1 新鮮　2 裏切　3 仮眠　4 門出　5 巨大　6 盛　7 推進　8 背　9 過密　10 筋道　11 厳　12 手並

意味　12［手並み＝物事をこなす力のこと。手腕］

13 空気を機械でアッシュクする。（　　）
14 明日は学校のソウリツ記念日だ。（　　）
15 信頼関係をキズく。（　　）
16 アマいものが食べたくなる。（　　）
17 情報整理能力にスグれる。（　　）
18 敵の戦術をサグる。（　　）
19 中国の書画をテンジする。（　　）
20 メイキュウ入りの事件を扱う。（　　）

21 旅行中の家族のアンピが心配だ。（　　）
22 雑誌にヒヒョウが載った。（　　）
23 高校のエンゲキ部に所属する。（　　）
24 メガシラが熱くなるのを感じる。（　　）
25 ぜんまいをマく。（　　）
26 あの芸能人がコンヤクしたらしい。（　　）
27 誤解をマネくような言動があった。（　　）
28 カンケツに要点を述べる。（　　）

13 圧縮
14 創立
15 築
16 甘
17 優
18 探
19 展示
20 迷宮
21 安否
22 批評
23 演劇
24 目頭
25 巻
26 婚約
27 招
28 簡潔

意味　24［目頭が熱くなる＝深く感動して思わず涙が出そうになる］

15分で解こう！

20点以上とれれば合格！

次の——線のカタカナを漢字に直せ。

□ 1 トンネルの**ホシュウ**（　　）工事が終わる。

□ 2 彼の**ドクゼツ**（　　）にはいつもあきれる。

□ 3 玉ねぎを**キザ**（　　）むと涙が出る。

□ 4 **メガネ**（　　）を新しく買う。

□ 5 ガラスの**ハヘン**（　　）でけがをする。

□ 6 コップにジュースを**ソソ**（　　）ぐ。

□ 7 **タビカサ**（　　）なる失敗にもめげない。

□ 8 **ヨクバ**（　　）ると結局は損をする。

□ 9 彼女は**シキサイ**（　　）豊かな絵を描く。

□ 10 **キズグチ**（　　）を清潔にする。

□ 11 **ハゲ**（　　）しい頭痛に襲われる。

□ 12 来月の**ゲジュン**（　　）に会いに行きます。

解答

1 補修
2 毒舌
3 刻
4 眼鏡
5 破片
6 注
7 度重
8 欲張
9 色彩
10 傷口
11 激
12 下旬

意味 2［毒舌＝しんらつな皮肉。悪口］

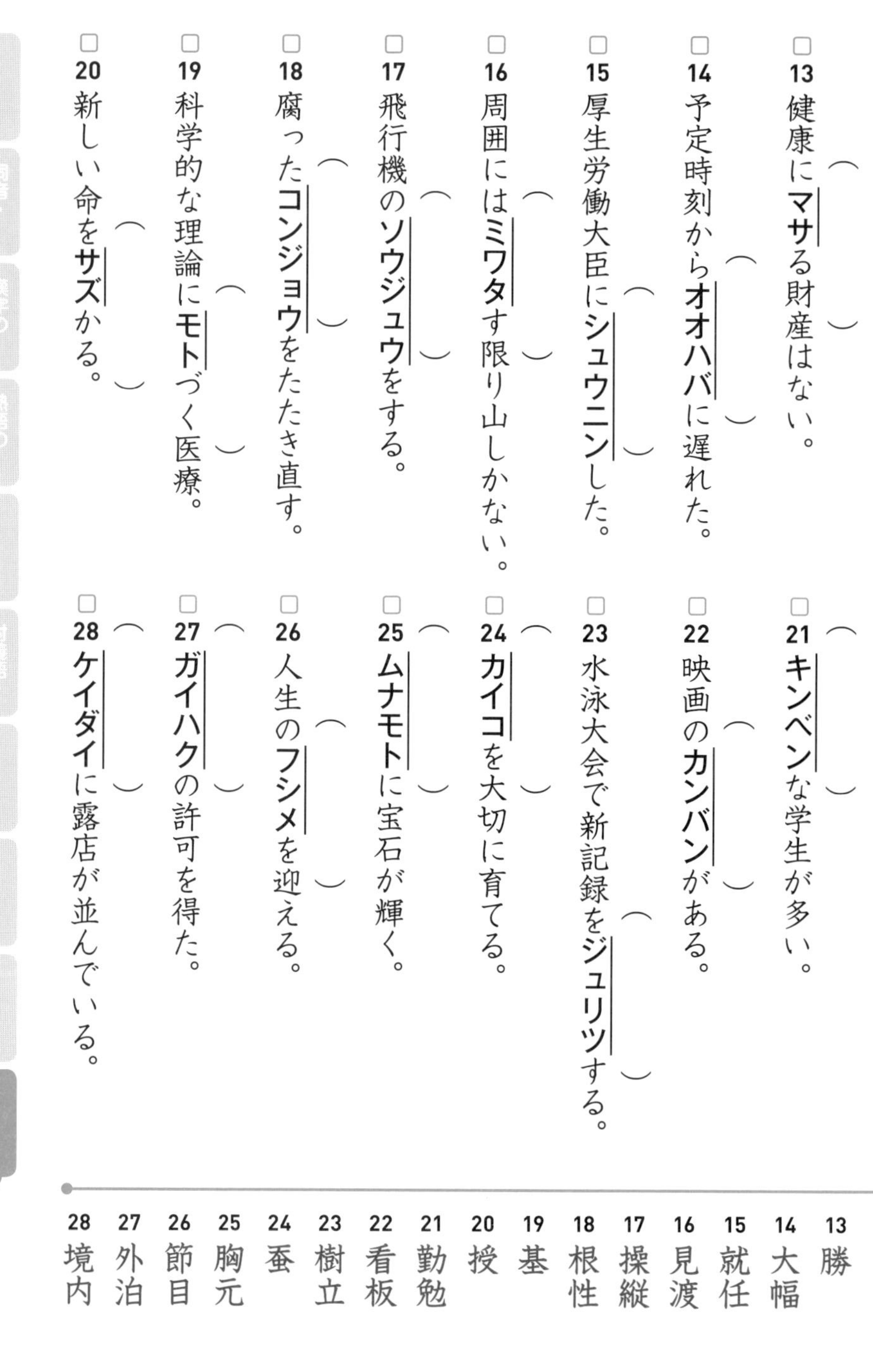

13 健康にマサる財産はない。（　　）
14 予定時刻からオオハバに遅れた。（　　）
15 厚生労働大臣にシュウニンした。（　　）
16 周囲にはミワタす限り山しかない。（　　）
17 飛行機のソウジュウをする。（　　）
18 腐ったコンジョウをたたき直す。（　　）
19 科学的な理論にモトづく医療。（　　）
20 新しい命をサズかる。（　　）

21 キンベンな学生が多い。（　　）
22 映画のカンバンがある。（　　）
23 水泳大会で新記録をジュリツする。（　　）
24 カイコを大切に育てる。（　　）
25 ムナモトに宝石が輝く。（　　）
26 人生のフシメを迎える。（　　）
27 ガイハクの許可を得た。（　　）
28 ケイダイに露店が並んでいる。（　　）

13 勝　14 大幅　15 就任　16 見渡　17 操縦　18 根性　19 基　20 授　21 勤勉　22 看板　23 樹立　24 蚕　25 胸元　26 節目　27 外泊　28 境内

意味 26［節目＝ある事柄の区切りとなるところ］

これは はずせない！ A

書き取り ③

15分で解こう！

20点以上とれれば合格！

得点　／28

次の――線のカタカナを漢字に直せ。

□ 1 **スガオ**のまま表に出る。（　　）

□ 2 **カリ**にも恩をあだで返すな。（　　）

□ 3 **イ**るような視線を感じる。（　　）

□ 4 **ライウ**で外に出られない。（　　）

□ 5 テレビが**コショウ**したらしい。（　　）

□ 6 新しい土地での生活に**ナ**れる。（　　）

□ 7 **ダッシュツ**は困難に思われた。（　　）

□ 8 自分と人とでは感じ方が**コト**なる。（　　）

□ 9 子供が**スナハマ**で遊んでいる。（　　）

□ 10 犬のぬいぐるみが**ホ**しい。（　　）

□ 11 寝ずの**カンビョウ**をする。（　　）

□ 12 **フクザツ**な面持ちで見つめる。（　　）

解答

1 素顔　2 仮　3 射　4 雷雨　5 故障　6 慣　7 脱出　8 異　9 砂浜　10 欲　11 看病　12 複雑

意味 3［射る＝（光などが）強く当たる］

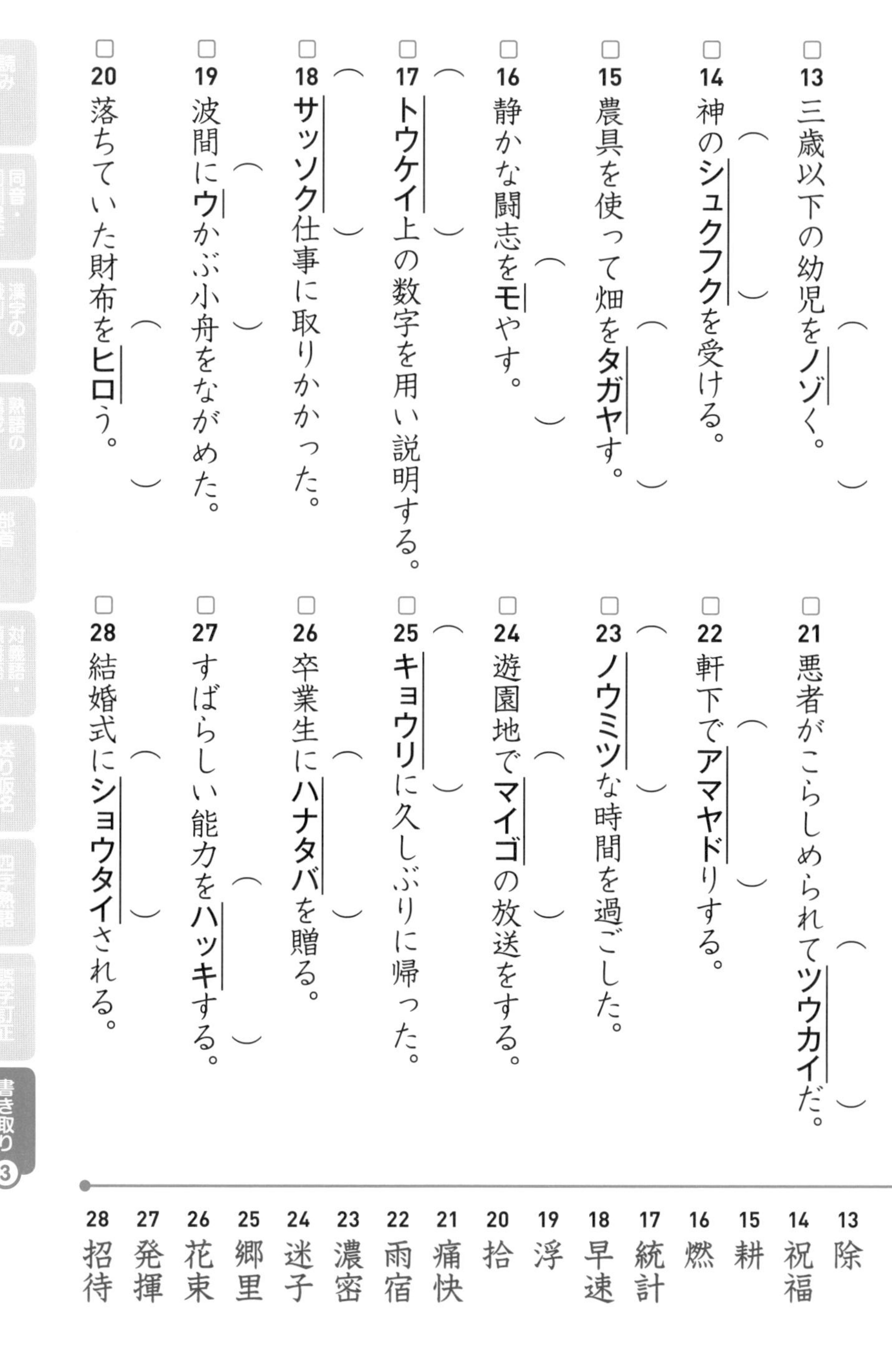

□13 三歳以下の幼児を**ノゾ**く。（　　）

□14 神の**シュクフク**を受ける。（　　）

□15 農具を使って畑を**タガヤ**す。（　　）

□16 静かな闘志を**モ**やす。（　　）

□17 **トウケイ**上の数字を用い説明する。（　　）

□18 **サッソク**仕事に取りかかった。（　　）

□19 波間に**ウ**かぶ小舟をながめた。（　　）

□20 落ちていた財布を**ヒロ**う。（　　）

□21 悪者がこらしめられて**ツウカイ**だ。（　　）

□22 軒下で**アマヤド**りする。（　　）

□23 **ノウミツ**な時間を過ごした。（　　）

□24 遊園地で**マイゴ**の放送をする。（　　）

□25 **キョウリ**に久しぶりに帰った。（　　）

□26 卒業生に**ハナタバ**を贈る。（　　）

□27 すばらしい能力を**ハッキ**する。（　　）

□28 結婚式に**ショウタイ**される。（　　）

13 除　14 祝福　15 耕　16 燃　17 統計　18 早速　19 浮　20 拾　21 痛快　22 雨宿　23 濃密　24 迷子　25 郷里　26 花束　27 発揮　28 招待

読み / 同音・同訓異字 / 漢字の識別 / 熟語の構成 / 部首 / 対義語・類義語 / 送り仮名 / 四字熟語 / 誤字訂正 / 書き取り③

意味　21［痛快＝非常にゆかいな様子］

書き取り ④

15分で解こう！

20点以上とれれば合格！

得点 /28

次の――線のカタカナを漢字に直せ。

1 一定のリョウイキ内を飛行する。（　　）
2 ゴムのクダで部品をつなぐ。（　　）
3 細かい事務手続きをハブく。（　　）
4 走る馬上から矢をハナつ。（　　）
5 リンジ列車が増発された。（　　）
6 たまに実家がコイしい。（　　）
7 ぬか床を縁の下にチョゾウする。（　　）
8 日ごろのご厚恩にムクいる。（　　）
9 ヒボンな才能の持ち主だ。（　　）
10 ダンカイを踏んで仕事をする。（　　）
11 身のチヂむ思いをした。（　　）
12 日本のケイザイを考える。（　　）

解答

1 領域
2 管
3 省
4 放
5 臨時
6 恋
7 貯蔵
8 報
9 非凡
10 段階
11 縮
12 経済

意味 5［臨時＝定まった時に行うのではなく、その場に臨んで特別に行うこと］

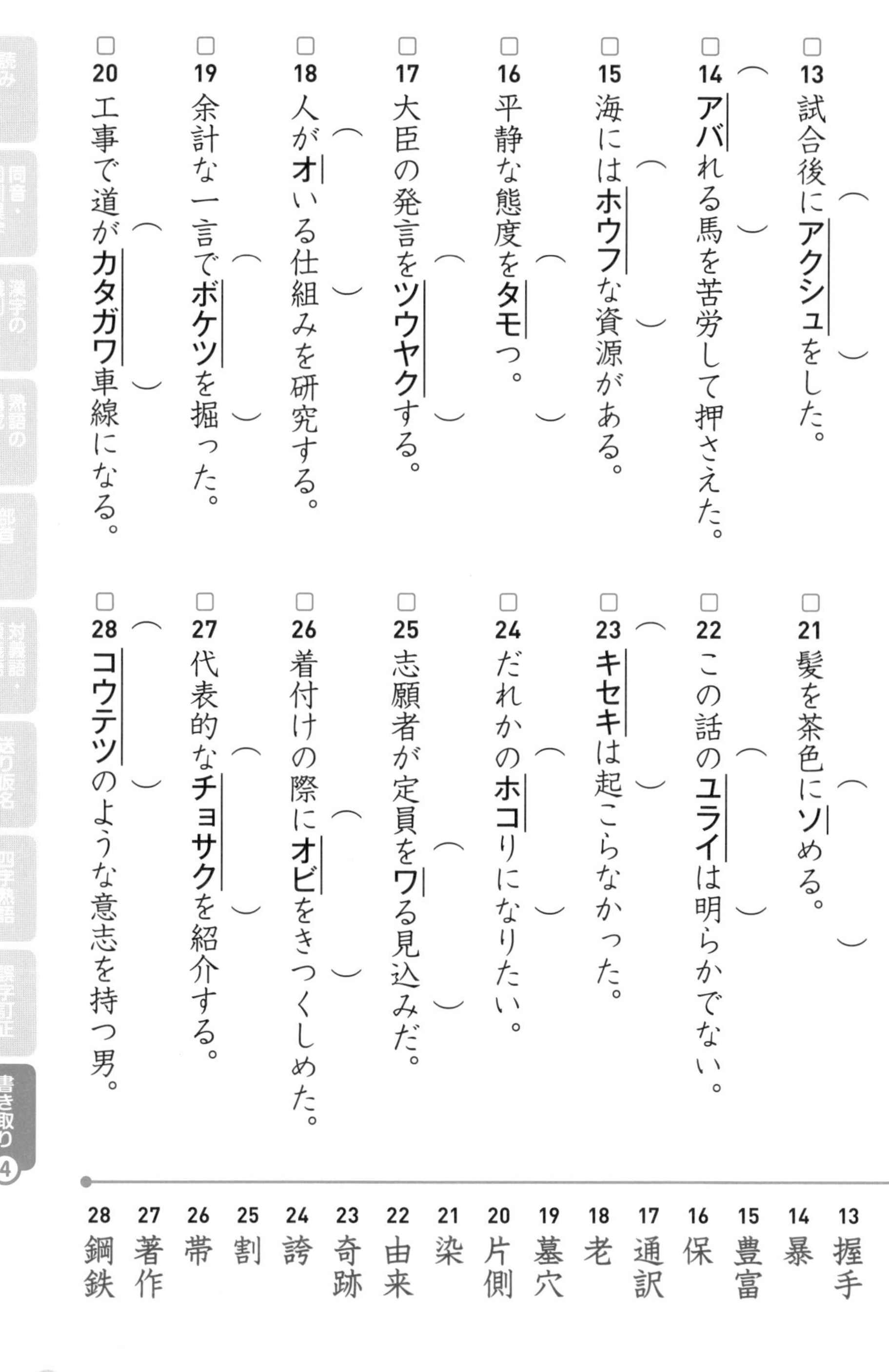

□ 13 試合後に**アクシュ**（　　）をした。

□ 14 **アバ**（　　）れる馬を苦労して押さえた。

□ 15 海には**ホウフ**（　　）な資源がある。

□ 16 平静な態度を**タモ**（　　）つ。

□ 17 大臣の発言を**ツウヤク**（　　）する。

□ 18 人が**オ**（　　）いる仕組みを研究する。

□ 19 余計な一言で**ボケツ**（　　）を掘った。

□ 20 工事で道が**カタガワ**（　　）車線になる。

□ 21 髪を茶色に**ソ**（　　）める。

□ 22 この話の**ユライ**（　　）は明らかでない。

□ 23 **キセキ**（　　）は起こらなかった。

□ 24 だれかの**ホコ**（　　）りになりたい。

□ 25 志願者が定員を**ワ**（　　）る見込みだ。

□ 26 着付けの際に**オビ**（　　）をきつくしめた。

□ 27 代表的な**チョサク**（　　）を紹介する。

□ 28 **コウテツ**（　　）のような意志を持つ男。

---

13 握手　14 暴　15 豊富　16 保　17 通訳　18 老　19 墓穴　20 片側　21 染　22 由来　23 奇跡　24 誇　25 割　26 帯　27 著作　28 鋼鉄

意味 19［墓穴を掘る＝自分で自分の身をほろぼす原因をつくる］

これは はずせない！ A

書き取り ⑤

15分で解こう！

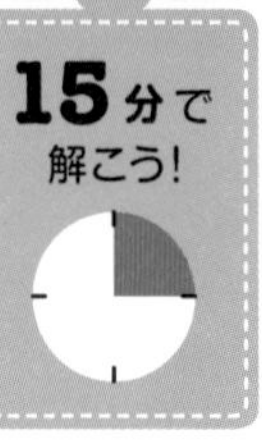

20点以上とれれば合格！

得点 ／28

次の——線のカタカナを漢字に直せ。

□ 1 キチョウな体験をさせてもらった。（　　）
□ 2 思わずヨワネを吐く。（　　）
□ 3 おコノみ焼きを食べる。（　　）
□ 4 台風で交通網がスンダンされた。（　　）
□ 5 ケワしい山に分け入る。（　　）
□ 6 すぐにアヤマることが大切だ。（　　）
□ 7 あの家はもうバイキャク済みだ。（　　）
□ 8 強盗犯人のユクエをさがす。（　　）
□ 9 タイクツな日が続いている。（　　）
□ 10 彼は非常にユウシュウな人物だ。（　　）
□ 11 食後にクダモノを食べる。（　　）
□ 12 木のミキから樹液が出ている。（　　）

解答

1 貴重　2 弱音　3 好　4 寸断　5 険　6 謝　7 売却　8 行方　9 退屈　10 優秀　11 果物　12 幹

意味　4［寸断＝細かくずたずたに断ち切ること］　8［行方＝進んで行く場所・方向。行く手］

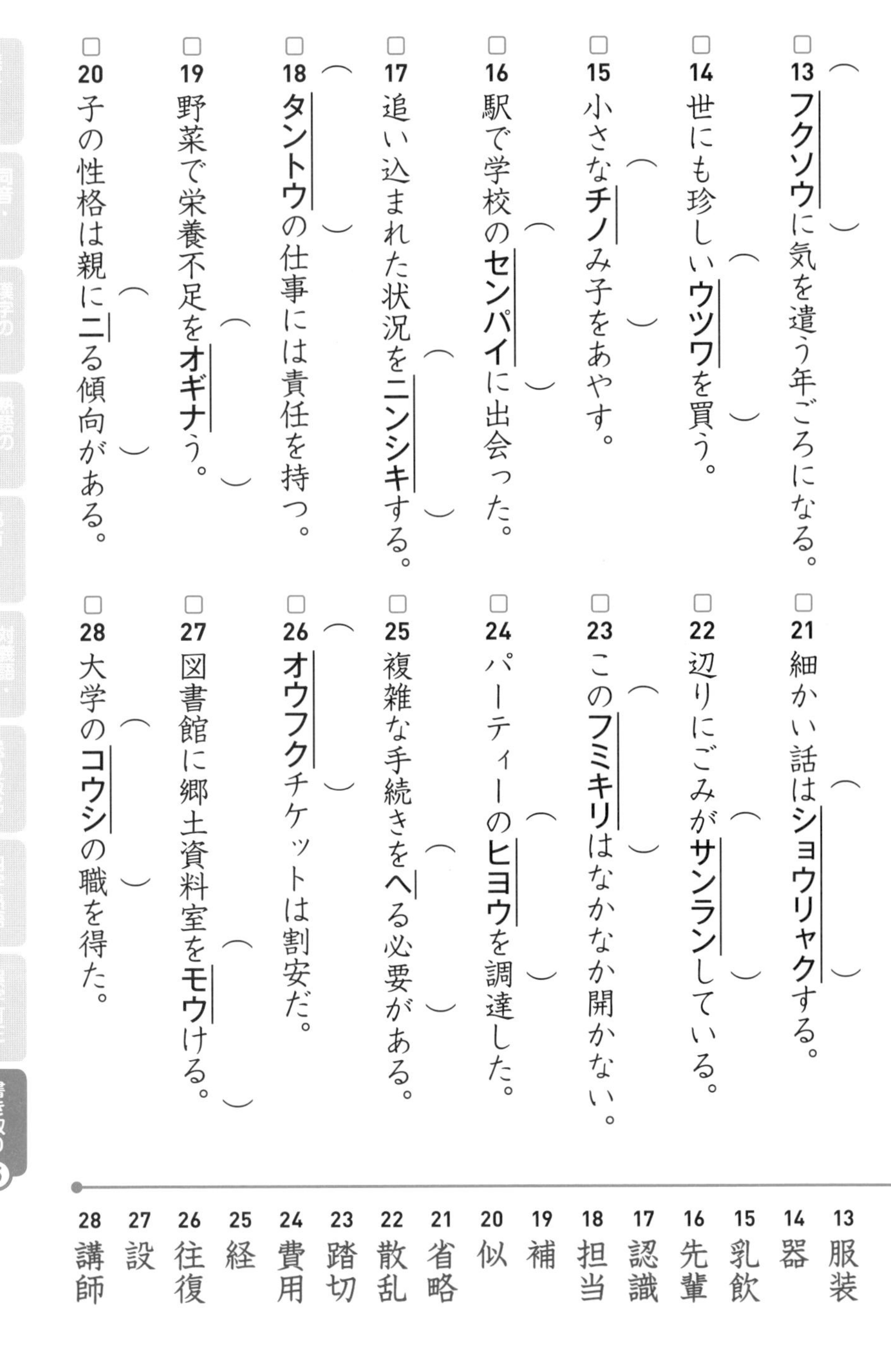

□13 （　）フクソウに気を遣う年ごろになる。
□14 世にも珍しい（　）ウツワを買う。
□15 小さな（　）チノみ子をあやす。
□16 駅で学校の（　）センパイに出会った。
□17 追い込まれた状況を（　）ニンシキする。
□18 （　）タントウの仕事には責任を持つ。
□19 野菜で栄養不足を（　）オギナう。
□20 子の性格は親に（　）ニる傾向がある。

□21 細かい話は（　）ショウリャクする。
□22 辺りにごみが（　）サンランしている。
□23 この（　）フミキリはなかなか開かない。
□24 パーティーの（　）ヒヨウを調達した。
□25 複雑な手続きを（　）へる必要がある。
□26 （　）オウフクチケットは割安だ。
□27 図書館に郷土資料室を（　）モウける。
□28 大学の（　）コウシの職を得た。

13 服装　14 器　15 乳飲　16 先輩　17 認識　18 担当　19 補　20 似　21 省略　22 散乱　23 踏切　24 費用　25 経　26 往復　27 設　28 講師

意味 22［散乱＝あちこち、ばらばらに散らばること］

これは はずせない！ A

書き取り ⑥

15分で解こう！

20点以上とれれば合格！

得点 ／28

次の――線のカタカナを漢字に直せ。

□ 1 最後には**ナミダゴエ**になった。（　　）

□ 2 議論が**カラマワ**りしている。（　　）

□ 3 **サイテキ**な人材を見つける。（　　）

□ 4 ボールの落下地点を**ヨソク**する。（　　）

□ 5 逃げ出すことは**ハジ**ではない。（　　）

□ 6 判断を**ホリュウ**する。（　　）

□ 7 川でおぼれた子供を**スク**う。（　　）

□ 8 新番組を盛んに**センデン**する。（　　）

□ 9 思春期に**ナヤ**みは尽きない。（　　）

□ 10 バスの**ウンチン**を払って乗る。（　　）

□ 11 未来に踏み出す勇気を**フル**う。（　　）

□ 12 海外の団体と**ドウメイ**を結ぶ。（　　）

解答

1 涙声　2 空回　3 最適　4 予測　5 恥　6 保留　7 救　8 宣伝　9 悩　10 運賃　11 奮　12 同盟

意味 2［空回り＝理論や行動が同じところを回っていて発展や効果のないこと］

□13 この件は**オオヤケ**（　　）にできない。

□14 **バツグン**（　　）の成績で合格した。

□15 **ワケ**（　　）のわからない発言を繰り返す。

□16 警察の**ケンゲン**（　　）が及ばない。

□17 休日の夕食を外で**ス**（　　）ます。

□18 優れた**ジッセキ**（　　）を残している。

□19 たんぽぽの**ワタ**（　　）毛が飛ぶ。

□20 **マドベ**（　　）に絵を飾る。

□21 世界**イサン**（　　）に登録される。

□22 美しい**ハナゾノ**（　　）を歩いた。

□23 受験勉強に**センネン**（　　）する。

□24 味方のエラーを**セ**（　　）める。

□25 **シキュウ**（　　）ご自宅へお帰りください。

□26 **ツカ**（　　）れ果てて倒れこむ。

□27 氷を使って熱を**サ**（　　）ます。

□28 根から水を**キュウシュウ**（　　）する。

---

13 公
14 抜群
15 訳
16 権限
17 済
18 実績
19 綿
20 窓辺
21 遺産
22 花園
23 専念
24 責
25 至急
26 疲
27 冷
28 吸収

意味 16［権限＝個人が行使することのできる権利の範囲］

読み / 同音・同訓異字 / 漢字の識別 / 熟語の構成 / 部首 / 対義語・類義語 / 送り仮名 / 四字熟語 / 誤字訂正 / 書き取り 6

15分で解こう！

20点以上とれれば合格！

得点　／28

次の――線のカタカナを漢字に直せ。

□1 好きな曲を**ロクオン**した。（　　）

□2 毛糸のセーターを**ア**む。（　　）

□3 思わず**ハクシュ**してしまった。（　　）

□4 詩の**ロウドク**をする。（　　）

□5 **ドキョウ**のいい男の子。（　　）

□6 何とか難を**ノガ**れた。（　　）

□7 街頭で**ショメイ**活動を行う。（　　）

□8 はたを**オ**るのは女性の仕事だった。（　　）

□9 料理に**サトウ**で甘味を付ける。（　　）

□10 夏バテで体重が**ヘ**る。（　　）

□11 生活費を**セツヤク**する。（　　）

□12 自分の部屋でインコを**カ**う。（　　）

解答

1 録音　2 編　3 拍手　4 朗読　5 度胸　6 逃　7 署名　8 織　9 砂糖　10 減　11 節約　12 飼

意味　5［度胸＝物事に動じない強い心］

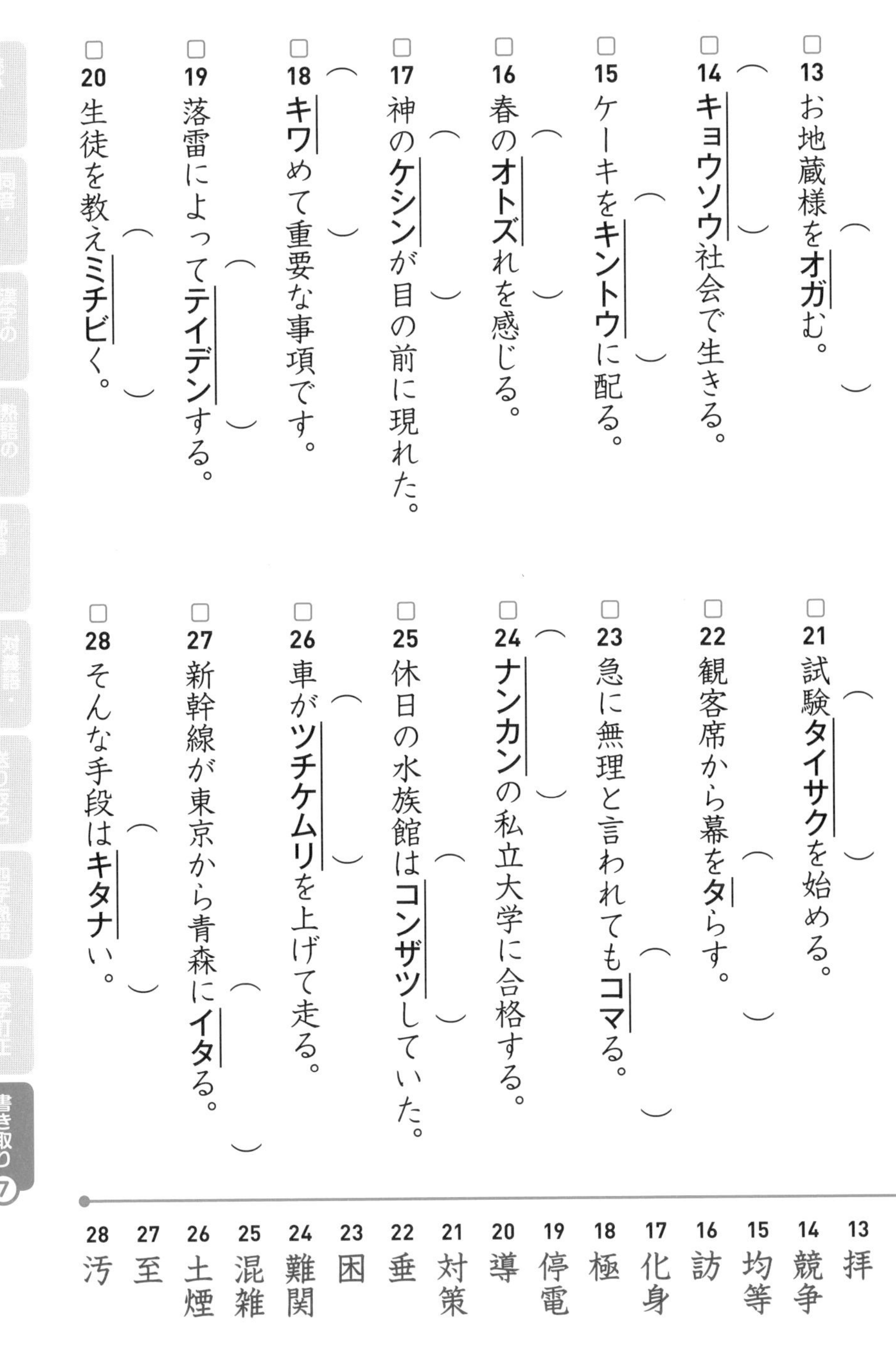

□13 お地蔵様を**オガ**む。（　　）

□14 **キョウソウ**社会で生きる。（　　）

□15 ケーキを**キントウ**に配る。（　　）

□16 春の**オトズ**れを感じる。（　　）

□17 神の**ケシン**が目の前に現れた。（　　）

□18 **キワ**めて重要な事項です。（　　）

□19 落雷によって**テイデン**する。（　　）

□20 生徒を教え**ミチビ**く。（　　）

□21 試験**タイサク**を始める。（　　）

□22 観客席から幕を**タ**らす。（　　）

□23 急に無理と言われても**コマ**る。（　　）

□24 **ナンカン**の私立大学に合格する。（　　）

□25 休日の水族館は**コンザツ**していた。（　　）

□26 車が**ツチケムリ**を上げて走る。（　　）

□27 新幹線が東京から青森に**イタ**る。（　　）

□28 そんな手段は**キタナ**い。（　　）

13 拝　14 競争　15 均等　16 訪　17 化身　18 極　19 停電　20 導　21 対策　22 垂　23 困　24 難関　25 混雑　26 土煙　27 至　28 汚

意味　17［化身＝神や仏が姿を変えてこの世に現れてきたもの。また、生まれ変わり］

よく ねらわれる！

でる順 B ランク

よく
ねらわれる！ B

読み①

10分で解こう！

20点以上とれれば合格！

得点 ／28

次の――線の漢字の読みをひらがなで記せ。

□1 忙しいが何とか都合をつける。（　　）
□2 橋の欄干によりかかる。（　　）
□3 柔和な表情を浮かべている。（　　）
□4 市の吹奏楽団に所属する。（　　）
□5 この果物は熟していて甘い。（　　）
□6 馬にまたがり草原を駆ける。（　　）
□7 お彼岸に家族でお墓参りに行く。（　　）
□8 トンネルの中では音が反響する。（　　）
□9 本腰を入れて宿題に取り組む。（　　）
□10 映画祭で栄誉ある賞に輝く。（　　）
□11 塩の効果で魚が腐るのを防ぐ。（　　）
□12 立山（たてやま）連峰が雪解けを迎える。（　　）

解答

1 いそが
2 らんかん
3 にゅうわ
4 すいそう
5 あま
6 か
7 ひがん
8 はんきょう
9 ほんごし
10 えいよ
11 くさ
12 れんぽう

意味 3［柔和＝性質や表情が優しくおだやかなさま］

読み ①

13 古代の遺跡を**掘**る仕事がしたい。（　）
14 模試で合格**圏内**の判定が出る。（　）
15 **恥**じる様子もなく言い訳した。（　）
16 病院で**薬剤**師の説明を受ける。（　）
17 全身をばねにして**跳躍**する。（　）
18 雨が続くと川の水が**濁**る。（　）
19 財産を**殖**やすための運用を学ぶ。（　）
20 **不朽**の名作として後世に残る。（　）

21 私も**微力**ながらお手伝いします。（　）
22 新しい生活様式が**浸透**してきた。（　）
23 こたつの**恋**しい季節になった。（　）
24 **珍妙**な格好で練り歩く。（　）
25 専門商品が一般にも**普及**した。（　）
26 両者は**互角**にわたりあう。（　）
27 この技術は**驚嘆**に値するものだ。（　）
28 平安時代の**秀歌**を勉強する。（　）

13 ほ
14 けんない
15 は
16 やくざい
17 ちょうやく
18 にご
19 ふ
20 ふきゅう
21 びりょく
22 しんとう
23 こい
24 ちんみょう
25 ふきゅう
26 ごかく
27 きょうたん
28 しゅうか

意味 28［秀歌＝すぐれた和歌］

よく ねらわれる！ B

読み ②

10分で解こう！

20点以上とれれば合格！

得点 ／28

次の――線の漢字の読みをひらがなで記せ。

1 注意力が散漫になる。（　　）

2 新しい家は耐震性に優れている。（　　）

3 遠くの峰を望む。（　　）

4 警官が街を巡回する。（　　）

5 水滴がしたたり落ちる。（　　）

6 沢の流れに足を遊ばせる。（　　）

7 志望校に合格して有頂天になる。（　　）

8 日本舞踊の演目は数多くある。（　　）

9 雌の子犬を飼う。（　　）

10 国家の浮沈に関わる政策だ。（　　）

11 飲酒運転者を厳重に処罰する。（　　）

12 監視カメラに犯人が映っていた。（　　）

解答

1 さんまん
2 たいしん
3 みね
4 じゅんかい
5 すいてき
6 さわ
7 うちょうてん
8 ぶよう
9 めす
10 ふちん
11 しょばつ
12 かんし

意味 7［有頂天＝喜びに夢中になり我を忘れるさま］

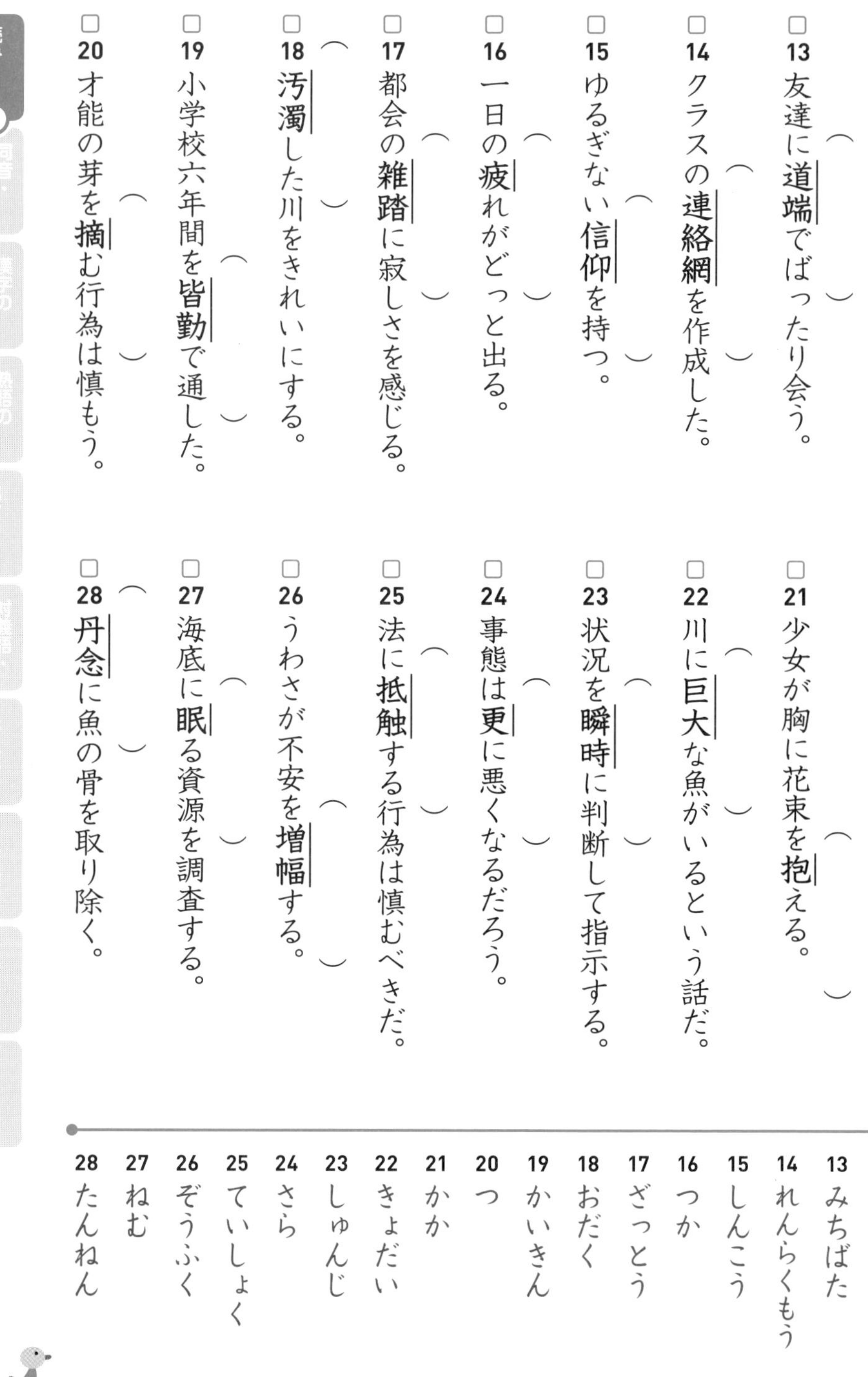

13 友達に道端でばったり会う。（　）

14 クラスの連絡網を作成した。（　）

15 ゆるぎない信仰を持つ。（　）

16 一日の疲れがどっと出る。（　）

17 都会の雑踏に寂しさを感じる。（　）

18 汚濁した川をきれいにする。（　）

19 小学校六年間を皆勤で通した。（　）

20 才能の芽を摘む行為は慎もう。（　）

21 少女が胸に花束を抱える。（　）

22 川に巨大な魚がいるという話だ。（　）

23 状況を瞬時に判断して指示する。（　）

24 事態は更に悪くなるだろう。（　）

25 法に抵触する行為は慎むべきだ。（　）

26 うわさが不安を増幅する。（　）

27 海底に眠る資源を調査する。（　）

28 丹念に魚の骨を取り除く。（　）

13 みちばた
14 れんらくもう
15 しんこう
16 つか
17 ざっとう
18 おだく
19 かいきん
20 つ
21 かか
22 きょだい
23 しゅんじ
24 さら
25 ていしょく
26 ぞうふく
27 ねむ
28 たんねん

他例 17［踏襲・未踏・踏破］

よく ねらわれる！ B

読み ③

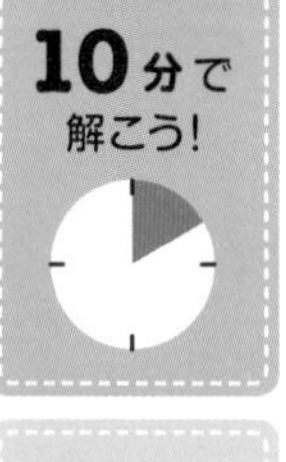

次の——線の漢字の読みをひらがなで記せ。

□ 1 **趣**のある造りの庭だ。（　　）

□ 2 彼を責めるのは**筋違**いだ。（　　）

□ 3 **民俗**芸能の保存会を設立する。（　　）

□ 4 **隣**のお宅におすそわけする。（　　）

□ 5 卒業後の進学先について**悩**む。（　　）

□ 6 社会の深層をえぐった**戯曲**。（　　）

□ 7 物質は微細な**粒子**から構成される。（　　）

□ 8 二人の主張は**矛盾**している。（　　）

□ 9 歴史的瞬間に立ち会えて**本望**です。（　　）

□ 10 **肩**に重い荷物を提げて歩く。（　　）

□ 11 とうがらしには**発汗**作用がある。（　　）

□ 12 遠足には絶好の**日和**となる。（　　）

解答

1 おもむき
2 すじちが
3 みんぞく
4 となり
5 なや
6 ぎきょく
7 りゅうし
8 むじゅん
9 ほんもう
10 かた
11 はっかん
12 ひより

意味 7［粒子＝細かな粒。特に、物質を構成している微細な粒］

□13 少し目を離した間に**盗難**にあう。（　）
□14 二人の**悲恋**を描く物語。（　）
□15 **独占**インタビューに成功する。（　）
□16 **朱**に交われば赤くなる。（　）
□17 景気の回復を**図**る。（　）
□18 **販路**拡大を目指して営業する。（　）
□19 万全の体調で大会を**迎**える。（　）
□20 **砲丸**投げの世界新記録を樹立する。（　）

□21 花畑でたくさんのチョウが**舞**う。（　）
□22 自己の**優越**を信じて疑わない。（　）
□23 偉大な**剣豪**が記した書物を読む。（　）
□24 連絡が付かず**胸騒**ぎがする。（　）
□25 だれかが侵入した**形跡**がある。（　）
□26 自動車の金属部品を**溶接**する。（　）
□27 ひったくりの**被害**が増えている。（　）
□28 **脂肪**を燃焼させる運動をする。（　）

13 とうなん
14 ひれん
15 どくせん
16 しゅ
17 はか
18 はんろ
19 むか
20 ほうがん
21 ま
22 ゆうえつ
23 けんごう
24 むなさわ
25 けいせき
26 ようせつ
27 ひがい
28 しぼう

意味 23［剣豪＝剣術の達人］

よく ねらわれる！ B

読み④

10分で解こう！

20点以上とれれば合格！

得点 /28

次の——線の漢字の読みをひらがなで記せ。

1 おさえていた怒りが**爆発**する。（　　）
2 秋に農業体験で**稲**刈りをする。（　　）
3 あなたのやり口は**汚**い。（　　）
4 現実と理想の間で**苦悩**する。（　　）
5 タンスの**奥**にしまい込む。（　　）
6 **弾力**的な運営をする。（　　）
7 **境内**で子供たちが遊んでいる。（　　）
8 音楽に合わせて楽しく**踊**る。（　　）
9 大学で史学を**専攻**する。（　　）
10 鉱山で希少金属を**採掘**する。（　　）
11 スカートの**丈**を気にする。（　　）
12 容疑者を殺人罪で**起訴**する。（　　）

解答

1 ばくはつ
2 いね
3 きたな
4 くのう
5 おく
6 だんりょく
7 けいだい
8 おど
9 せんこう
10 さいくつ
11 たけ
12 きそ

意味 1［爆発＝おさえていた感情があふれ出る］

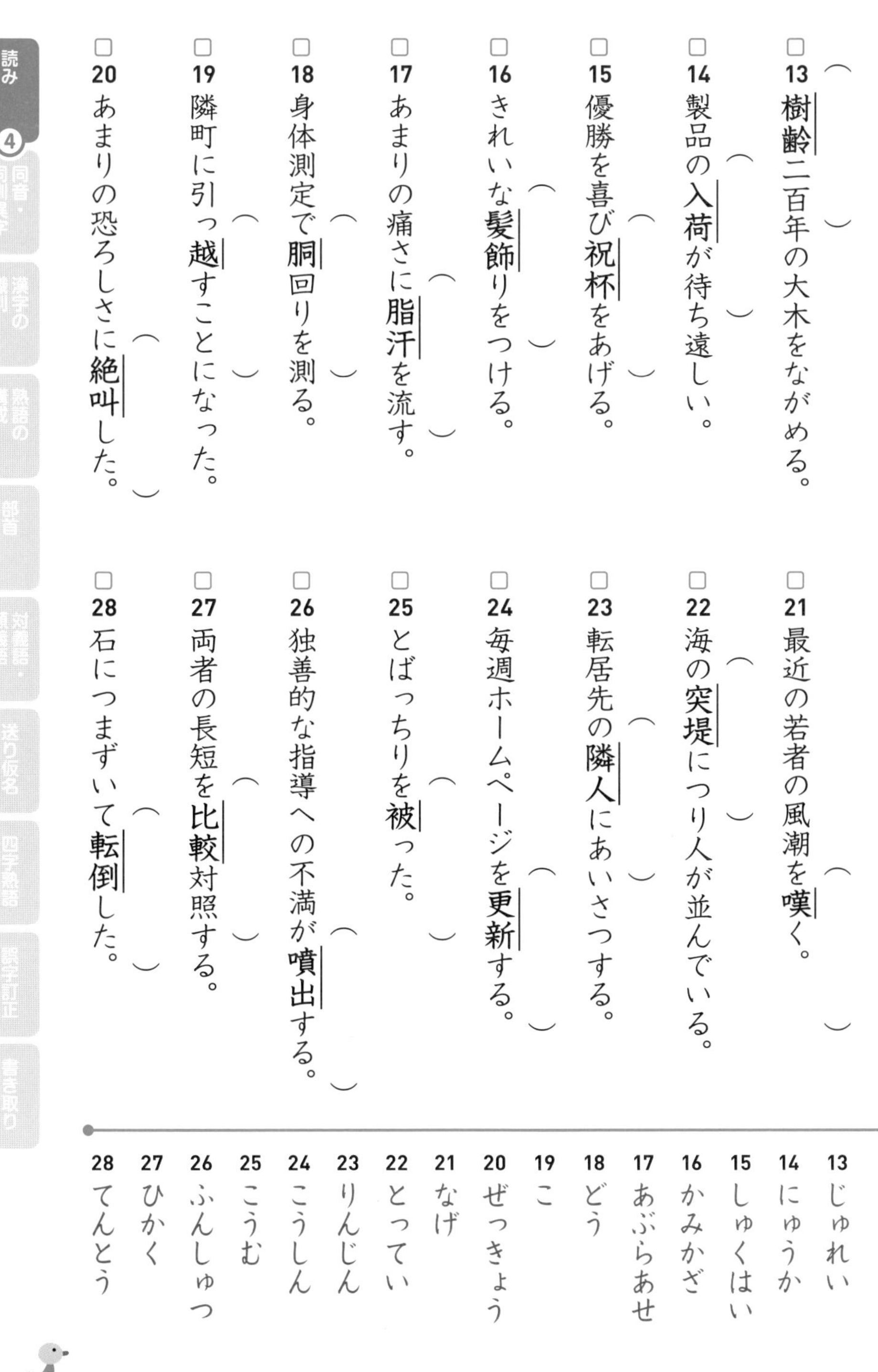

□13 樹齢二百年の大木をながめる。（　）

□14 製品の入荷が待ち遠しい。（　）

□15 優勝を喜び祝杯をあげる。（　）

□16 きれいな髪飾りをつける。（　）

□17 あまりの痛さに脂汗を流す。（　）

□18 身体測定で胴回りを測る。（　）

□19 隣町に引っ越すことになった。（　）

□20 あまりの恐ろしさに絶叫した。（　）

□21 最近の若者の風潮を嘆く。（　）

□22 海の突堤につり人が並んでいる。（　）

□23 転居先の隣人にあいさつする。（　）

□24 毎週ホームページを更新する。（　）

□25 とばっちりを被った。（　）

□26 独善的な指導への不満が噴出する。（　）

□27 両者の長短を比較対照する。（　）

□28 石につまずいて転倒した。（　）

13 じゅれい
14 にゅうか
15 しゅくはい
16 かみかざ
17 あぶらあせ
18 どう
19 こ
20 ぜっきょう
21 なげ
22 とってい
23 りんじん
24 こうしん
25 こうむ
26 ふんしゅつ
27 ひかく
28 てんとう

意味 22［突堤＝岸から突き出した細長い堤防］

よく
ねらわれる！ B

同音・同訓異字①

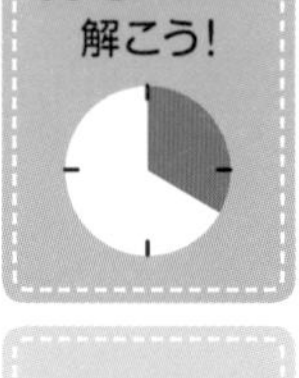

次の――線のカタカナにあてはまる漢字をそれぞれのア～オから一つ選び、記号を記せ。

□1 水がスむまでお米を研いだ。
□2 木の間から湖がスけて見える。
□3 早めに夏休みの宿題をスます。
（ア 吸　イ 済　ウ 過　エ 透　オ 澄）
1（　）2（　）3（　）

□4 火事のヒ害が拡大する。
□5 家族でヒ岸に墓参りに行く。
□6 走って裏山にヒ難する。
（ア 被　イ 彼　ウ 疲　エ 避　オ 費）
4（　）5（　）6（　）

□7 ハク真の演技だった。
□8 ハク情にも仲間を見捨てる。
□9 大きなハク手で迎える。
（ア 薄　イ 迫　ウ 拍　エ 博　オ 泊）
7（　）8（　）9（　）

□10 青年団が地域をジュン回する。
□11 大会は四月上ジュンの予定だ。
□12 雨天ジュン延となります。
（ア 順　イ 巡　ウ 旬　エ 準　オ 純）
10（　）11（　）12（　）

解答

1 オ 澄(す)む
2 エ 透(す)けて
3 イ 済(す)ます
4 ア 被害(ひがい)
5 イ 彼岸(ひがん)
6 エ 避難(ひなん)
7 イ 迫真(はくしん)
8 ア 薄情(はくじょう)
9 ウ 拍手(はくしゅ)
10 イ 巡回(じゅんかい)
11 ウ 上旬(じょうじゅん)
12 ア 順延(じゅんえん)

他例 6［回避・退避・逃避］

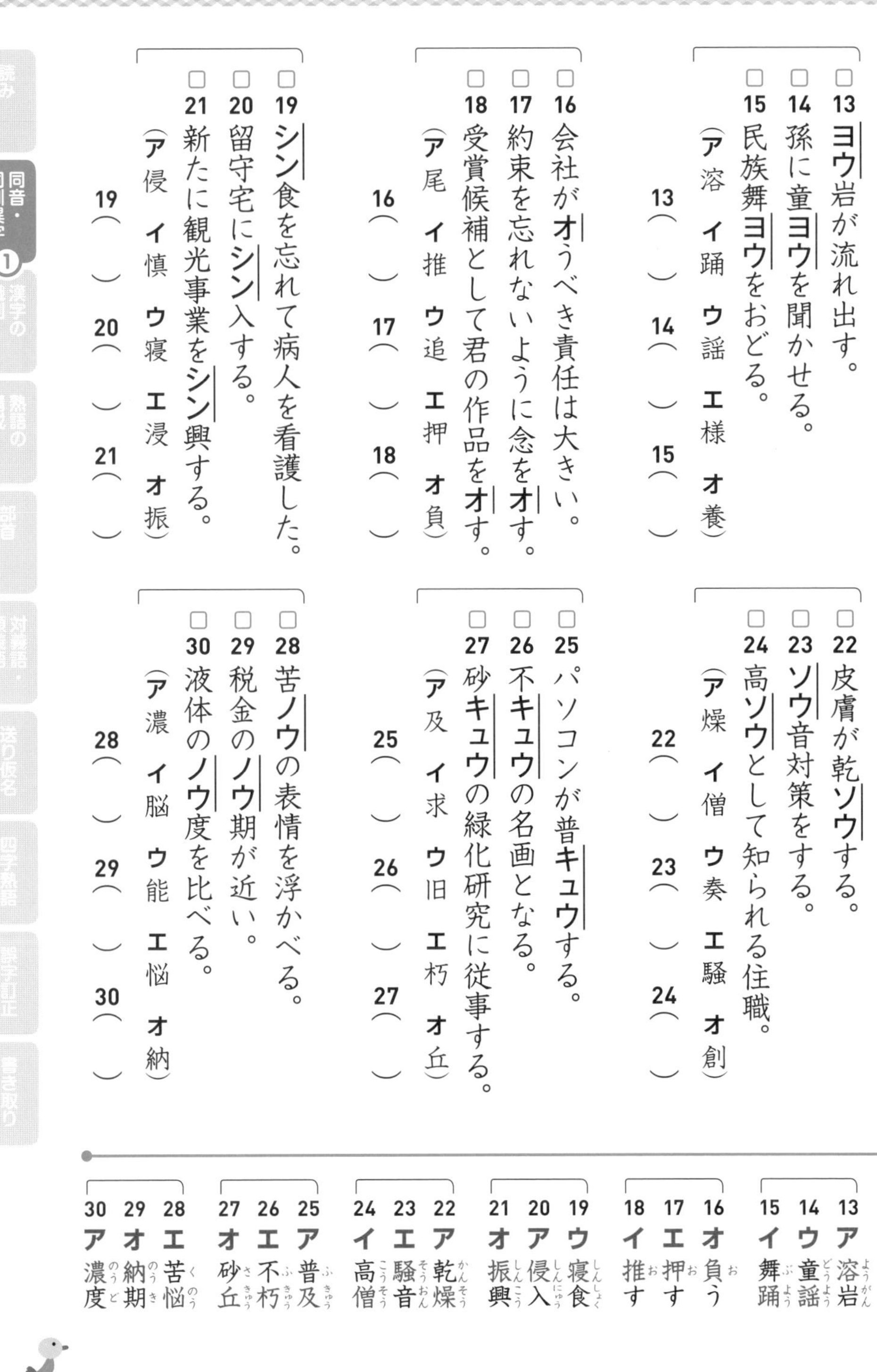

□ 13 ヨウ岩が流れ出す。
□ 14 孫に童ヨウを聞かせる。
□ 15 民族舞ヨウをおどる。
（ア 溶　イ 踊　ウ 謡　エ 様　オ 養）
13（　）14（　）15（　）

□ 16 会社がオうべき責任は大きい。
□ 17 約束を忘れないように念をオす。
□ 18 受賞候補として君の作品をオす。
（ア 尾　イ 推　ウ 追　エ 押　オ 負）
16（　）17（　）18（　）

□ 19 シン食を忘れて病人を看護した。
□ 20 留守宅にシン入する。
□ 21 新たに観光事業をシン興する。
（ア 侵　イ 慎　ウ 寝　エ 浸　オ 振）
19（　）20（　）21（　）

□ 22 皮膚が乾ソウする。
□ 23 ソウ音対策をする。
□ 24 高ソウとして知られる住職。
（ア 燥　イ 僧　ウ 奏　エ 騒　オ 創）
22（　）23（　）24（　）

□ 25 パソコンが普キュウする。
□ 26 不キュウの名画となる。
□ 27 砂キュウの緑化研究に従事する。
（ア 及　イ 求　ウ 旧　エ 朽　オ 丘）
25（　）26（　）27（　）

□ 28 苦ノウの表情を浮かべる。
□ 29 税金のノウ期が近い。
□ 30 液体のノウ度を比べる。
（ア 濃　イ 脳　ウ 能　エ 悩　オ 納）
28（　）29（　）30（　）

13 ア 溶岩（ようがん）
14 ウ 童謡（どうよう）
15 イ 舞踊（ぶよう）
16 オ 負（お）う
17 エ 押（お）す
18 イ 推（お）す
19 ウ 寝食（しんしょく）
20 ア 侵入（しんにゅう）
21 オ 振興（しんこう）
22 ア 乾燥（かんそう）
23 エ 騒音（そうおん）
24 イ 高僧（こうそう）
25 ア 普及（ふきゅう）
26 エ 不朽（ふきゅう）
27 オ 砂丘（さきゅう）
28 エ 苦悩（くのう）
29 オ 納期（のうき）
30 ア 濃度（のうど）

意味 24［高僧＝知徳のすぐれた僧］

よく ねらわれる！ B

同音・同訓異字 ②

20分で解こう！

21点以上とれれば合格！

得点　／30

次の――線のカタカナにあてはまる漢字をそれぞれのア～オから一つ選び、記号を記せ。

□ 1 トウ壊した家屋を調べる。
□ 2 浸トウ圧が上がる。
□ 3 トウ突な感じを受けた。
（ア 倒　イ 唐　ウ 到　エ 透　オ 統）
1（　）　2（　）　3（　）

□ 4 トラックに荷物を満サイする。
□ 5 多サイな顔ぶれがそろう。
□ 6 借金の返サイに追われる。
（ア 彩　イ 切　ウ 裁　エ 済　オ 載）
4（　）　5（　）　6（　）

□ 7 道に迷いト方に暮れる。
□ 8 ト来品の茶器を珍重する。
□ 9 思わずト息をもらす。
（ア 渡　イ 途　ウ 都　エ 吐　オ 戸）
7（　）　8（　）　9（　）

□ 10 恩人への贈り物に心をコめる。
□ 11 寒い冬に向けてコえる動物。
□ 12 長時間労働で疲労の色がコい。
（ア 込　イ 肥　ウ 恋　エ 越　オ 濃）
10（　）　11（　）　12（　）

解答

1 ア 倒壊（とうかい）
2 エ 浸透圧（しんとうあつ）
3 イ 唐突（とうとつ）
4 オ 満載（まんさい）
5 ア 多彩（たさい）
6 エ 返済（へんさい）
7 イ 途方（とほう）
8 ア 渡来（とらい）
9 エ 吐息（といき）
10 ア 込（こ）める
11 イ 肥（こ）える
12 オ 濃（こ）い

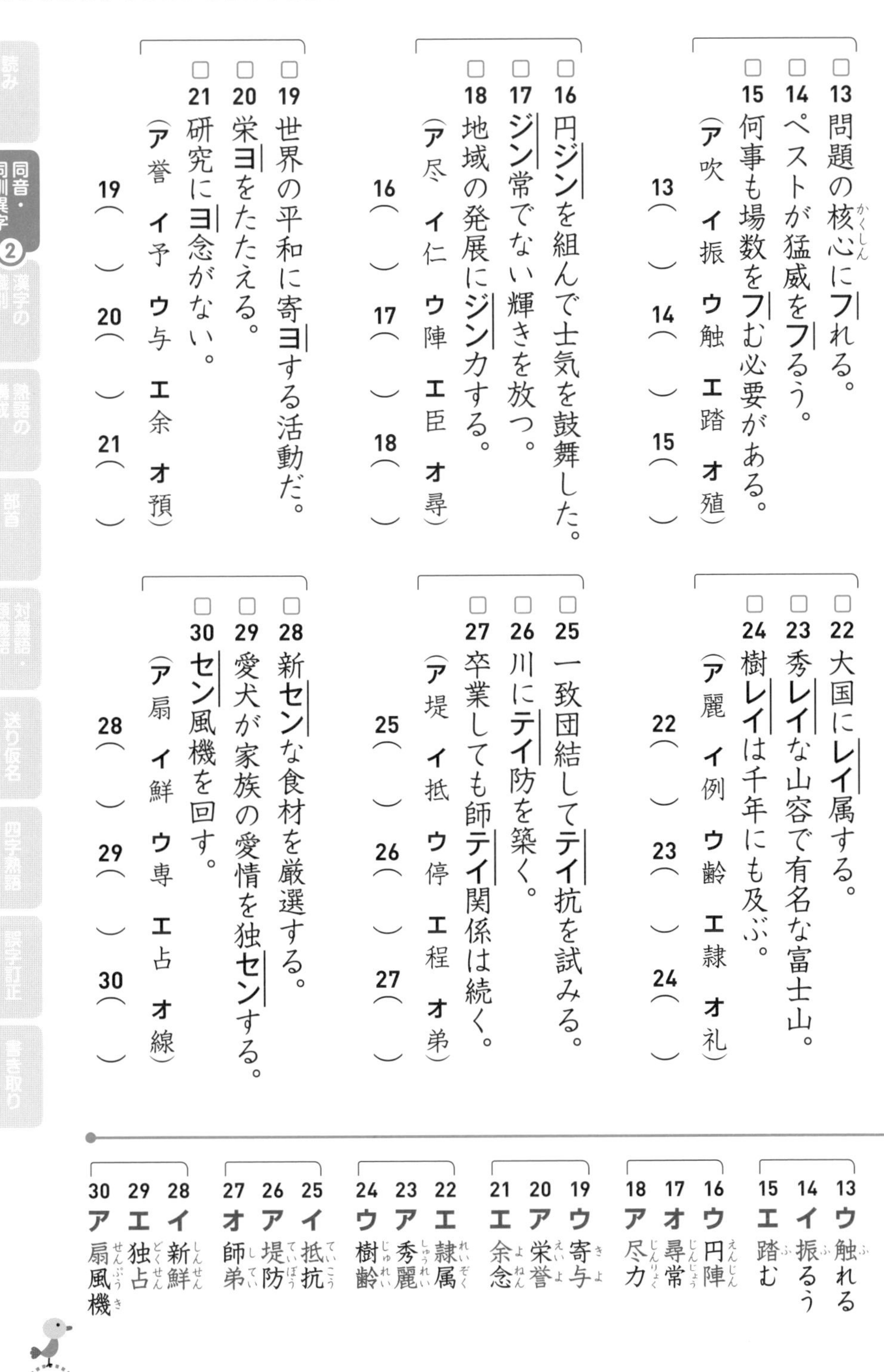

□ 13 問題の核心(かくしん)にフれる。
□ 14 ペストが猛威をフるう。
□ 15 何事も場数をフむ必要がある。

（ア 吹　イ 振　ウ 触　エ 踏　オ 殖）

13（　）14（　）15（　）

□ 16 円ジンを組んで士気を鼓舞した。
□ 17 ジン常でない輝きを放つ。
□ 18 地域の発展にジン力する。

（ア 尽　イ 仁　ウ 陣　エ 臣　オ 尋）

16（　）17（　）18（　）

□ 19 世界の平和に寄ヨする活動だ。
□ 20 栄ヨをたたえる。
□ 21 研究にヨ念がない。

（ア 誉　イ 予　ウ 与　エ 余　オ 預）

19（　）20（　）21（　）

□ 22 大国にレイ属する。
□ 23 秀レイな山容で有名な富士山。
□ 24 樹レイは千年にも及ぶ。

（ア 麗　イ 例　ウ 齢　エ 隷　オ 礼）

22（　）23（　）24（　）

□ 25 一致団結してテイ抗を試みる。
□ 26 川にテイ防を築く。
□ 27 卒業しても師テイ関係は続く。

（ア 堤　イ 抵　ウ 停　エ 程　オ 弟）

25（　）26（　）27（　）

□ 28 新センな食材を厳選する。
□ 29 愛犬が家族の愛情を独センする。
□ 30 セン風機を回す。

（ア 扇　イ 鮮　ウ 専　エ 占　オ 線）

28（　）29（　）30（　）

---

13 ウ 触(ふ)れる
14 イ 振(ふ)るう
15 エ 踏(ふ)む
16 ウ 円陣(えんじん)
17 オ 尋常(じんじょう)
18 ア 尽力(じんりょく)
19 ウ 寄与(きよ)
20 ア 栄誉(えいよ)
21 エ 余念(よねん)
22 エ 隷属(れいぞく)
23 ア 秀麗(しゅうれい)
24 ウ 樹齢(じゅれい)
25 イ 抵抗(ていこう)
26 ア 堤防(ていぼう)
27 オ 師弟(してい)
28 イ 新鮮(しんせん)
29 エ 独占(どくせん)
30 ア 扇風機(せんぷうき)

意味 19［寄与＝国・社会・会社などのために役立つこと］

漢字の識別 ①

15分で
解こう！

13点以上
とれれば
合格！

得点

/18

三つの□に共通する漢字を入れて熟語を作れ。漢字はア～コから一つ選び、記号を記せ。

□ 1 勇□・□威・□進（　）

□ 2 冷□・濃□・□水（　）

□ 3 先□・極□・□正（　）

□ 4 □濁・□点・□名（　）

ア 気　イ 淡　ウ 猛　エ 際　オ 務
カ 態　キ 話　ク 端　ケ 汚　コ 不

□ 5 □護・声□・支□（　）

□ 6 □細・□報・未□（　）

□ 7 □新・変□・□衣室（　）

□ 8 □額・□大・□頭（　）

ア 更　イ 介　ウ 巡　エ 作　オ 心
カ 守　キ 援　ク 絵　ケ 巨　コ 詳

解答

1 ウ 勇猛（ゆうもう）・猛威（もうい）・猛進（もうしん）

2 イ 冷淡（れいたん）・濃淡（のうたん）・淡水（たんすい）

3 ク 先端（せんたん）・極端（きょくたん）・端正（たんせい）

4 ケ 汚濁（おだく）・汚点（おてん）・汚名（おめい）

5 キ 援護（えんご）・声援（せいえん）・支援（しえん）

6 コ 詳細（しょうさい）・詳報（しょうほう）・未詳（みしょう）

7 ア 更新（こうしん）・変更（へんこう）・更衣室（こういしつ）

8 ケ 巨額（きょがく）・巨大（きょだい）・巨頭（きょとう）

意味 1［勇猛＝非常に強く勇ましいこと］ 8［巨頭＝ある団体や方面で代表的な、おもだった人］

9 越□・□界・□内（　　）

10 非□・平□・□才（　　）

11 □星・□例・□久（　　）

12 絶□・□画・岸□（　　）

13 晩□・□約・□儀（　　）

ア 境　イ 恒　ウ 壁　エ 静　オ 対
カ 工　キ 凡　ク 天　ケ 婚　コ 均

14 □難・□暑・逃□（　　）

15 □名・□撃・世□（　　）

16 □続・□承・中□（　　）

17 散□・□遊・□然（　　）

18 後□・□出・年□（　　）

ア 襲　イ 輩　ウ 避　エ 困　オ 亡
カ 持　キ 漫　ク 攻　ケ 継　コ 地

---

9 ア 越境（えっきょう）・境界（きょうかい）・境内（けいだい）

10 キ 非凡（ひぼん）・平凡（へいぼん）・凡才（ぼんさい）

11 イ 恒星（こうせい）・恒例（こうれい）・恒久（こうきゅう）

12 ウ 絶壁（ぜっぺき）・壁画（へきが）・岸壁（がんぺき）

13 ケ 晩婚（ばんこん）・婚約（こんやく）・婚儀（こんぎ）

14 ウ 避難（ひなん）・避暑（ひしょ）・逃避（とうひ）

15 ア 襲名（しゅうめい）・襲撃（しゅうげき）・世襲（せしゅう）

16 ケ 継続（けいぞく）・継承（けいしょう）・中継（ちゅうけい）

17 キ 散漫（さんまん）・漫遊（まんゆう）・漫然（まんぜん）

18 イ 後輩（こうはい）・輩出（はいしゅつ）・年輩（ねんぱい）

意味 13［晩婚＝一般より遅い結婚］ 17［漫遊＝心のままにあちこちの土地を遊び歩くこと］

よく ねらわれる！ B

漢字の識別 ②

15分で解こう！

13点以上とれれば合格！

得点　／18

三つの□に共通する漢字を入れて熟語を作れ。漢字はア～コから一つ選び、記号を記せ。

□ 1 童□・□曲・民□（　）

□ 2 □茶・□葉・深□（　）

□ 3 □目・条□・要□（　）

□ 4 制□・□中・防□（　）

ア 項　イ 紅　ウ 御　エ 事　オ 火
カ 女　キ 謡　ク 白　ケ 激　コ 帯

□ 5 □拠・独□・□領（　）

□ 6 □得・□物・捕□（　）

□ 7 □色・光□・水□画（　）

□ 8 □向・□味・情□（　）

ア 獲　イ 動　ウ 趣　エ 界　オ 輝
カ 会　キ 彩　ク 占　ケ 立　コ 受

解答

1 キ　童謡（どうよう）・謡曲（ようきょく）・民謡（みんよう）
2 イ　紅茶（こうちゃ）・紅葉（こうよう）・深紅（しんく）
3 ア　項目（こうもく）・条項（じょうこう）・要項（ようこう）
4 ウ　制御（せいぎょ）・御中（おんちゅう）・防御（ぼうぎょ）
5 ク　占拠（せんきょ）・独占（どくせん）・占領（せんりょう）
6 ア　獲得（かくとく）・獲物（えもの）・捕獲（ほかく）
7 キ　彩色（さいしき）・光彩（こうさい）・水彩画（すいさいが）
8 ウ　趣向（しゅこう）・趣味（しゅみ）・情趣（じょうしゅ）

注意　2［紅葉は「もみじ」とも読む］　7［彩色は「さいしょく」とも読む］

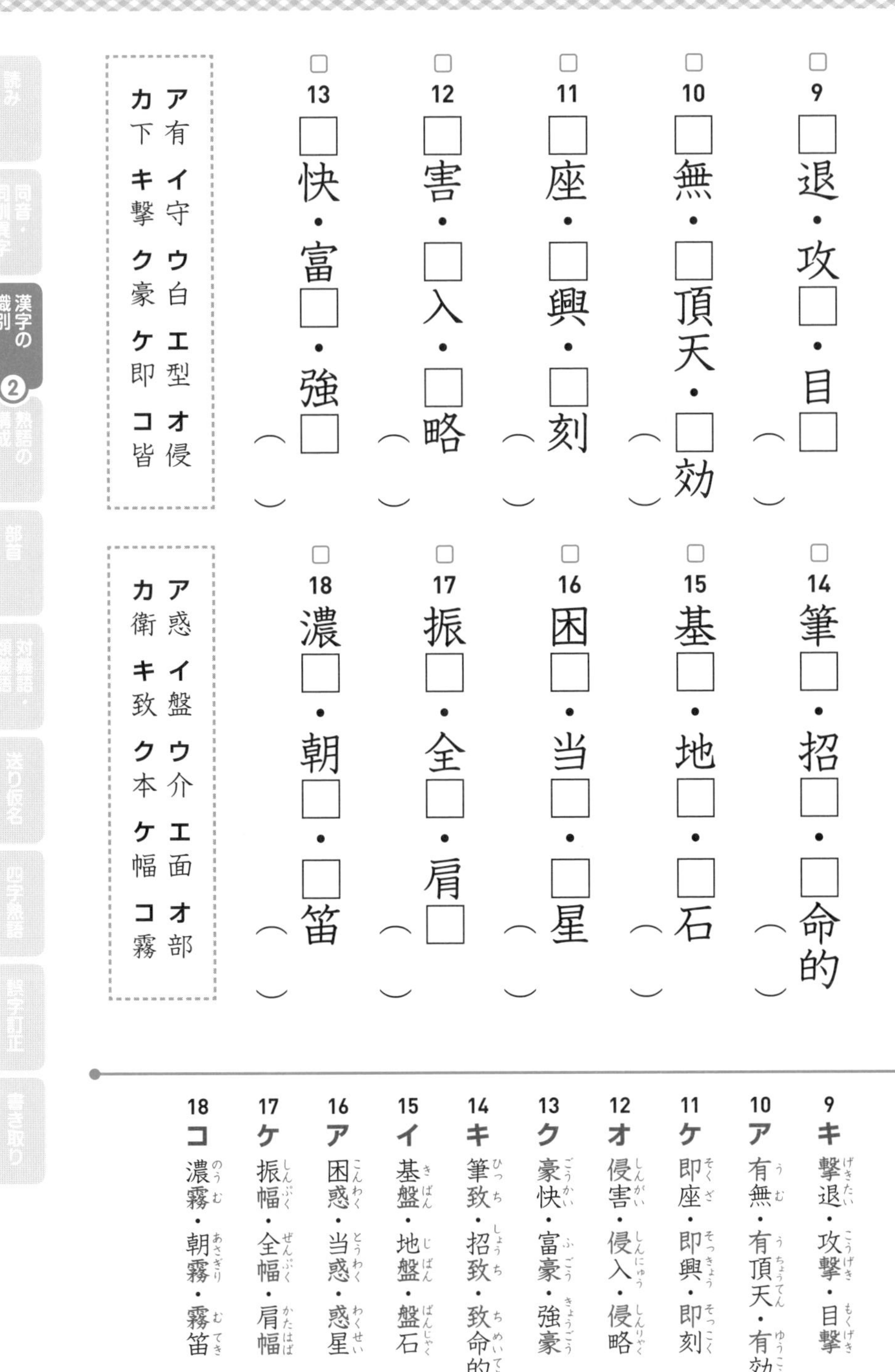

9 □退・攻□・目□（　）

10 □無・□頂天・□効（　）

11 □座・□興・□刻（　）

12 □害・□入・□略（　）

13 □快・富□・強□（　）

ア有　イ守　ウ白　エ型　オ侵
カ下　キ撃　ク豪　ケ即　コ皆

14 筆□・招□・□命的（　）

15 基□・地□・□石（　）

16 困□・当□・□星（　）

17 振□・全□・肩□（　）

18 濃□・朝□・□笛（　）

ア惑　イ盤　ウ介　エ面　オ部
カ衛　キ致　ク本　ケ幅　コ霧

9 キ　撃退（げきたい）・攻撃（こうげき）・目撃（もくげき）
10 ア　有無（うむ）・有頂天（うちょうてん）・有効（ゆうこう）
11 ケ　即座（そくざ）・即興（そっきょう）・即刻（そっこく）
12 オ　侵害（しんがい）・侵入（しんにゅう）・侵略（しんりゃく）
13 ク　豪快（ごうかい）・富豪（ふごう）・強豪（きょうごう）
14 キ　筆致（ひっち）・招致（しょうち）・致命的（ちめいてき）
15 イ　基盤（きばん）・地盤（じばん）・盤石（ばんじゃく）
16 ア　困惑（こんわく）・当惑（とうわく）・惑星（わくせい）
17 ケ　振幅（しんぷく）・全幅（ぜんぷく）・肩幅（かたはば）
18 コ　濃霧（のうむ）・朝霧（あさぎり）・霧笛（むてき）

意味　18［霧笛＝霧の深い時に鳴らす汽笛］

よく ねらわれる！ B

漢字の識別③

15分で解こう！

13点以上とれれば合格！

得点 ／18

三つの□に共通する漢字を入れて熟語を作れ。漢字はア～コから一つ選び、記号を記せ。

□ 1 英□・□姿・□弁（　）

□ 2 象□・□候・□収（　）

□ 3 □堂・御□・□様（　）

□ 4 気□・□夫・背□（　）

ア 殿　イ 徴　ウ 宙　エ 断　オ 度
カ 雄　キ 美　ク 語　ケ 抜　コ 丈

□ 5 歓□・□合・□撃（　）

□ 6 □固・□実・□持（　）

□ 7 決□・□志・奮□（　）

□ 8 繁□・多□・□殺（　）

ア 闘　イ 喜　ウ 忙　エ 用　オ 無
カ 少　キ 迎　ク 堅　ケ 願　コ 盛

解答

1 カ 英雄（えいゆう）・雄姿（ゆうし）・雄弁（ゆうべん）
2 イ 象徴（しょうちょう）・徴候（ちょうこう）・徴収（ちょうしゅう）
3 ア 殿堂（でんどう）・御殿（ごてん）・殿様（とのさま）
4 コ 気丈（きじょう）・丈夫（じょうぶ）・背丈（せたけ）
5 キ 歓迎（かんげい）・迎合（げいごう）・迎撃（げいげき）
6 ク 堅固（けんご）・堅実（けんじつ）・堅持（けんじ）
7 ア 決闘（けっとう）・闘志（とうし）・奮闘（ふんとう）
8 ウ 繁忙（はんぼう）・多忙（たぼう）・忙殺（ぼうさつ）

意味 5［迎合＝自分の考えを曲げて、他に調子を合わせること］

□ 9 別□・□反・距□（　）
□ 10 暗□・□認・□秘（　）
□ 11 中□・使□・前□（　）
□ 12 □妙・□抜・好□心（　）
□ 13 □敗・豆□・防□剤（　）

ア 黙　イ 途　ウ 黒　エ 離　オ 奇
カ 用　キ 極　ク 腐　ケ 失　コ 提

□ 14 □則・処□・厳□（　）
□ 15 市□・□売・□路（　）
□ 16 □着・□痛・浮□（　）
□ 17 □装・店□・老□（　）
□ 18 □力・□遊・□上（　）

ア 罰　イ 販　ウ 雨　エ 永　オ 浮
カ 舗　キ 激　ク 沈　ケ 壊　コ 人

---

9 エ 別離（べつり）・離反（りはん）・距離（きょり）
10 ア 暗黙（あんもく）・黙認（もくにん）・黙秘（もくひ）
11 イ 中途（ちゅうと）・使途（しと）・前途（ぜんと）
12 オ 奇妙（きみょう）・奇抜（きばつ）・好奇心（こうきしん）
13 ク 腐敗（ふはい）・豆腐（とうふ）・防腐剤（ぼうふざい）
14 ア 罰則（ばっそく）・処罰（しょばつ）・厳罰（げんばつ）
15 イ 市販（しはん）・販売（はんばい）・販路（はんろ）
16 ク 沈着（ちんちゃく）・沈痛（ちんつう）・浮沈（ふちん）
17 カ 舗装（ほそう）・店舗（てんぽ）・老舗（しにせ）
18 オ 浮力（ふりょく）・浮遊（ふゆう）・浮上（ふじょう）

意味 11［使途＝使い道］

よく
ねらわれる！ B

熟語の構成①

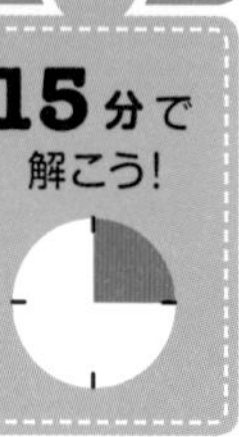

得点
／24

◎ 熟語の構成のしかたには次のようなものがある。

ア 同じような意味の漢字を重ねたもの……（岩石－どちらも「石」の意味）
イ 反対または対応の意味を表す字を重ねたもの……（高低－「高い」↕「低い」と考える）
ウ 上の字が下の字を修飾しているもの……（洋画－「西洋の↓映画」と考える）
エ 下の字が上の字の目的語・補語になっているもの……（着席－「つく↑席に」と考える）
オ 上の字が下の字の意味を打ち消しているもの……（非常－「常ではない」と考える）

次の熟語は右のア～オのどれにあたるか、一つ選び、記号を記せ。

□ 1 妙案（　）
□ 2 不沈（　）
□ 3 利害（　）
□ 4 先輩（　）

解答

1 ウ 妙案（みょうあん）「絶妙な↓案」
2 オ 不沈（ふちん）「沈むことがない」
3 イ 利害（りがい）「利益」↕「損害」
4 ウ 先輩（せんぱい）「先の↓仲間」

意味 1［妙案＝よい思いつき］

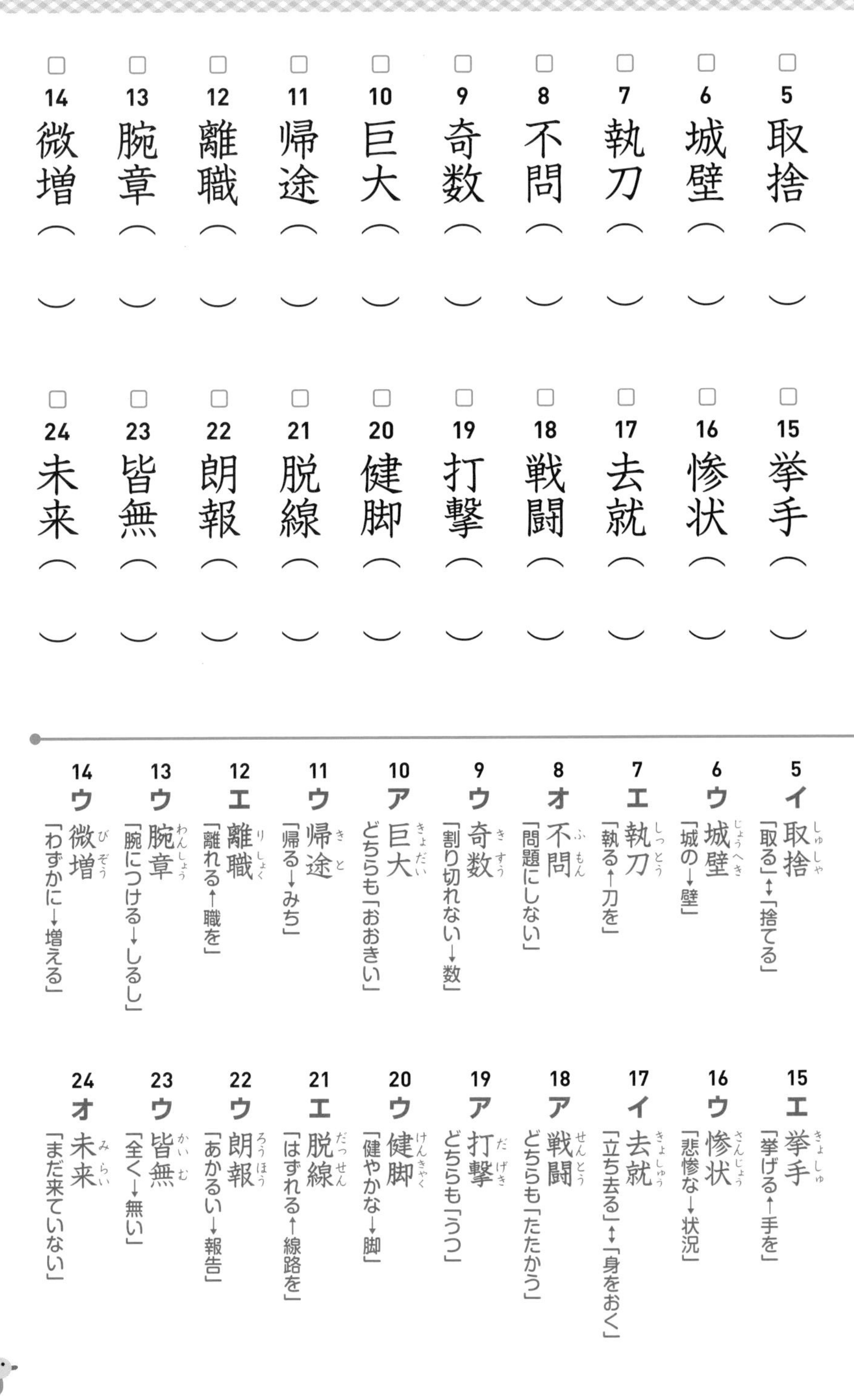

- □ 5 取捨（　　）
- □ 6 城壁（　　）
- □ 7 執刀（　　）
- □ 8 不問（　　）
- □ 9 奇数（　　）
- □ 10 巨大（　　）
- □ 11 帰途（　　）
- □ 12 離職（　　）
- □ 13 腕章（　　）
- □ 14 微増（　　）
- □ 15 挙手（　　）
- □ 16 惨状（　　）
- □ 17 去就（　　）
- □ 18 戦闘（　　）
- □ 19 打撃（　　）
- □ 20 健脚（　　）
- □ 21 脱線（　　）
- □ 22 朗報（　　）
- □ 23 皆無（　　）
- □ 24 未来（　　）

---

5 イ 取捨（しゅしゃ）「取る」↔「捨てる」

6 ウ 城壁（じょうへき）「城の→壁」

7 エ 執刀（しっとう）「執る←刀を」

8 オ 不問（ふもん）「問題にしない」

9 ウ 奇数（きすう）「割り切れない→数」

10 ア 巨大（きょだい）どちらも「おおきい」

11 ウ 帰途（きと）「帰る→みち」

12 エ 離職（りしょく）「離れる←職を」

13 ウ 腕章（わんしょう）「腕につける→しるし」

14 ウ 微増（びぞう）「わずかに→増える」

15 エ 挙手（きょしゅ）「挙げる←手を」

16 ウ 惨状（さんじょう）「悲惨な→状況」

17 イ 去就（きょしゅう）「立ち去る」↔「身をおく」

18 ア 戦闘（せんとう）どちらも「たたかう」

19 ア 打撃（だげき）どちらも「うつ」

20 ウ 健脚（けんきゃく）「健やかな→脚」

21 エ 脱線（だっせん）「はずれる←線路を」

22 ウ 朗報（ろうほう）「あかるい→報告」

23 ウ 皆無（かいむ）「全く→無い」

24 オ 未来（みらい）「まだ来ていない」

意味 17［去就＝去ることと、とどまること。進退］

よく ねらわれる! B

熟語の構成 ②

15分で解こう!

17点以上とれれば合格!

得点 ／24

◎熟語の構成のしかたには次のようなものがある。

ア 同じような意味の漢字を重ねたもの……（岩石－どちらも「石」の意味）
イ 反対または対応の意味を表す字を重ねたもの……（高低－「高い」↕「低い」と考える）
ウ 上の字が下の字を修飾しているもの……（洋画－「西洋の↓映画」と考える）
エ 下の字が上の字の目的語・補語になっているもの……（着席－「つく↑席に」と考える）
オ 上の字が下の字の意味を打ち消しているもの……（非常－「常ではない」と考える）

次の熟語は右のア～オのどれにあたるか、一つ選び、記号を記せ。

□1 歓声（　）
□2 侵犯（　）
□3 汚点（　）
□4 油脂（　）

解答

1 ウ 歓声（かんせい）「よろこぶ→声」
2 ア 侵犯（しんぱん）どちらも「おかす」
3 ウ 汚点（おてん）「汚れた→点」
4 ア 油脂（ゆし）どちらも「あぶら」

意味 2［侵犯＝他国の領土や権利などを不法に侵すこと］

□ 5 浸水（　　）
□ 6 猛獣（　　）
□ 7 鮮明（　　）
□ 8 熟慮（　　）
□ 9 添加（　　）
□ 10 環状（　　）
□ 11 破壊（　　）
□ 12 渡世（　　）
□ 13 病床（　　）
□ 14 空欄（　　）

□ 15 筆跡（　　）
□ 16 納税（　　）
□ 17 奇縁（　　）
□ 18 脱色（　　）
□ 19 防災（　　）
□ 20 就職（　　）
□ 21 荒野（　　）
□ 22 耐熱（　　）
□ 23 薄氷（　　）
□ 24 干満（　　）

---

5 エ 浸水（しんすい）「浸る←水に」

6 ウ 猛獣（もうじゅう）「あらあらしい→獣」

7 ア 鮮明（せんめい）どちらも「あきらか」

8 ウ 熟慮（じゅくりょ）「十分に→考える」

9 ア 添加（てんか）どちらも「くわえる」

10 ウ 環状（かんじょう）「環（わ）の→形状」

11 ア 破壊（はかい）どちらも「こわす」

12 エ 渡世（とせい）「渡る←世の中を」

13 ウ 病床（びょうしょう）「病人の→寝床」

14 ウ 空欄（くうらん）「空いている→欄」

15 ウ 筆跡（ひっせき）「筆の→跡」

16 エ 納税（のうぜい）「納める←税を」

17 ウ 奇縁（きえん）「奇妙な→縁」

18 エ 脱色（だっしょく）「ぬく←色を」

19 エ 防災（ぼうさい）「防ぐ←災いを」

20 エ 就職（しゅうしょく）「就く←職に」

21 ウ 荒野（こうや）「荒れた→野原」

22 エ 耐熱（たいねつ）「耐える←熱に」

23 ウ 薄氷（はくひょう）「薄い→氷」

24 イ 干満（かんまん）「干上がる」↔「満ちる」

意味 8［熟慮＝時間をかけて十分に思いめぐらすこと］

よく ねらわれる！ B

熟語の構成③

得点 ／24

◎熟語の構成のしかたには次のようなものがある。

ア 同じような意味の漢字を重ねたもの……（岩石－どちらも「石」の意味）
イ 反対または対応の意味を表す字を重ねたもの……（高低－「高い」↕「低い」と考える）
ウ 上の字が下の字を修飾しているもの……（洋画－「西洋の↓映画」と考える）
エ 下の字が上の字の目的語・補語になっているもの……（着席－「つく↑席に」と考える）
オ 上の字が下の字の意味を打ち消しているもの……（非常－「常ではない」と考える）

✤次の熟語は右のア～オのどれにあたるか、一つ選び、記号を記せ。

□1 補欠（　　）
□2 倒立（　　）
□3 朗読（　　）
□4 調髪（　　）

✤解答

1 エ 補欠（ほけつ）「補う↑欠員を」
2 ウ 倒立（とうりつ）「さかさまに↓立つ」
3 ウ 朗読（ろうどく）「声に出して↓読む」
4 エ 調髪（ちょうはつ）「調える↑髪を」

意味 2［倒立＝手で体を支えて足を上げ、逆さに立つこと］

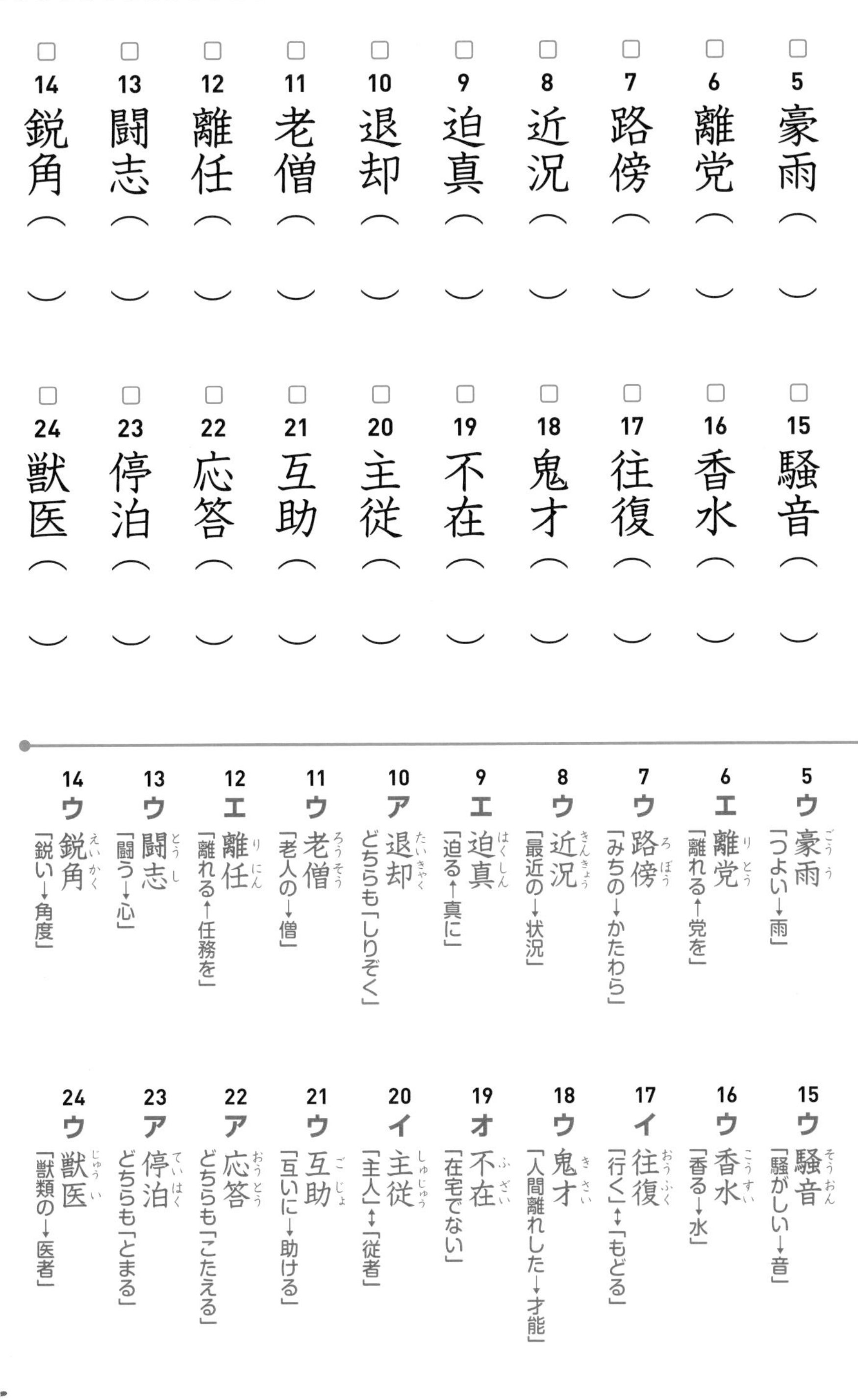

□ 5 豪雨（　　）
□ 6 離党（　　）
□ 7 路傍（　　）
□ 8 近況（　　）
□ 9 迫真（　　）
□ 10 退却（　　）
□ 11 老僧（　　）
□ 12 離任（　　）
□ 13 闘志（　　）
□ 14 鋭角（　　）

□ 15 騒音（　　）
□ 16 香水（　　）
□ 17 往復（　　）
□ 18 鬼才（　　）
□ 19 不在（　　）
□ 20 主従（　　）
□ 21 互助（　　）
□ 22 応答（　　）
□ 23 停泊（　　）
□ 24 獣医（　　）

---

5 **ウ** 豪雨（ごうう）「つよい↓雨」
6 **エ** 離党（りとう）「離れる↑党を」
7 **ウ** 路傍（ろぼう）「みちの↓かたわら」
8 **ウ** 近況（きんきょう）「最近の↓状況」
9 **エ** 迫真（はくしん）「迫る↑真に」
10 **ア** 退却（たいきゃく）どちらも「しりぞく」
11 **ウ** 老僧（ろうそう）「老人の↓僧」
12 **エ** 離任（りにん）「離れる↑任務を」
13 **ウ** 闘志（とうし）「闘う↓心」
14 **ウ** 鋭角（えいかく）「鋭い↓角度」

15 **ウ** 騒音（そうおん）「騒がしい↓音」
16 **ウ** 香水（こうすい）「香る↓水」
17 **イ** 往復（おうふく）「行く」↔「もどる」
18 **ウ** 鬼才（きさい）「人間離れした↓才能」
19 **オ** 不在（ふざい）「在宅でない」
20 **イ** 主従（しゅじゅう）「主人」↔「従者」
21 **ウ** 互助（ごじょ）「互いに↓助ける」
22 **ア** 応答（おうとう）どちらも「こたえる」
23 **ア** 停泊（ていはく）どちらも「とまる」
24 **ウ** 獣医（じゅうい）「獣類の↓医者」

意味 7［路傍＝道のほとり。道端］

よく ねらわれる！ B

熟語の構成 ④

15分で解こう！

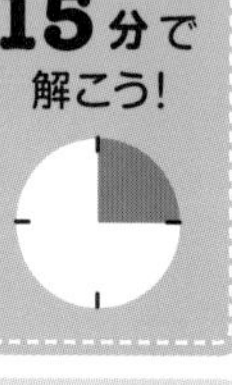
17点以上とれれば合格！

得点
／24

◎ 熟語の構成のしかたには次のようなものがある。

ア 同じような意味の漢字を重ねたもの……（岩石－どちらも「石」の意味）
イ 反対または対応の意味を表す字を重ねたもの……（高低－「高い」↕「低い」と考える）
ウ 上の字が下の字を修飾しているもの……（洋画－「西洋の↓映画」と考える）
エ 下の字が上の字の目的語・補語になっているもの……（着席－「つく↑席に」と考える）
オ 上の字が下の字の意味を打ち消しているもの……（非常－「常ではない」と考える）

✿ 次の熟語は右のア～オのどれにあたるか、一つ選び、記号を記せ。

□ 1 鉄塔（　）
□ 2 到着（　）
□ 3 加療（　）
□ 4 円陣（　）

✿ 解答

1 ウ 鉄塔（てっとう）「鉄の→塔」
2 ア 到着（とうちゃく）どちらも「いきつく」
3 エ 加療（かりょう）「加える←治療を」
4 ウ 円陣（えんじん）「円形の→陣」

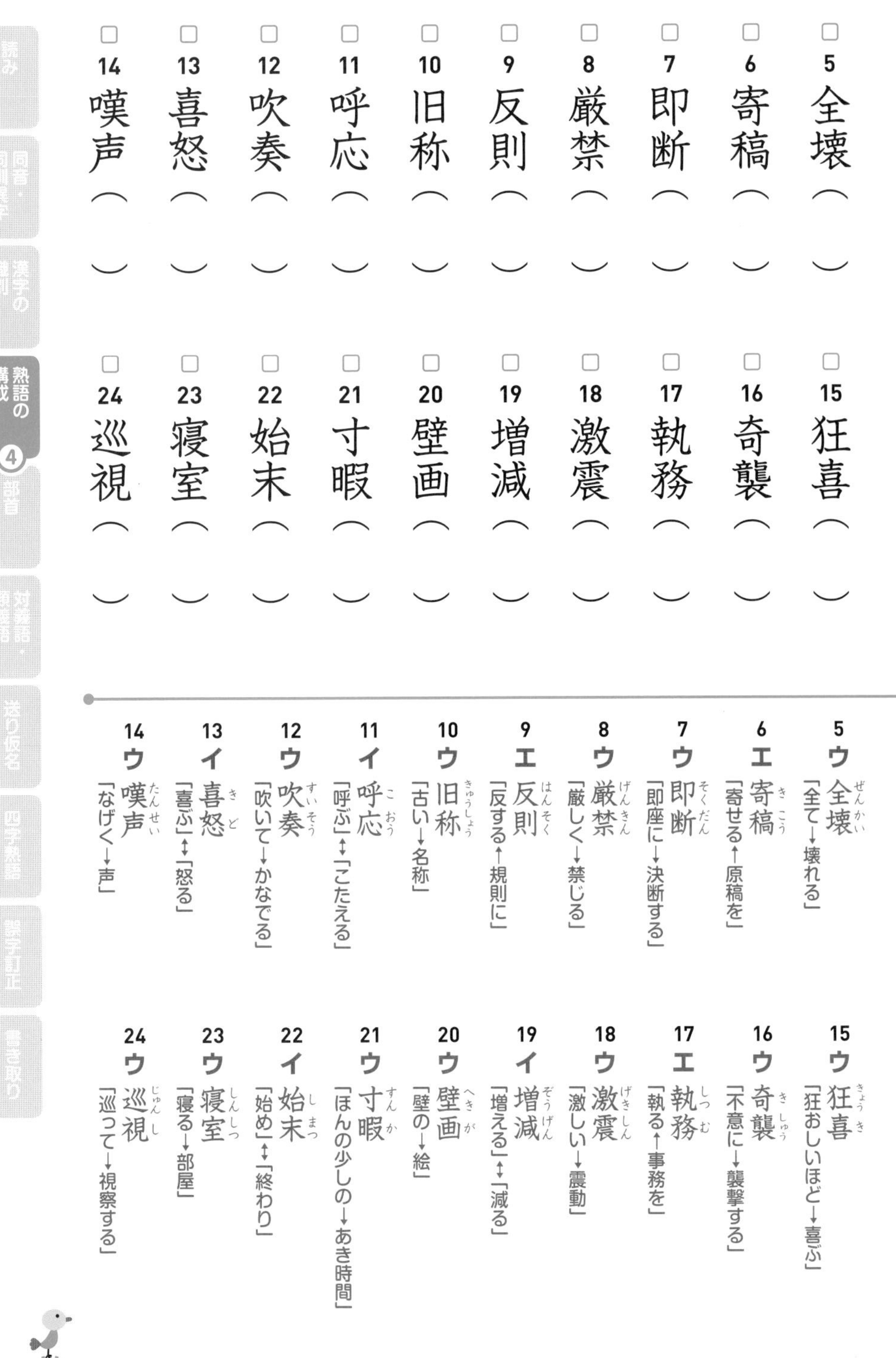

□ 5 全壊（　　）
□ 6 寄稿（　　）
□ 7 即断（　　）
□ 8 厳禁（　　）
□ 9 反則（　　）
□ 10 旧称（　　）
□ 11 呼応（　　）
□ 12 吹奏（　　）
□ 13 喜怒（　　）
□ 14 嘆声（　　）

□ 15 狂喜（　　）
□ 16 奇襲（　　）
□ 17 執務（　　）
□ 18 激震（　　）
□ 19 増減（　　）
□ 20 壁画（　　）
□ 21 寸暇（　　）
□ 22 始末（　　）
□ 23 寝室（　　）
□ 24 巡視（　　）

---

5 ウ 全壊（ぜんかい）「全て→壊れる」

6 エ 寄稿（きこう）「寄せる←原稿を」

7 ウ 即断（そくだん）「即座に→決断する」

8 ウ 厳禁（げんきん）「厳しく→禁じる」

9 エ 反則（はんそく）「反する←規則に」

10 ウ 旧称（きゅうしょう）「古い→名称」

11 イ 呼応（こおう）「呼ぶ」↔「こたえる」

12 ウ 吹奏（すいそう）「吹いて→かなでる」

13 イ 喜怒（きど）「喜ぶ」↔「怒る」

14 ウ 嘆声（たんせい）「なげく→声」

15 ウ 狂喜（きょうき）「狂おしいほど→喜ぶ」

16 ウ 奇襲（きしゅう）「不意に→襲撃する」

17 エ 執務（しつむ）「執る←事務を」

18 ウ 激震（げきしん）「激しい→震動」

19 イ 増減（ぞうげん）「増える」↔「減る」

20 ウ 壁画（へきが）「壁の→絵」

21 ウ 寸暇（すんか）「ほんの少しの→あき時間」

22 イ 始末（しまつ）「始め」↔「終わり」

23 ウ 寝室（しんしつ）「寝る→部屋」

24 ウ 巡視（じゅんし）「巡って→視察する」

意味 16［奇襲＝相手の予想しないやり方で襲撃すること］

よく ねらわれる! B

熟語の構成 ⑤

15分で解こう!

17点以上とれれば合格!

得点 /24

◎ 熟語の構成のしかたには次のようなものがある。

ア 同じような意味の漢字を重ねたもの……(岩石 - どちらも「石」の意味)
イ 反対または対応の意味を表す字を重ねたもの……(高低 - 「高い」↕「低い」と考える)
ウ 上の字が下の字を修飾しているもの……(洋画 - 「西洋の↓映画」と考える)
エ 下の字が上の字の目的語・補語になっているもの……(着席 - 「つく↑席に」と考える)
オ 上の字が下の字の意味を打ち消しているもの……(非常 - 「常ではない」と考える)

✤ 次の熟語は右のア～オのどれにあたるか、一つ選び、記号を記せ。

□ 1 布陣( )
□ 2 希薄( )
□ 3 就任( )
□ 4 徴税( )

✤ 解答

1 エ 布陣(ふじん)「しく↑陣を」
2 ア 希薄(きはく) どちらも「うすい」
3 エ 就任(しゅうにん)「就く↑任務に」
4 エ 徴税(ちょうぜい)「徴収する↑税を」

意味 1 [布陣=戦いの陣をしくこと]

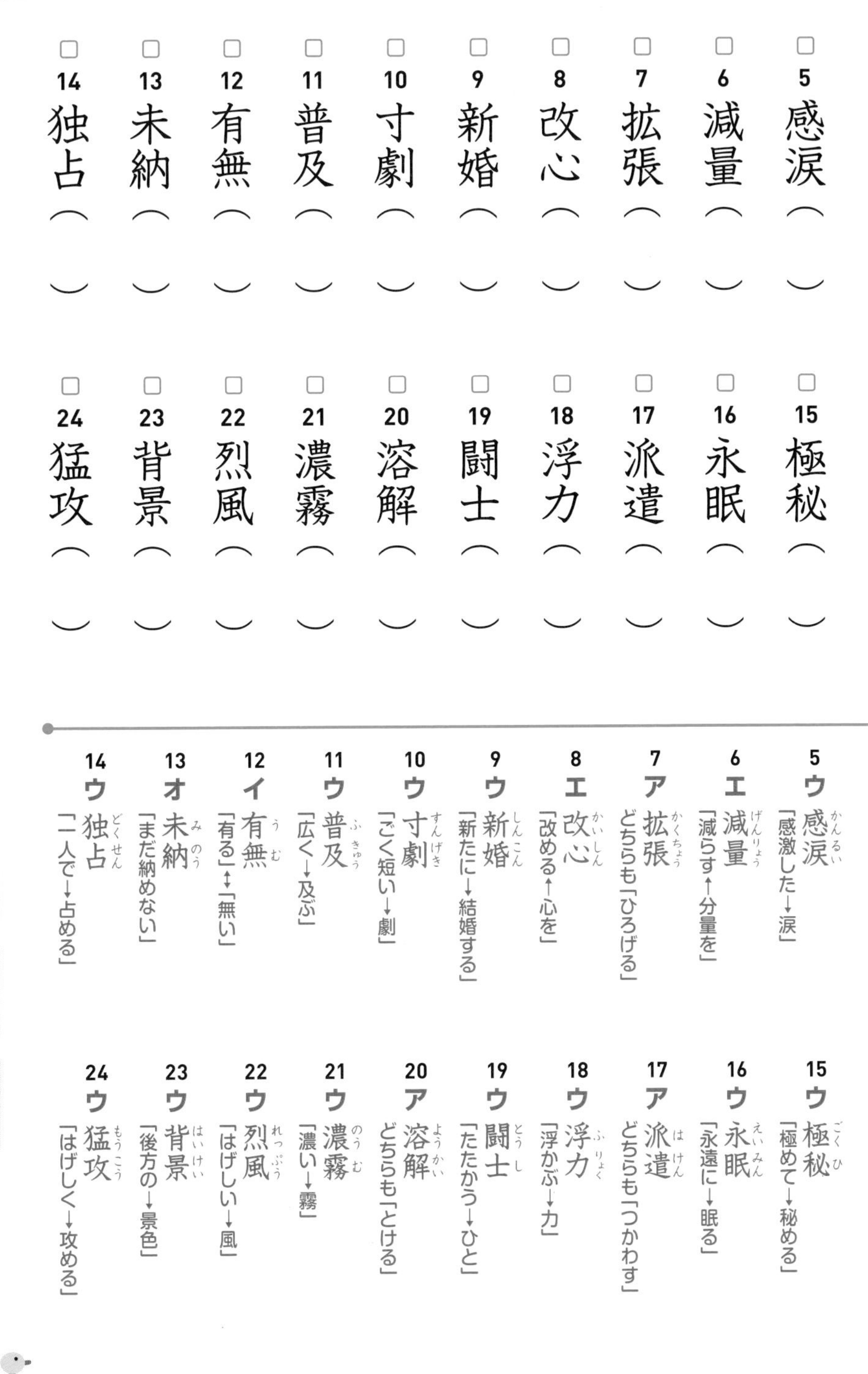

□ 5 感涙（　　）
□ 6 減量（　　）
□ 7 拡張（　　）
□ 8 改心（　　）
□ 9 新婚（　　）
□ 10 寸劇（　　）
□ 11 普及（　　）
□ 12 有無（　　）
□ 13 未納（　　）
□ 14 独占（　　）

□ 15 極秘（　　）
□ 16 永眠（　　）
□ 17 派遣（　　）
□ 18 浮力（　　）
□ 19 闘士（　　）
□ 20 溶解（　　）
□ 21 濃霧（　　）
□ 22 烈風（　　）
□ 23 背景（　　）
□ 24 猛攻（　　）

---

5 **ウ** 感涙（かんるい）「感激した↓涙」

6 **エ** 減量（げんりょう）「減らす↑分量を」

7 **ア** 拡張（かくちょう）どちらも「ひろげる」

8 **エ** 改心（かいしん）「改める↑心を」

9 **ウ** 新婚（しんこん）「新たに↓結婚する」

10 **ウ** 寸劇（すんげき）「ごく短い↓劇」

11 **ウ** 普及（ふきゅう）「広く↓及ぶ」

12 **イ** 有無（うむ）「有る」↔「無い」

13 **オ** 未納（みのう）「まだ納めない」

14 **ウ** 独占（どくせん）「一人で↓占める」

15 **ウ** 極秘（ごくひ）「極めて↓秘める」

16 **ウ** 永眠（えいみん）「永遠に↓眠る」

17 **ア** 派遣（はけん）どちらも「つかわす」

18 **ウ** 浮力（ふりょく）「浮かぶ↓力」

19 **ウ** 闘士（とうし）「たたかう↓ひと」

20 **ア** 溶解（ようかい）どちらも「とける」

21 **ウ** 濃霧（のうむ）「濃い↓霧」

22 **ウ** 烈風（れっぷう）「はげしい↓風」

23 **ウ** 背景（はいけい）「後方の↓景色」

24 **ウ** 猛攻（もうこう）「はげしく↓攻める」

意味 22［烈風＝強く激しい風］

よく
ねらわれる！ B

部首 ①

10分で
解こう！

17点以上
とれれば
合格！

得点
／24

次の漢字の部首をア～エから一つ選び、記号で記せ。

□ 1 刺 （ア 一　イ 冖　ウ 木　エ 刂）（　　）
□ 2 敬 （ア 攵　イ 艹　ウ 勹　エ 口）（　　）
□ 3 憲 （ア 宀　イ 土　ウ 罒　エ 心）（　　）
□ 4 搬 （ア 扌　イ 舟　ウ 几　エ 殳）（　　）
□ 5 攻 （ア 一　イ 工　ウ 攵　エ 又）（　　）
□ 6 普 （ア 二　イ 立　ウ 一　エ 日）（　　）
□ 7 添 （ア 氵　イ ノ　ウ 大　エ 小）（　　）
□ 8 我 （ア ノ　イ 弋　ウ 丶　エ 戈）（　　）
□ 9 煙 （ア 火　イ 一　ウ 覀　エ 土）（　　）
□ 10 厚 （ア 日　イ 子　ウ 厂　エ 一）（　　）

解答

1 エ 刂 りっとう
2 ア 攵 のぶん ぼくづくり
3 エ 心 こころ
4 ア 扌 てへん
5 ウ 攵 のぶん ぼくづくり
6 エ 日 ひ
7 ア 氵 さんずい
8 エ 戈 ほこづくり ほこがまえ
9 ア 火 ひへん
10 ウ 厂 がんだれ

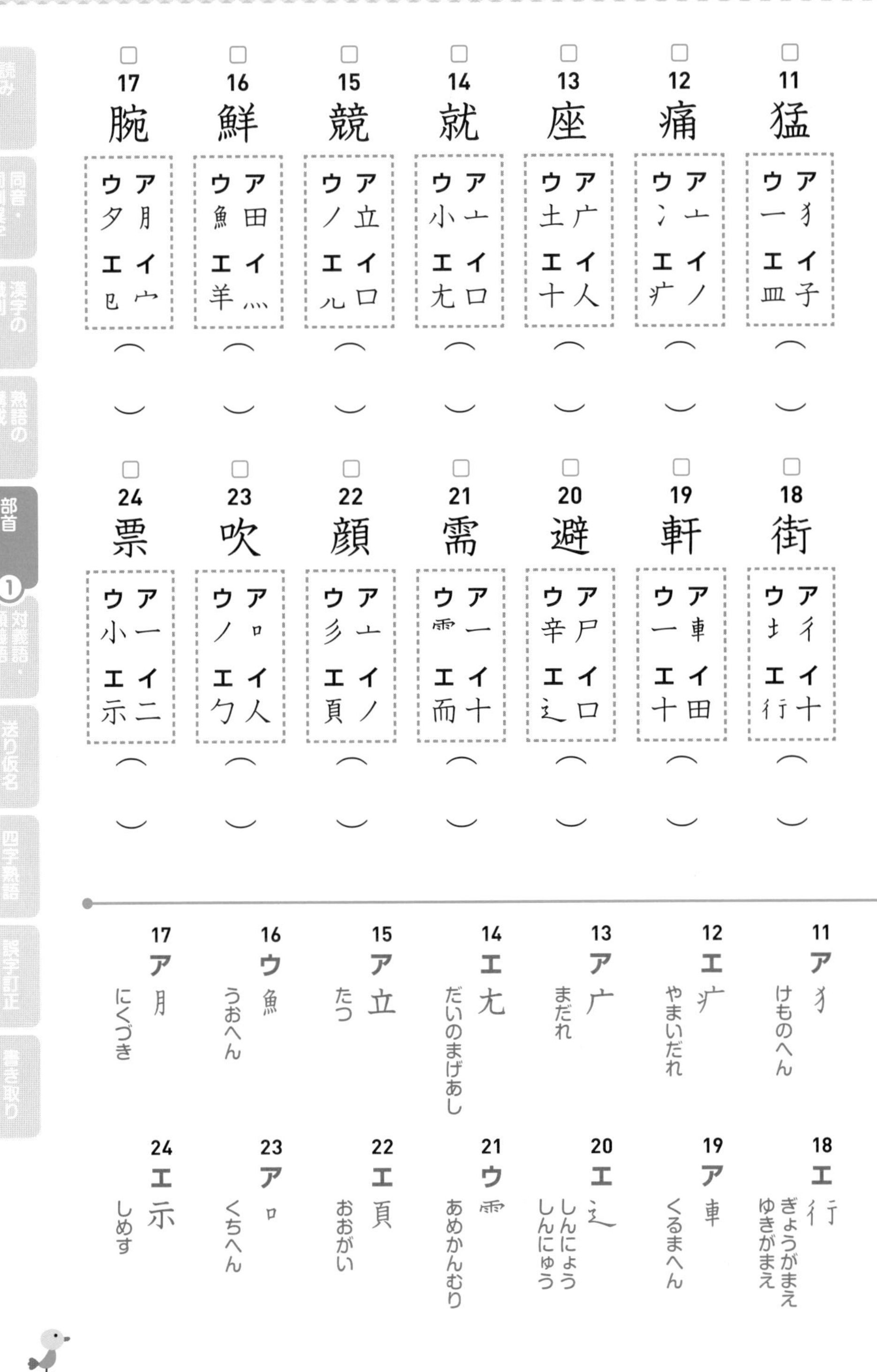

□ 11 猛　ア 犭　イ 子　ウ 一　エ 皿　（　）

□ 12 痛　ア 亠　イ ノ　ウ 冫　エ 疒　（　）

□ 13 座　ア 广　イ 人　ウ 土　エ 十　（　）

□ 14 就　ア 亠　イ 口　ウ 小　エ 尢　（　）

□ 15 競　ア 立　イ 口　ウ ノ　エ 儿　（　）

□ 16 鮮　ア 田　イ 灬　ウ 魚　エ 羊　（　）

□ 17 腕　ア 月　イ 宀　ウ 夕　エ 㔾　（　）

□ 18 街　ア 彳　イ 十　ウ 土　エ 行　（　）

□ 19 軒　ア 車　イ 田　ウ 一　エ 十　（　）

□ 20 避　ア 尸　イ 口　ウ 辛　エ 辶　（　）

□ 21 需　ア 一　イ 十　ウ 雨　エ 而　（　）

□ 22 顔　ア 亠　イ ノ　ウ 彡　エ 頁　（　）

□ 23 吹　ア 口　イ 人　ウ ノ　エ 勹　（　）

□ 24 票　ア 一　イ 二　ウ 小　エ 示　（　）

---

11 **ア** 犭 けものへん

12 **エ** 疒 やまいだれ

13 **ア** 广 まだれ

14 **エ** 尢 だいのまげあし

15 **ア** 立 たつ

16 **ウ** 魚 うおへん

17 **ア** 月 にくづき

18 **エ** 行 ぎょうがまえ ゆきがまえ

19 **ア** 車 くるまへん

20 **エ** 辶 しんにょう しんにゅう

21 **ウ** 雨 あめかんむり

22 **エ** 頁 おおがい

23 **ア** 口 くちへん

24 **エ** 示 しめす

注意 14［出題範囲では就のみ］

よく ねらわれる！ B

部首②

10分で解こう！

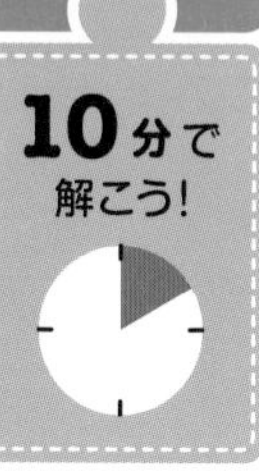

17点以上とれれば合格！

得点 /24

次の漢字の部首をア～エから一つ選び、記号で記せ。

1 疑　ア 匕　イ 矢　ウ ム　エ 疋　（　）

2 参　ア ム　イ 一　ウ 大　エ 彡　（　）

3 受　ア ノ　イ ⺤　ウ 冖　エ 又　（　）

4 報　ア 土　イ 十　ウ 卩　エ 又　（　）

5 善　ア 羊　イ 二　ウ 丨　エ 口　（　）

6 踏　ア 口　イ ⻊　ウ 水　エ 日　（　）

7 産　ア 亠　イ 立　ウ 厂　エ 生　（　）

8 辞　ア 辛　イ 立　ウ 十　エ 舌　（　）

9 乗　ア ノ　イ 二　ウ 十　エ 木　（　）

10 獣　ア ⺍　イ 田　ウ 口　エ 犬　（　）

解答

1 エ 疋 ひき

2 ア ム む

3 エ 又 また

4 ア 土 つち

5 エ 口 くち

6 イ ⻊ あしへん

7 エ 生 うまれる

8 ア 辛 からい

9 ア ノ のはらいぼう

10 エ 犬 いぬ

注意 8［出題範囲では辞のみ］　他例 3［及・収・反］

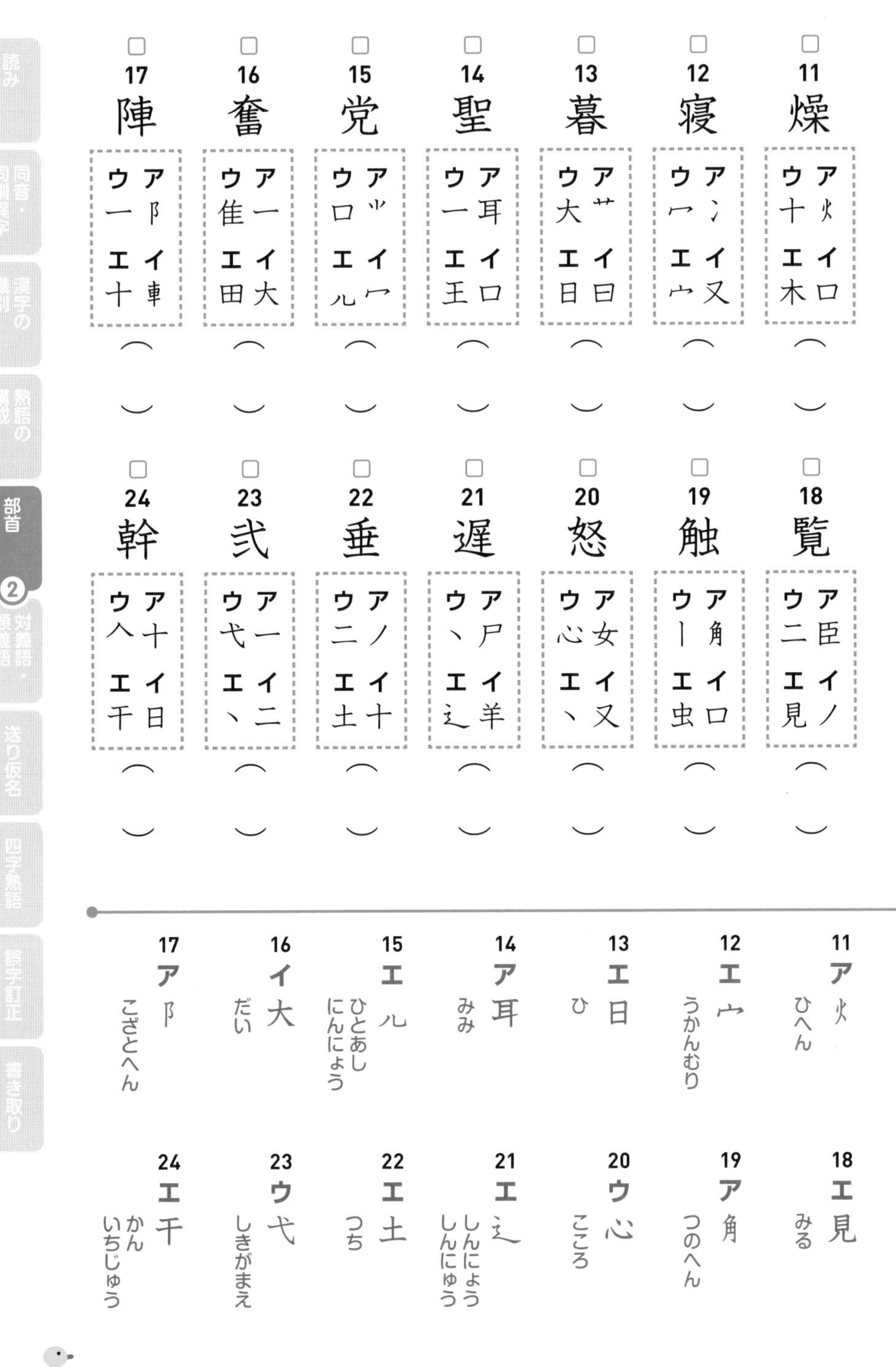

□ 11 燥　ア 火　イ 口　ウ 十　エ 木　（　　）

□ 12 寝　ア 冫　イ 又　ウ 冖　エ 宀　（　　）

□ 13 暮　ア 艹　イ 曰　ウ 大　エ 日　（　　）

□ 14 聖　ア 耳　イ 口　ウ 一　エ 王　（　　）

□ 15 党　ア ⺍　イ 冖　ウ 口　エ 儿　（　　）

□ 16 奮　ア 一　イ 大　ウ 隹　エ 田　（　　）

□ 17 陣　ア 阝　イ 車　ウ 一　エ 十　（　　）

□ 18 覧　ア 臣　イ ノ　ウ 二　エ 見　（　　）

□ 19 触　ア 角　イ 口　ウ 丨　エ 虫　（　　）

□ 20 怒　ア 女　イ 又　ウ 心　エ 、　（　　）

□ 21 遅　ア 尸　イ 羊　ウ 、　エ 辶　（　　）

□ 22 垂　ア ノ　イ 十　ウ 二　エ 土　（　　）

□ 23 弐　ア 一　イ 二　ウ 弋　エ 、　（　　）

□ 24 幹　ア 十　イ 日　ウ 八　エ 干　（　　）

---

11 **ア** 火 ひへん

12 **エ** 宀 うかんむり

13 **エ** 日 ひ

14 **ア** 耳 みみ

15 **エ** 儿 ひとあし にんにょう

16 **イ** 大 だい

17 **ア** 阝 こざとへん

18 **エ** 見 みる

19 **ア** 角 つのへん

20 **ウ** 心 こころ

21 **エ** 辶 しんにょう しんにゅう

22 **エ** 土 つち

23 **ウ** 弋 しきがまえ

24 **エ** 干 かん いちじゅう

他例 15［兆・児・光］　24［干・平・幸］

よく ねらわれる！ B

対義語・類義語 ①

15分で解こう！

19点以上とれれば合格！

得点 ／26

後の［　］内のひらがなを漢字に直して、対義語・類義語を作れ。［　］内のひらがなは一度だけ使い、漢字一字を記入せよ。

対義語

□ 1 需要―（　）給
□ 2 加熱―（　）却
□ 3 故意―（　）失
□ 4 凶暴―柔（　）
□ 5 遠方―（　）隣

類義語

□ 6 冒頭―最（　）
□ 7 大樹―（　）木
□ 8 周到―入（　）
□ 9 対照―（　）較
□ 10 憶測―（　）量

［か　きょ　きょう　きん　しょ　すい　ねん　ひ　れい　わ］

解答

1 需要（じゅよう）―供給（きょうきゅう）
2 加熱（かねつ）―冷却（れいきゃく）
3 故意（こい）―過失（かしつ）
4 凶暴（きょうぼう）―柔和（にゅうわ）
5 遠方（えんぽう）―近隣（きんりん）
6 冒頭（ぼうとう）―最初（さいしょ）
7 大樹（たいじゅ）―巨木（きょぼく）
8 周到（しゅうとう）―入念（にゅうねん）
9 対照（たいしょう）―比較（ひかく）
10 憶測（おくそく）―推量（すいりょう）

意味 4［凶暴＝ふるまいが悪くて荒々しいこと］

対義語

11 幼年―(　)齢
12 建設―(　)壊
13 客席―舞(　)
14 厳寒―猛(　)
15 継続―中(　)
16 薄弱―(　)固
17 病弱―丈(　)
18 是認―(　)認

類義語

19 地道―堅(　)
20 留守―不(　)
21 出席―(　)列
22 支援―(　)力
23 使命―(　)務
24 普通―尋(　)
25 抜群―屈(　)
26 形見―(　)品

い　きょう　ざい　さん　し　じつ　しょ　じょ　じょう　たい　だん　にん　は　ひ　ぶ　ろう

---

11 幼年（ようねん）―老齢（ろうれい）
12 建設（けんせつ）―破壊（はかい）
13 客席（きゃくせき）―舞台（ぶたい）
14 厳寒（げんかん）―猛暑（もうしょ）
15 継続（けいぞく）―中断（ちゅうだん）
16 薄弱（はくじゃく）―強固（きょうこ）
17 病弱（びょうじゃく）―丈夫（じょうぶ）
18 是認（ぜにん）―否認（ひにん）

19 地道（じみち）―堅実（けんじつ）
20 留守（るす）―不在（ふざい）
21 出席（しゅっせき）―参列（さんれつ）
22 支援（しえん）―助力（じょりょく）
23 使命（しめい）―任務（にんむ）
24 普通（ふつう）―尋常（じんじょう）
25 抜群（ばつぐん）―屈指（くっし）
26 形見（かたみ）―遺品（いひん）

他例 16［柔弱―強固］

よく ねらわれる！ B

対義語・類義語 ②

15分で解こう！

19点以上とれれば合格！

得点 /26

後の［　］内のひらがなを漢字に直して、対義語・類義語を作れ。［　］内のひらがなは一度だけ使い、漢字一字を記入せよ。

対義語

□ 1 攻撃―守（　）
□ 2 熱烈―（　）静
□ 3 悪化―（　）転
□ 4 支配―従（　）
□ 5 誕生―（　）眠

類義語

□ 6 理由―（　）拠
□ 7 早速―即（　）
□ 8 最高―（　）上
□ 9 対等―（　）角
□ 10 脈絡―（　）道

えい　ご　こう　こく　こん　し　すじ　ぞく　び　れい

解答

1 攻撃（こうげき）―守備（しゅび）
2 熱烈（ねつれつ）―冷静（れいせい）
3 悪化（あっか）―好転（こうてん）
4 支配（しはい）―従属（じゅうぞく）
5 誕生（たんじょう）―永眠（えいみん）
6 理由（りゆう）―根拠（こんきょ）
7 早速（さっそく）―即刻（そっこく）
8 最高（さいこう）―至上（しじょう）
9 対等（たいとう）―互角（ごかく）
10 脈絡（みゃくらく）―筋道（すじみち）

意味 8［至上＝この上もないこと］

対義語

11 減退―（　）進

12 薄弱―強（　）

13 回避―（　）面

14 大要―詳（　）

15 集中―分（　）

16 及第―（　）第

17 就寝―起（　）

18 応答―（　）疑

類義語

19 無視―（　）殺

20 結束―（　）結

21 容認―（　）可

22 使命―責（　）

23 失業―失（　）

24 利害―（　）得

25 完治―全（　）

26 困惑―（　）口

かい　きょ　こ　さい　さん　しつ　しょう　しょく　ぞう　そん　だん　ちょく　へい　む　もく　らく

---

11 減退（げんたい）―増進（ぞうしん）

12 薄弱（はくじゃく）―強固（きょうこ）

13 回避（かいひ）―直面（ちょくめん）

14 大要（たいよう）―詳細（しょうさい）

15 集中（しゅうちゅう）―分散（ぶんさん）

16 及第（きゅうだい）―落第（らくだい）

17 就寝（しゅうしん）―起床（きしょう）

18 応答（おうとう）―質疑（しつぎ）

19 無視（むし）―黙殺（もくさつ）

20 結束（けっそく）―団結（だんけつ）

21 容認（ようにん）―許可（きょか）

22 使命（しめい）―責務（せきむ）

23 失業（しつぎょう）―失職（しっしょく）

24 利害（りがい）―損得（そんとく）

25 完治（かんち）―全快（ぜんかい）

26 困惑（こんわく）―閉口（へいこう）

他例 18［質疑は「疑」が問われることもある］

よく ねらわれる！ B

対義語・類義語 ③

15分で解こう！

19点以上とれれば合格！

得点 /26

後の［　］内のひらがなを漢字に直して、対義語・類義語を作れ。［　］内のひらがなは一度だけ使い、漢字一字を記入せよ。

対義語

□ 1 脱退―（　）入

□ 2 油断―（　）戒

□ 3 寒冷―温（　）

□ 4 離反―結（　）

□ 5 専任―兼（　）

類義語

□ 6 堤防―（　）手

□ 7 筋道―（　）絡

□ 8 身長―背（　）

□ 9 容易―（　）単

□ 10 離合―集（　）

か　かん　けい　さん　そく　たけ　だん　ど　みゃく　む

解答

1 脱退(だったい)―加入(かにゅう)

2 油断(ゆだん)―警戒(けいかい)

3 寒冷(かんれい)―温暖(おんだん)

4 離反(りはん)―結束(けっそく)

5 専任(せんにん)―兼務(けんむ)

6 堤防(ていぼう)―土手(どて)

7 筋道(すじみち)―脈絡(みゃくらく)

8 身長(しんちょう)―背丈(せたけ)

9 容易(ようい)―簡単(かんたん)

10 離合(りごう)―集散(しゅうさん)

他例 9［平易―簡単］

対義語

□ 11 過失―（　）意
□ 12 早熟―（　）成
□ 13 無口―多（　）
□ 14 破壊―（　）設
□ 15 舞台―（　）席
□ 16 自立―従（　）
□ 17 相違―一（　）
□ 18 終盤―（　）盤

類義語

□ 19 冷淡―薄（　）
□ 20 再生―（　）活
□ 21 老練―円（　）
□ 22 案内―先（　）
□ 23 団結―結（　）
□ 24 永遠―恒（　）
□ 25 是非―（　）否
□ 26 命令―指（　）

か　きゃく　きゅう　きん　けん　こ　じゅく　じょ　じょう　ず　そく　ぞく　ち　どう　ばん　ふっ　べん

---

11 過失（かしつ）―故意（こい）
12 早熟（そうじゅく）―晩成（ばんせい）
13 無口（むくち）―多弁（たべん）
14 破壊（はかい）―建設（けんせつ）
15 舞台（ぶたい）―客席（きゃくせき）
16 自立（じりつ）―従属（じゅうぞく）
17 相違（そうい）―一致（いっち）
18 終盤（しゅうばん）―序盤（じょばん）

19 冷淡（れいたん）―薄情（はくじょう）
20 再生（さいせい）―復活（ふっかつ）
21 老練（ろうれん）―円熟（えんじゅく）
22 案内（あんない）―先導（せんどう）
23 団結（だんけつ）―結束（けっそく）
24 永遠（えいえん）―恒久（こうきゅう）
25 是非（ぜひ）―可否（かひ）
26 命令（めいれい）―指図（さしず）

他例　16［独立―従属］

よく ねらわれる！ B

対義語・類義語④

15分で解こう！

19点以上とれれば合格！

得点 ／26

後の［　］内のひらがなを漢字に直して、対義語・類義語を作れ。［　］内のひらがなは一度だけ使い、漢字一字を記入せよ。

対義語

□1 進撃―退（　）
□2 単純―（　）雑
□3 参加―（　）脱
□4 服従―抵（　）
□5 豊作―（　）作

類義語

□6 入念―周（　）
□7 将来―前（　）
□8 推量―（　）測
□9 基盤―（　）底
□10 承認―（　）可

おく　きゃく　きょ　きょう　こう　こん　と　とう　ふく　り

解答

1 進撃（しんげき）―退却（たいきゃく）
2 単純（たんじゅん）―複雑（ふくざつ）
3 参加（さんか）―離脱（りだつ）
4 服従（ふくじゅう）―抵抗（ていこう）
5 豊作（ほうさく）―凶作（きょうさく）
6 入念（にゅうねん）―周到（しゅうとう）
7 将来（しょうらい）―前途（ぜんと）
8 推量（すいりょう）―憶測（おくそく）
9 基盤（きばん）―根底（こんてい）
10 承認（しょうにん）―許可（きょか）

意味　5［豊作＝作物がよく実り、多くとれること］

読み
同音・同訓異字
漢字の識別
熟語の構成
部首
対義語・類義語
4 送り仮名
四字熟語
誤字訂正
書き取り

対義語

□ 11 供給―（　）要
□ 12 清流―（　）流
□ 13 浮上―（　）下
□ 14 被告―（　）告
□ 15 中断―（　）続
□ 16 好調―不（　）
□ 17 敏感―（　）感
□ 18 直面―回（　）

類義語

□ 19 加勢―応（　）
□ 20 永遠―不（　）
□ 21 興奮―熱（　）
□ 22 反撃―逆（　）
□ 23 善戦―健（　）
□ 24 重荷―負（　）
□ 25 技量―（　）前
□ 26 最初―（　）頭

うで　えん　きゅう　きょう　けい　げん　じゅ　しゅう　しん　だく　たん　ちん　とう　どん　ひ　ぼう

11 供給（きょうきゅう）―需要（じゅよう）
12 清流（せいりゅう）―濁流（だくりゅう）
13 浮上（ふじょう）―沈下（ちんか）
14 被告（ひこく）―原告（げんこく）
15 中断（ちゅうだん）―継続（けいぞく）
16 好調（こうちょう）―不振（ふしん）
17 敏感（びんかん）―鈍感（どんかん）
18 直面（ちょくめん）―回避（かいひ）

19 加勢（かせい）―応援（おうえん）
20 永遠（えいえん）―不朽（ふきゅう）
21 興奮（こうふん）―熱狂（ねっきょう）
22 反撃（はんげき）―逆襲（ぎゃくしゅう）
23 善戦（ぜんせん）―健闘（けんとう）
24 重荷（おもに）―負担（ふたん）
25 技量（ぎりょう）―腕前（うでまえ）
26 最初（さいしょ）―冒頭（ぼうとう）

他例　20［永遠―恒久］

よく
ねらわれる！ B

対義語・類義語 ⑤

15分で解こう！

19点以上とれれば合格！

後の□内のひらがなを漢字に直して、対義語・類義語を作れ。□内のひらがなは一度だけ使い、漢字一字を記入せよ。

対義語

□ 1 歓喜―悲（　）
□ 2 追跡―逃（　）
□ 3 自然―人（　）
□ 4 親切―（　）淡
□ 5 憶測―（　）信

類義語

□ 6 看病―（　）抱
□ 7 道楽―（　）味
□ 8 対等―（　）角
□ 9 弁解―（　）明
□ 10 恒久―（　）遠

い　えい　かい　かく　ご　しゃく　しゅ　たん　ぼう　れい

解答

1 歓喜―悲嘆
2 追跡―逃亡
3 自然―人為
4 親切―冷淡
5 憶測―確信
6 看病―介抱
7 道楽―趣味
8 対等―互角
9 弁解―釈明
10 恒久―永遠

対義語

□ 11 人造―天（　）
□ 12 否認―（　）認
□ 13 納入―（　）収
□ 14 服従―（　）抗
□ 15 希薄―（　）密
□ 16 沈殿―（　）遊
□ 17 独立―（　）存
□ 18 延長―短（　）

類義語

□ 19 散歩―散（　）
□ 20 貯蔵―備（　）
□ 21 用心―警（　）
□ 22 屈指―（　）群
□ 23 同等―（　）敵
□ 24 輸送―運（　）
□ 25 道端―路（　）
□ 26 混雑―雑（　）

い　かい　さく　しゅく　ぜ　ち　ちょう　てい　とう　ねん　のう　ばつ　ぱん　ひっ　ふ　ぼう

---

11 人造（じんぞう）―天然（てんねん）
12 否認（ひにん）―是認（ぜにん）
13 納入（のうにゅう）―徴収（ちょうしゅう）
14 服従（ふくじゅう）―抵抗（ていこう）
15 希薄（きはく）―濃密（のうみつ）
16 沈殿（ちんでん）―浮遊（ふゆう）
17 独立（どくりつ）―依存（いそん（いぞん））
18 延長（えんちょう）―短縮（たんしゅく）

19 散歩（さんぽ）―散策（さんさく）
20 貯蔵（ちょぞう）―備蓄（びちく）
21 用心（ようじん）―警戒（けいかい）
22 屈指（くっし）―抜群（ばつぐん）
23 同等（どうとう）―匹敵（ひってき）
24 輸送（ゆそう）―運搬（うんぱん）
25 道端（みちばた）―路傍（ろぼう）
26 混雑（こんざつ）―雑踏（ざっとう）

意味　26［雑踏＝多くの人で混み合うこと］

よく
ねらわれる！ B

対義語・類義語 ⑥

15分で
解こう！

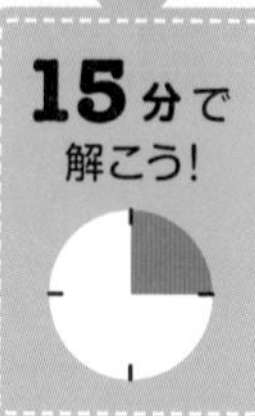

19点以上
とれれば
合格！

得点
／26

後の［　］内のひらがなを漢字に直して、対義語・類義語を作れ。［　］内のひらがなは一度だけ使い、漢字一字を記入せよ。

対義語

□ 1 和合―（　）争

□ 2 原告―（　）告

□ 3 建設―破（　）

□ 4 専業―（　）業

□ 5 開放―閉（　）

類義語

□ 6 道筋―脈（　）

□ 7 思案―考（　）

□ 8 親類―（　）者

□ 9 処罰―制（　）

□ 10 対照―比（　）

えん　かい　かく　けん　さ　さい　とう　ひ　らく　りょ

解答

1 和合（わごう）―闘争（とうそう）

2 原告（げんこく）―被告（ひこく）

3 建設（けんせつ）―破壊（はかい）

4 専業（せんぎょう）―兼業（けんぎょう）

5 開放（かいほう）―閉鎖（へいさ）

6 道筋（みちすじ）―脈絡（みゃくらく）

7 思案（しあん）―考慮（こうりょ）

8 親類（しんるい）―縁者（えんじゃ）

9 処罰（しょばつ）―制裁（せいさい）

10 対照（たいしょう）―比較（ひかく）

意味　8［縁者＝身内の人。親せきの人］

対義語

□ 11 陽性—（　）性
□ 12 起床—就（　）
□ 13 正統—異（　）
□ 14 出発—（　）着
□ 15 歓喜—苦（　）
□ 16 強固—（　）弱
□ 17 老齢—（　）年
□ 18 加入—（　）退

類義語

□ 19 苦労—難（　）
□ 20 尋常—普（　）
□ 21 合格—（　）第
□ 22 基地—（　）点
□ 23 繁栄—盛（　）
□ 24 冷静—（　）着
□ 25 改定—変（　）
□ 26 入手—（　）得

いん　かく　ぎ　きゅう　きょ　きょう　こう　しん　だっ　たん　ちん　つう　とう　のう　はく　よう

---

11 陽性（ようせい）—陰性（いんせい）
12 起床（きしょう）—就寝（しゅうしん）
13 正統（せいとう）—異端（いたん）
14 出発（しゅっぱつ）—到着（とうちゃく）
15 歓喜（かんき）—苦悩（くのう）
16 強固（きょうこ）—薄弱（はくじゃく）
17 老齢（ろうれい）—幼年（ようねん）
18 加入（かにゅう）—脱退（だったい）

19 苦労（くろう）—難儀（なんぎ）
20 尋常（じんじょう）—普通（ふつう）
21 合格（ごうかく）—及第（きゅうだい）
22 基地（きち）—拠点（きょてん）
23 繁栄（はんえい）—盛況（せいきょう）
24 冷静（れいせい）—沈着（ちんちゃく）
25 改定（かいてい）—変更（へんこう）
26 入手（にゅうしゅ）—獲得（かくとく）

意味　19［難儀＝苦しいこと。困ること］

よく
ねらわれる！ B

送り仮名①

得点
/28

次の——線のカタカナを漢字一字と送り仮名（ひらがな）に直せ。

□ 1 反対意見をシリゾケル。（　　）
□ 2 大軍をヒキイて京に攻め上る。（　　）
□ 3 月明かりが夜道をテラス。（　　）
□ 4 言葉や文化がコトナル。（　　）
□ 5 年輩の方をウヤマウ。（　　）
□ 6 うそをついたのでウシロメタイ。（　　）
□ 7 認識をアラタメなければならない。（　　）
□ 8 高速道路に延々と車がツラナル。（　　）
□ 9 学校に進路相談室をモウケル。（　　）
□ 10 夢を追い医師の道をココロザス。（　　）
□ 11 ハゲシイ頭痛に襲われる。（　　）
□ 12 配慮にカケル言動が見られる。（　　）

解答

1 退ける
2 率い
3 照らす
4 異なる
5 敬う
6 後ろめたい
7 改め
8 連なる
9 設ける
10 志す
11 激しい
12 欠ける

意味 6［後ろめたい＝心にやましいところがあって、気がとがめる］

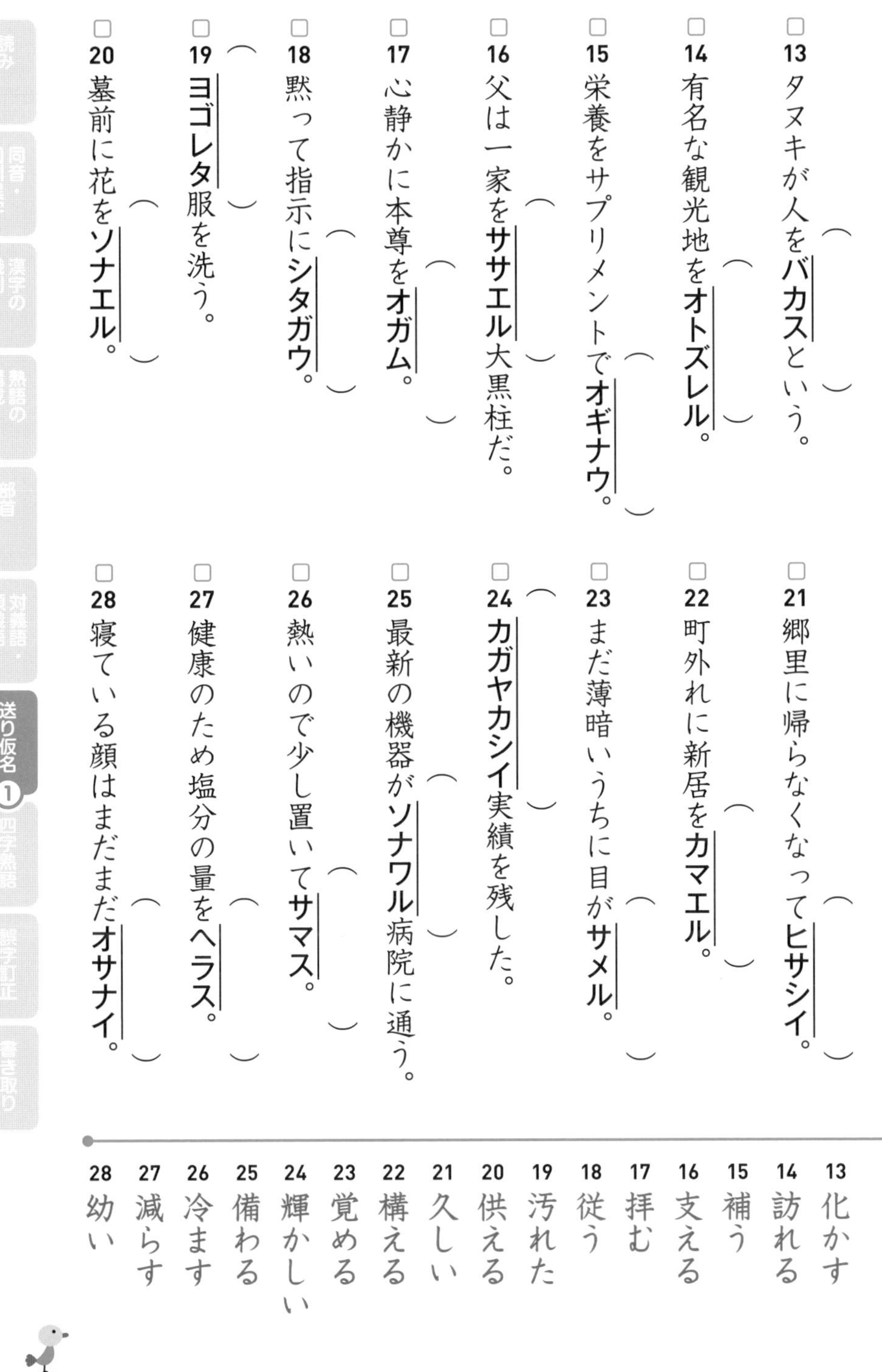

□13 タヌキが人をバカスという。（　　）
□14 有名な観光地をオトズレル。（　　）
□15 栄養をサプリメントでオギナウ。（　　）
□16 父は一家をササエル大黒柱だ。（　　）
□17 心静かに本尊をオガム。（　　）
□18 黙って指示にシタガウ。（　　）
□19 ヨゴレタ服を洗う。（　　）
□20 墓前に花をソナエル。（　　）

□21 郷里に帰らなくなってヒサシイ。（　　）
□22 町外れに新居をカマエル。（　　）
□23 まだ薄暗いうちに目がサメル。（　　）
□24 カガヤカシイ実績を残した。（　　）
□25 最新の機器がソナワル病院に通う。（　　）
□26 熱いので少し置いてサマス。（　　）
□27 健康のため塩分の量をヘラス。（　　）
□28 寝ている顔はまだまだオサナイ。（　　）

13 化かす
14 訪れる
15 補う
16 支える
17 拝む
18 従う
19 汚れた
20 供える
21 久しい
22 構える
23 覚める
24 輝かしい
25 備わる
26 冷ます
27 減らす
28 幼い

意味 21［久しい＝長い時間がたっている］

よく ねらわれる！ B

送り仮名 ②

15分で解こう！

20点以上とれれば合格！

得点 /28

次の――線のカタカナを漢字一字と送り仮名（ひらがな）に直せ。

□ 1 すれ違う時に肩がフレル。（　　）

□ 2 彼の話は事実かウタガワシイ。（　　）

□ 3 放置したまま果実をクサラス。（　　）

□ 4 慣れた手つきで機械をアツカウ。（　　）

□ 5 夜ふかしを厳にイマシメル。（　　）

□ 6 子供が母親にアマエている。（　　）

□ 7 添加物をフクマない食品。（　　）

□ 8 報告を待つために事務所にツメル。（　　）

□ 9 乱開発は環境に影響をオヨボス。（　　）

□ 10 山頂で日の出をムカエル。（　　）

□ 11 流れにサカラッて歩く。（　　）

□ 12 冬の寒さをコノマシク思う。（　　）

解答

1 触れる
2 疑わしい
3 腐らす
4 扱う
5 戒める
6 甘え
7 含ま
8 詰める
9 及ぼす
10 迎える
11 逆らっ
12 好ましく

意味 8［詰める＝ある場所に出向いて待機すること］

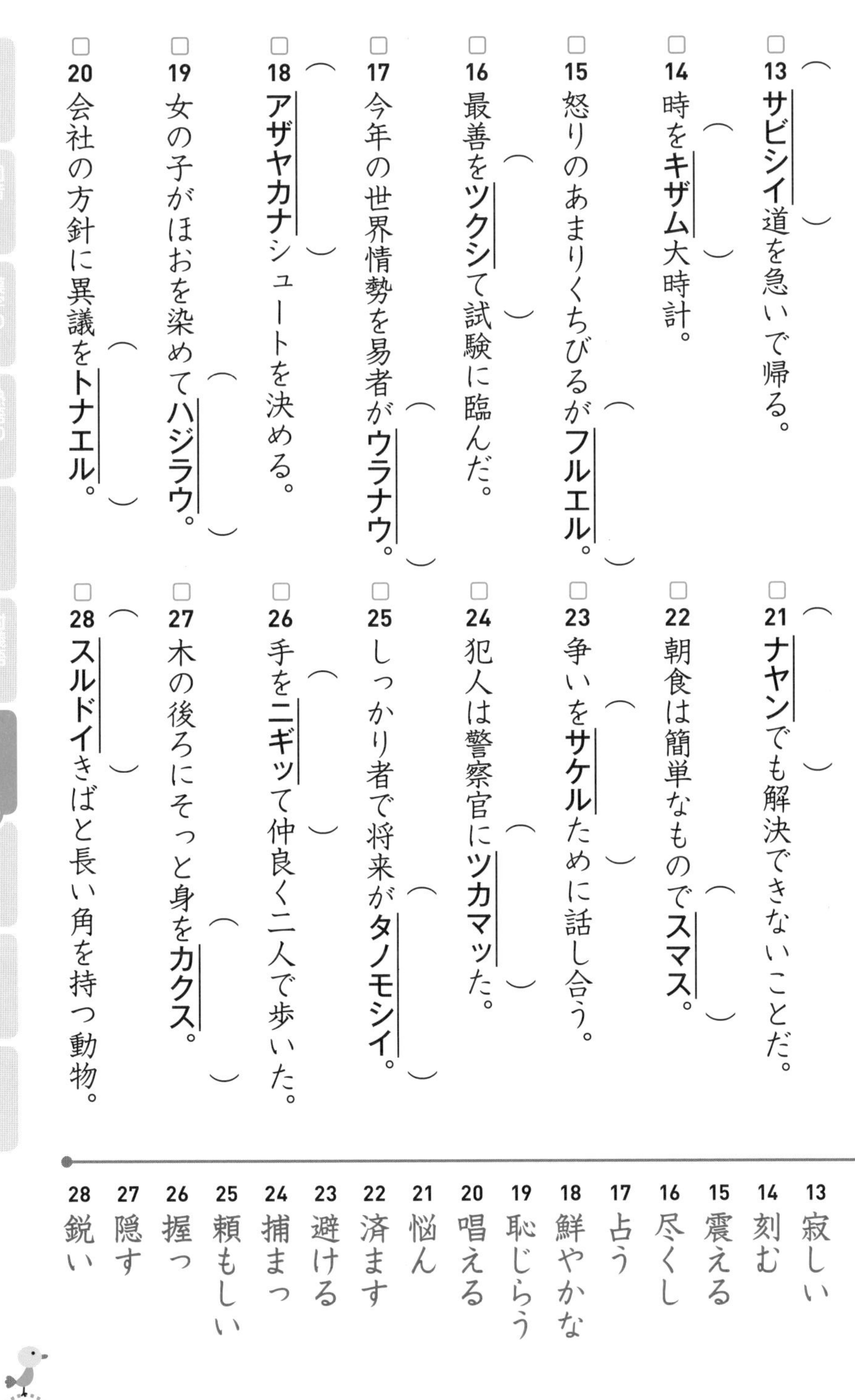

□13 （　　　）サビシイ道を急いで帰る。

□14 時をキザム大時計。（　　　）

□15 怒りのあまりくちびるがフルエル。（　　　）

□16 最善をツクシて試験に臨んだ。（　　　）

□17 今年の世界情勢を易者がウラナウ。（　　　）

□18 アザヤカナシュートを決める。（　　　）

□19 女の子がほおを染めてハジラウ。（　　　）

□20 会社の方針に異議をトナエル。（　　　）

□21 ナヤンでも解決できないことだ。（　　　）

□22 朝食は簡単なものでスマス。（　　　）

□23 争いをサケルために話し合う。（　　　）

□24 犯人は警察官にツカマッた。（　　　）

□25 しっかり者で将来がタノモシイ。（　　　）

□26 手をニギッて仲良く二人で歩いた。（　　　）

□27 木の後ろにそっと身をカクス。（　　　）

□28 スルドイきばと長い角を持つ動物。（　　　）

13 寂しい
14 刻む
15 震える
16 尽くし
17 占う
18 鮮やかな
19 恥じらう
20 唱える
21 悩ん
22 済ます
23 避ける
24 捕まっ
25 頼もしい
26 握っ
27 隠す
28 鋭い

意味 16［尽くす＝なくなるまで使い続ける。あるだけ出す］

よく ねらわれる！ B

四字熟語 ①

15分で 解こう！

17点以上 とれれば 合格！

得点 ／24

次のカタカナを漢字に直し、一字だけ記せ。

□ 1 熟慮（ダン）行

□ 2 （キン）科玉条

□ 3 （サイ）色兼備

□ 4 思慮（フン）別

□ 5 玉石（コン）交

□ 6 （ウ）為転変

□ 7 （アオ）息吐息

□ 8 完全無（ケツ）

□ 9 意気（トウ）合

□ 10 問答無（ヨウ）

解答

1 熟慮断行（じゅくりょだんこう） 十分に考えた上で思い切って実行すること。

2 金科玉条（きんかぎょくじょう） この上なく大切なきまり。

3 才色兼備（さいしょくけんび） 女性が才能豊かで美しいこと。

4 思慮分別（しりょふんべつ） 深く考えをめぐらし道理を知ること。

5 玉石混交（ぎょくせきこんこう） 優れた物と劣った物が混じること。

6 有為転変（ういてんぺん） 世の中の事物が無常であること。

7 青息吐息（あおいきといき） ひどく困り苦しんでつくため息。

8 完全無欠（かんぜんむけつ） 完全で全く欠点のないこと。

9 意気投合（いきとうごう） 互いの気持ちがぴったり合うこと。

10 問答無用（もんどうむよう） 話し合いをしても無意味なこと。

他例 6［有為転変は「為」が問われることもある］

読み
同音・同訓異字
漢字の識別
熟語の構成
部首
対義語・類義語
送り仮名
四字熟語①
誤字訂正
書き取り

□ 11 創意工（フウ）

□ 12 面従（フク）背

□ 13 馬耳（トウ）風

□ 14 牛飲（バ）食

□ 15 適者生（ゾン）

□ 16 （ゲン）行一致

□ 17 青天（ハク）日

□ 18 好機（トウ）来

□ 19 （キ）色満面

□ 20 博（ラン）強記

□ 21 大同小（イ）

□ 22 離合集（サン）

□ 23 外交辞（レイ）

□ 24 八（ポウ）美人

---

11 創意工夫（そういくふう）　思案して、新しい方法を考え出すこと。

12 面従腹背（めんじゅうふくはい）　表面で従い心の中で反抗すること。

13 馬耳東風（ばじとうふう）　他人の意見を聞き流すこと。

14 牛飲馬食（ぎゅういんばしょく）　牛や馬のように多量に飲み食いすること。

15 適者生存（てきしゃせいぞん）　環境に最も順応した者だけが生き残ること。

16 言行一致（げんこういっち）　言うことと行うことが同じこと。

17 青天白日（せいてんはくじつ）　やましいことが一切ないこと。

18 好機到来（こうきとうらい）　チャンスがくること。

19 喜色満面（きしょくまんめん）　喜びの気持ちを顔全体に表すこと。

20 博覧強記（はくらんきょうき）　広く本を読み何でもよく知っていること。

21 大同小異（だいどうしょうい）　細かい点は異なるが大体同じであること。

22 離合集散（りごうしゅうさん）　離れたり集まったりすること。

23 外交辞令（がいこうじれい）　口先だけのお世辞。

24 八方美人（はっぽうびじん）　だれからもよく思われようと振る舞う人。

他例　19［喜色満面は「面」が問われることもある］

よく
ねらわれる！
B

四字熟語 ②

15分で解こう！

17点以上とれれば合格！

得点　/24

次のカタカナを漢字に直し、一字だけ記せ。

□ 1 （オン）故知新
□ 2 （キ）機一髪
□ 3 真（ケン）勝負
□ 4 （モン）外不出
□ 5 意（シ）薄弱
□ 6 多（ジ）多端
□ 7 七（テン）八倒
□ 8 前人（ミ）到
□ 9 一（トウ）両断
□ 10 百鬼（ヤ）行

解答

1 温故知新（おんこちしん）　過去を研究して新しい知識を得ること。
2 危機一髪（ききいっぱつ）　きわどくて危険な状態。
3 真剣勝負（しんけんしょうぶ）　本気で物事に対処すること。
4 門外不出（もんがいふしゅつ）　大切に所蔵して外に出さないこと。
5 意志薄弱（いしはくじゃく）　心持ちが弱々しいさま。
6 多事多端（たじたたん）　仕事が多くて多忙なこと。
7 七転八倒（しちてんばっとう）　転げまわって苦しむこと。
8 前人未到（ぜんじんみとう）　だれもまだやったことのないこと。
9 一刀両断（いっとうりょうだん）　速やかに判断し処理すること。
10 百鬼夜行（ひゃっきやこう（やぎょう））　多くの人がみにくい行動をすること。

他例　3［真剣勝負は「勝」「負」が問われることもある］

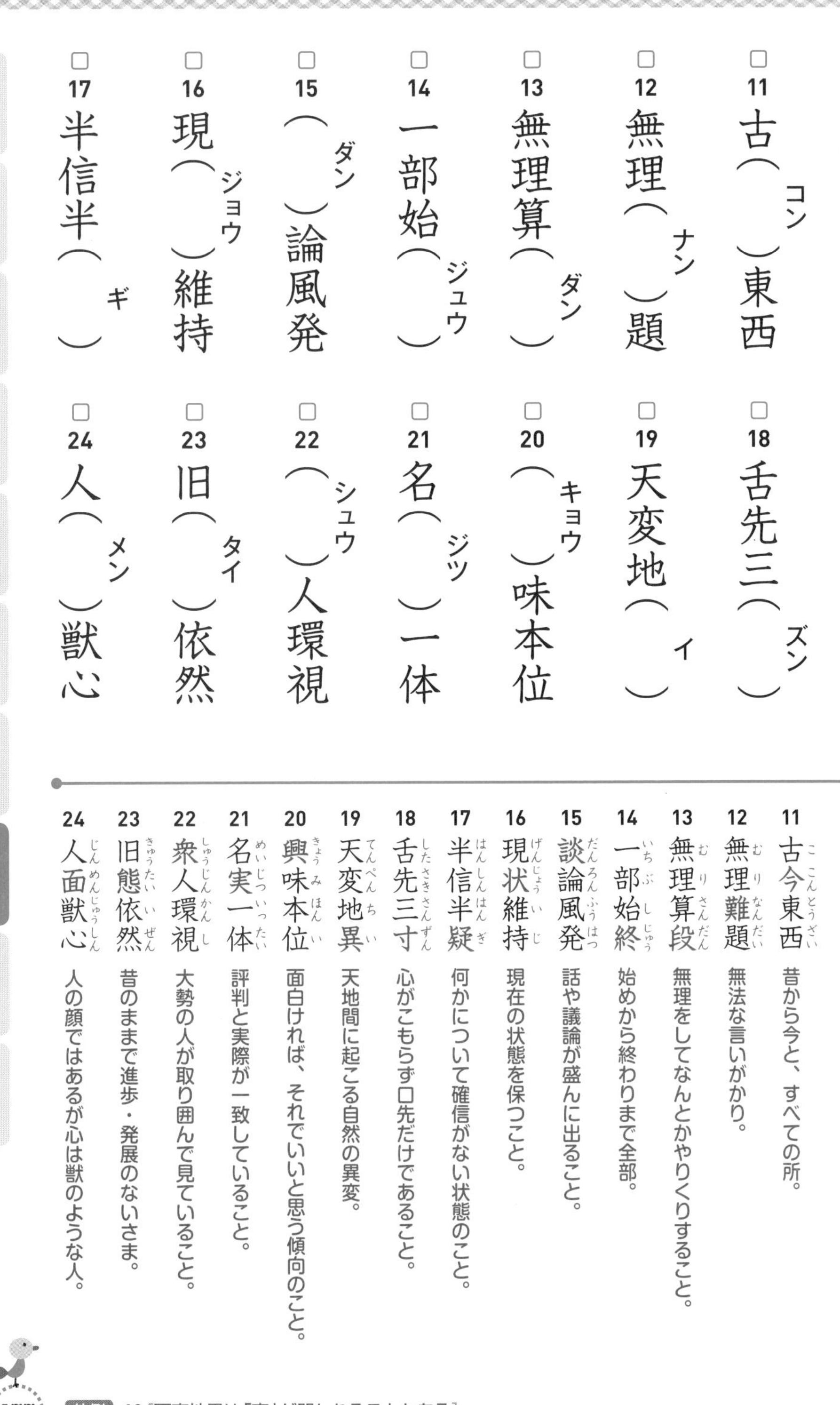

□ 11 古（コン）東西

□ 12 無理（ナン）題

□ 13 無理算（ダン）

□ 14 一部始（ジュウ）

□ 15 （ダン）論風発

□ 16 現（ジョウ）維持

□ 17 半信半（ギ）

□ 18 舌先三（ズン）

□ 19 天変地（イ）

□ 20 （キョウ）味本位

□ 21 名（ジツ）一体

□ 22 （シュウ）人環視

□ 23 旧（タイ）依然

□ 24 人（メン）獣心

---

11 古今東西（ここんとうざい）　昔から今と、すべての所。

12 無理難題（むりなんだい）　無法な言いがかり。

13 無理算段（むりさんだん）　無理をしてなんとかやりくりすること。

14 一部始終（いちぶしじゅう）　始めから終わりまで全部。

15 談論風発（だんろんふうはつ）　話や議論が盛んに出ること。

16 現状維持（げんじょういじ）　現在の状態を保つこと。

17 半信半疑（はんしんはんぎ）　何かについて確信がない状態のこと。

18 舌先三寸（したさきさんずん）　心がこもらず口先だけであること。

19 天変地異（てんぺんちい）　天地間に起こる自然の異変。

20 興味本位（きょうみほんい）　面白ければ、それでいいと思う傾向のこと。

21 名実一体（めいじついったい）　評判と実際が一致していること。

22 衆人環視（しゅうじんかんし）　大勢の人が取り囲んで見ていること。

23 旧態依然（きゅうたいいぜん）　昔のままで進歩・発展のないさま。

24 人面獣心（じんめんじゅうしん）　人の顔ではあるが心は獣のような人。

他例　19［天変地異は「変」が問われることもある］

よく ねらわれる！ B

四字熟語 ③

15分で解こう！

17点以上とれれば合格！

得点

/24

✿ 次のカタカナを漢字に直し、一字だけ記せ。

□ 1 （ギ）論百出

□ 2 一（バツ）百戒

□ 3 金城鉄（ペキ）

□ 4 七転八（キ）

□ 5 公序良（ゾク）

□ 6 新進気（エイ）

□ 7 不（ミン）不休

□ 8 （ミョウ）計奇策

□ 9 （ロウ）成円熟

□ 10 （イ）風堂堂

✿ 解答

1 議論百出（ぎろんひゃくしゅつ） 多くの意見が出て活発に議論されること。

2 一罰百戒（いちばつひゃっかい） 一人を罰して多くの人の戒めにすること。

3 金城鉄壁（きんじょうてっぺき） 堅固で、つけこむすきがないこと。

4 七転八起（しちてんはっき） 何度失敗してもくじけず努力すること。

5 公序良俗（こうじょりょうぞく） 公共のちつ序と善良な風俗のこと。

6 新進気鋭（しんしんきえい） 新たに登場し、意気盛んなこと。

7 不眠不休（ふみんふきゅう） 眠らず休まず事にあたること。

8 妙計奇策（みょうけいきさく） 奇抜で優れたはかりごと。

9 老成円熟（ろうせいえんじゅく） 経験豊富で人格や技能が熟練していること。

10 威風堂堂（いふうどうどう） 威厳に満ちあふれりっぱなこと。

他例 2［一罰百戒は「戒」が問われることもある］

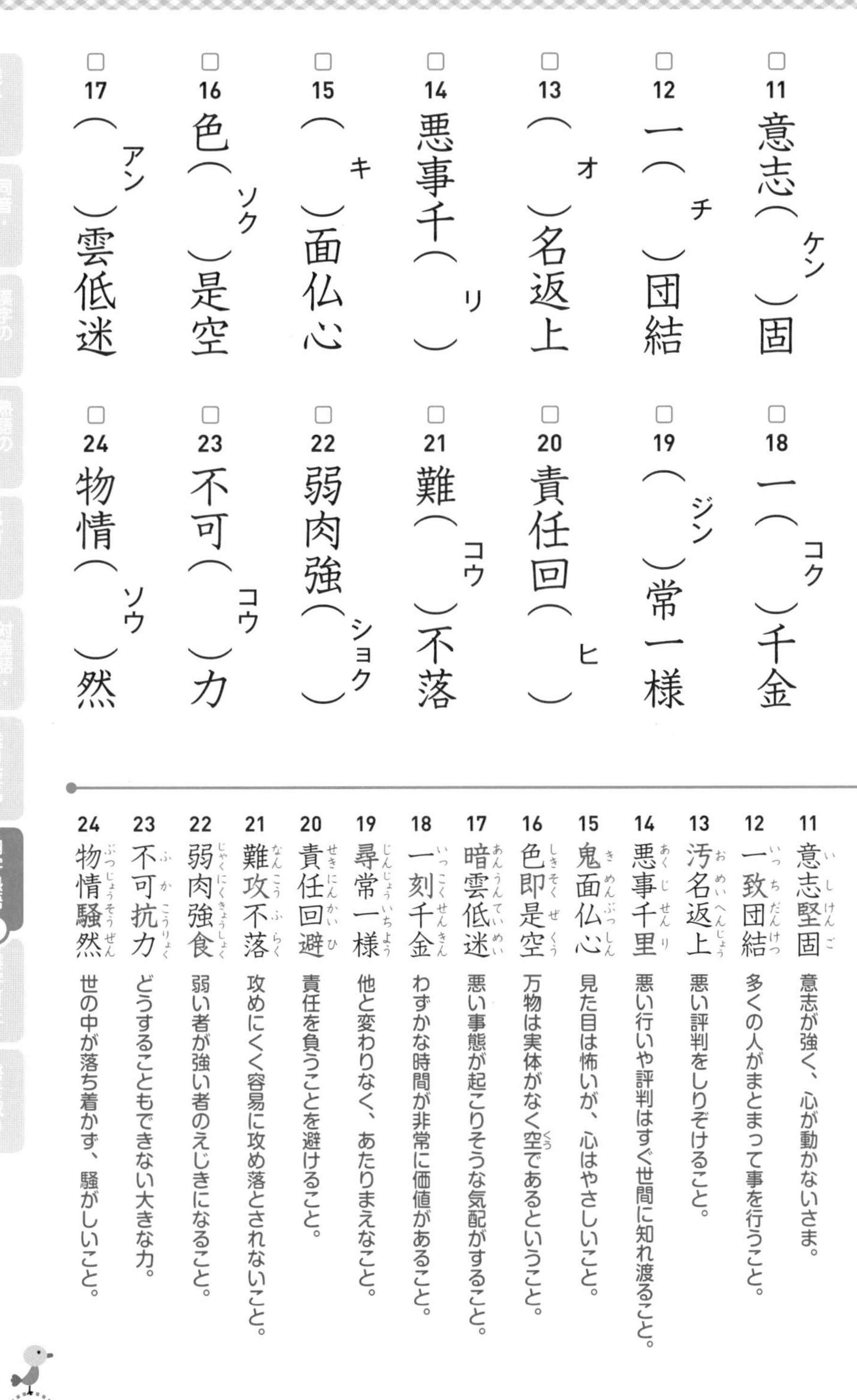

□ 11 意志（ケン）固

□ 12 一（チ）団結

□ 13 （オ）名返上

□ 14 悪事千（リ）

□ 15 （キ）面仏心

□ 16 色（ソク）是空

□ 17 （アン）雲低迷

□ 18 一（コク）千金

□ 19 （ジン）常一様

□ 20 責任回（ヒ）

□ 21 難（コウ）不落

□ 22 弱肉強（ショク）

□ 23 不可（コウ）力

□ 24 物情（ソウ）然

11 意志堅固（いしけんご） 意志が強く、心が動かないさま。

12 一致団結（いっちだんけつ） 多くの人がまとまって事を行うこと。

13 汚名返上（おめいへんじょう） 悪い評判をしりぞけること。

14 悪事千里（あくじせんり） 悪い行いや評判はすぐ世間に知れ渡ること。

15 鬼面仏心（きめんぶっしん） 見た目は怖いが、心はやさしいこと。

16 色即是空（しきそくぜくう） 万物は実体がなく空（くう）であるということ。

17 暗雲低迷（あんうんていめい） 悪い事態が起こりそうな気配がすること。

18 一刻千金（いっこくせんきん） わずかな時間が非常に価値があること。

19 尋常一様（じんじょういちよう） 他と変わりなく、あたりまえなこと。

20 責任回避（せきにんかいひ） 責任を負うことを避けること。

21 難攻不落（なんこうふらく） 攻めにくく容易に攻め落とされないこと。

22 弱肉強食（じゃくにくきょうしょく） 弱い者が強い者のえじきになること。

23 不可抗力（ふかこうりょく） どうすることもできない大きな力。

24 物情騒然（ぶつじょうそうぜん） 世の中が落ち着かず、騒がしいこと。

他例 23［不可抗力は「可」が問われることもある］

よく
ねらわれる！
B

誤字訂正 ①

15分で解こう！

14点以上とれれば合格！

得点 ／20

次の各文にまちがって使われている同じ読みの漢字が一字ある。上の（　）に誤字を、下の（　）に正しい漢字を記せ。

□ 1 万一の場合を想定して周到に準備したが、結局すべて途労に終わった。（　）→（　）

□ 2 長期間にわたる調差の結果、巨大遺跡が建築された年代が判明した。（　）→（　）

□ 3 治療の効果を維持するために、処方された薬を毎食後に復用している。（　）→（　）

□ 4 有名な印承派の画家のモネは、浮世絵に影響を受けたと見られる作品を残した。（　）→（　）

□ 5 五重塔が水面に影を写す池が観光名所として隠れた人気を誇っている。（　）→（　）

□ 6 関係者らの思惑が入り乱れた結果、事体は予想外の展開を見せた。（　）→（　）

□ 7 かつての拠留地は現在もその面影を残し、異国の様子を伝えている。（　）→（　）

□ 8 博物館に所像されている国宝級の資料の数々に圧倒された。（　）→（　）

解答

1 途→徒（徒労）
2 差→査（調査）
3 復→服（服用）
4 承→象（印象）
5 写→映（映す）
6 体→態（事態）
7 拠→居（居留地）
8 像→蔵（所蔵）

意味　1［徒労＝むだな骨折り］　3［服用＝薬を飲むこと］

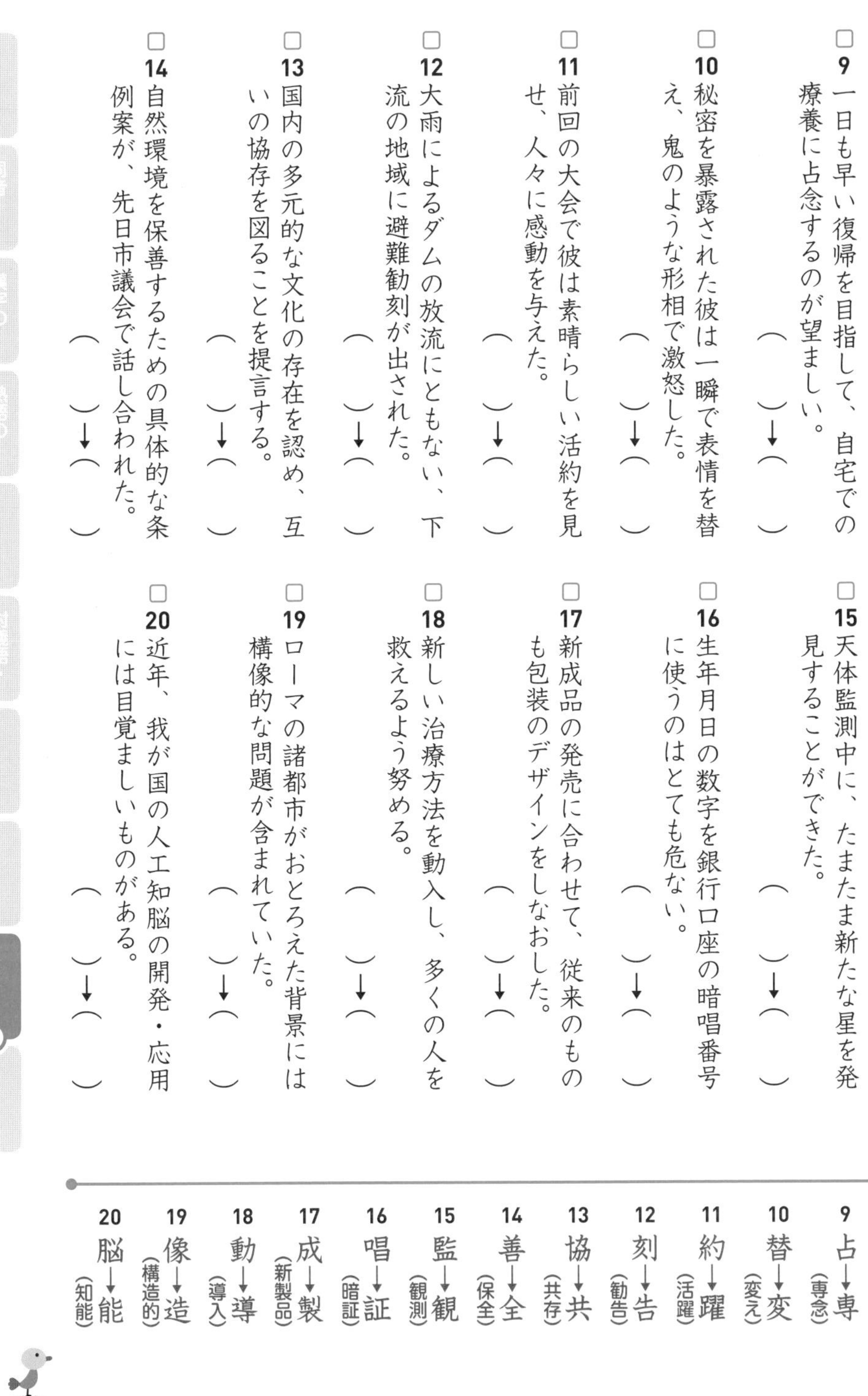

□ 9 一日も早い復帰を目指して、自宅での療養に占念するのが望ましい。（　）→（　）

□ 10 秘密を暴露された彼は一瞬で表情を替え、鬼のような形相で激怒した。（　）→（　）

□ 11 前回の大会で彼は素晴らしい活約を見せ、人々に感動を与えた。（　）→（　）

□ 12 大雨によるダムの放流にともない、下流の地域に避難勧刻が出された。（　）→（　）

□ 13 国内の多元的な文化の存在を認め、互いの協存を図ることを提言する。（　）→（　）

□ 14 自然環境を保善するための具体的な条例案が、先日市議会で話し合われた。（　）→（　）

□ 15 天体監測中に、たまたま新たな星を発見することができた。（　）→（　）

□ 16 生年月日の数字を銀行口座の暗唱番号に使うのはとても危ない。（　）→（　）

□ 17 新成品の発売に合わせて、従来のものも包装のデザインをしなおした。（　）→（　）

□ 18 新しい治療方法を動入し、多くの人を救えるよう努める。（　）→（　）

□ 19 ローマの諸都市がおとろえた背景には構像的な問題が含まれていた。（　）→（　）

□ 20 近年、我が国の人工知脳の開発・応用には目覚ましいものがある。（　）→（　）

---

9 占→専（専念）
10 替→変（変え）
11 約→躍（活躍）
12 刻→告（勧告）
13 協→共（共存）
14 善→全（保全）
15 監→観（観測）
16 唱→証（暗証）
17 成→製（新製品）
18 動→導（導入）
19 像→造（構造的）
20 脳→能（知能）

意味 14［保全＝保護して安全に保つこと］　他例 16［実証・許可証］

よく ねらわれる！ B

誤字訂正 ②

15分で解こう！

14点以上とれれば合格！

得点 /20

次の各文にまちがって使われている同じ読みの漢字が一字ある。上の（　）に誤字を、下の（　）に正しい漢字を記せ。

□ 1 その工事は計確通りには進行せず、幾度も作業が止まった。（　）→（　）

□ 2 今後躍進が期待される、業績好調な会社の後継者公補に選出された。（　）→（　）

□ 3 彼女はこの仕事の後、政府の機幹に出向が決まっている。（　）→（　）

□ 4 彼は熟連の技を身につけるまでに、何度となく反復を繰り返してきた。（　）→（　）

□ 5 大党領選挙の行方は予断を許さず、両陣営の活動はますます激しくなった。（　）→（　）

□ 6 菓子の製造工場へ供及する原材料の数量は、予定の値に達している。（　）→（　）

□ 7 課外授業の一環として、工場へ精密機械の製造過定を見学しに行く。（　）→（　）

□ 8 ダムが穴壊すると、下流にある扇状地が浸水する可能性がある。（　）→（　）

解答

1 確→画（計画）
2 公→候（候補）
3 幹→関（機関）
4 連→練（熟練）
5 党→統（大統領）
6 及→給（供給）
7 定→程（過程）
8 穴→決（決壊）

意味 8［決壊＝堤防などが破れてくずれること］

□ 9 交通量の増加にともない、時間帯により利用が記制されるようになった。（　）→（　）

□ 10 民俗間の闘争を終わらせ、これ以上悲劇を起こすべきではない。（　）→（　）

□ 11 消防団による不休の活躍で、山で迷った全員が無事に吸出された。（　）→（　）

□ 12 母校に横断幕を贈ることを発起し、卒業生に喜付を呼びかけた。（　）→（　）

□ 13 夢の実現にあたって、周囲の共力と理解を得ることが重要だ。（　）→（　）

□ 14 動かぬ証拠がある以上、彼女に弁明の与地は残されていなかった。（　）→（　）

□ 15 作物への被害や近隣住民が襲われる危険を防ぐため、害獣を駆助する。（　）→（　）

□ 16 この建物は午後六時以向関係者の立ち入りが禁止されている。（　）→（　）

□ 17 政府は来年度から地球温暖化対策の新税制を導入する方信を固めた。（　）→（　）

□ 18 芸能人が趣味や私生活を語るのを見ると、新近感がわいてくる。（　）→（　）

□ 19 日和見的で節操の無い態度が腹にすえかね、通烈な皮肉が口をついて出る。（　）→（　）

□ 20 知事は、通勤通学時間帯の満員電車の解消は混難だと考えていた。（　）→（　）

9 記→規（規制）
10 俗→族（民族）
11 吸→救（救出）
12 喜→寄（寄付）
13 共→協（協力）
14 与→余（余地）
15 助→除（駆除）
16 向→降（以降）
17 信→針（方針）
18 新→親（親近感）
19 通→痛（痛烈）
20 混→困（困難）

意味 15［駆除＝害虫などを追いはらったり退治して取り除くこと］

よく ねらわれる！ B

誤字訂正 ③

次の各文にまちがって使われている同じ読みの漢字が一字ある。上の（　）に誤字を、下の（　）に正しい漢字を記せ。

□ 1 歴史を正確に評価するには、当時の社会的配景を考慮に入れなければならない。（　）→（　）

□ 2 我が校の野球部の次の試合の相手は、協豪校として有名だ。（　）→（　）

□ 3 本年度新たに設立する会社の運営について面密な計画を作る。（　）→（　）

□ 4 奴隷たちの反乱が、繁栄を極めた古代王国の歴史が耐える要因となった。（　）→（　）

□ 5 同送会の通知が届いたが、残念ながら欠席する意向を幹事に伝えた。（　）→（　）

□ 6 調査報告の後に盛んに質議応答がなされ、実りある研究会となった。（　）→（　）

□ 7 すべての欲及を満たすことは不可能で、優先順位を考えなければならない。（　）→（　）

□ 8 経栄陣のひたむきな努力の結果、今年度の業績は回復しつつある。（　）→（　）

解答

1 配→背（背景）
2 協→強（強豪）
3 面→綿（綿密）
4 耐→絶（絶える）
5 送→窓（同窓会）
6 議→疑（質疑）
7 及→求（欲求）
8 栄→営（経営）

意味 4［絶える＝ほろびる。続かなくなる］

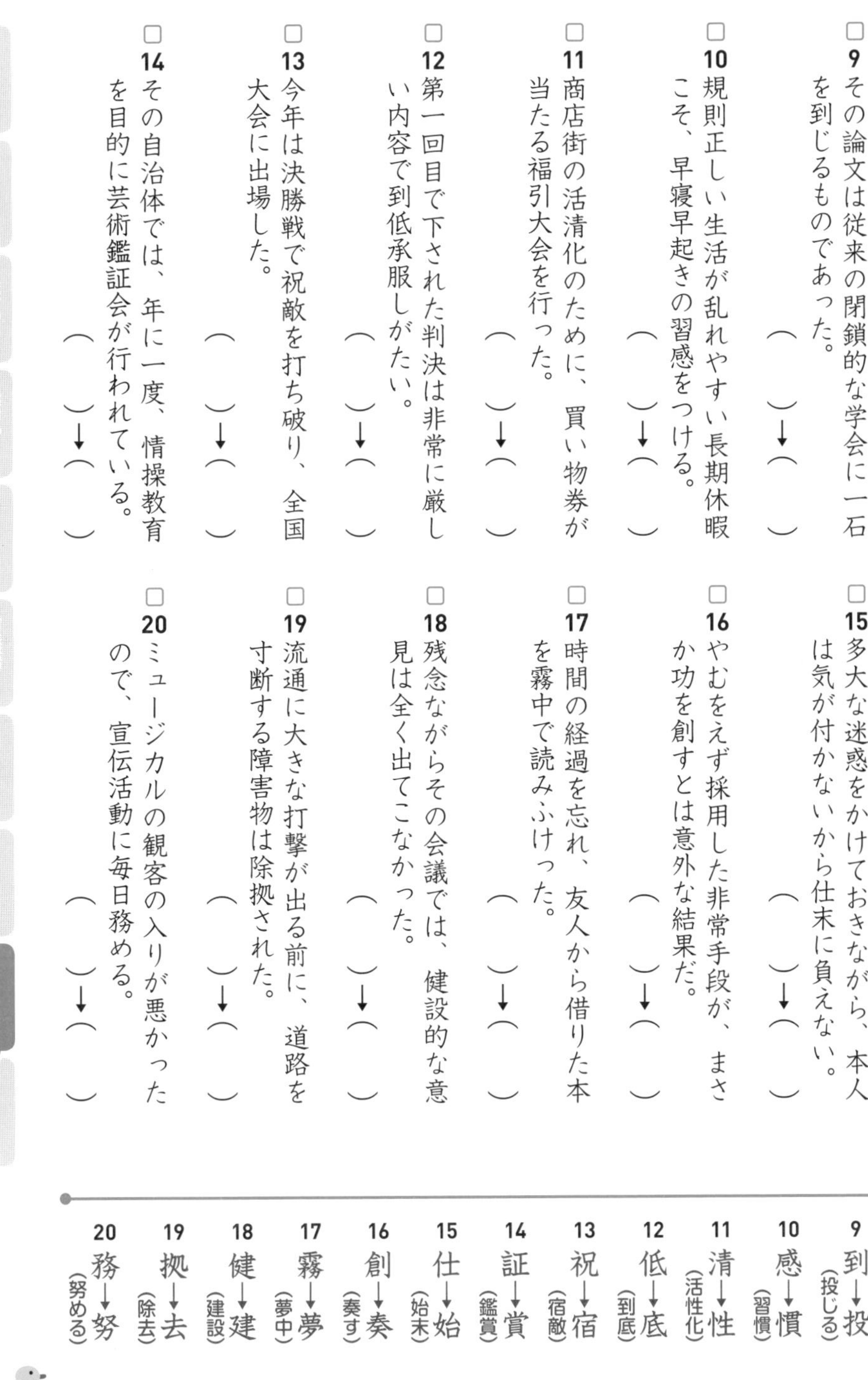

□ 9 その論文は従来の閉鎖的な学会に一石を到じるものであった。 （　）→（　）

□ 10 規則正しい生活が乱れやすい長期休暇こそ、早寝早起きの習感をつける。 （　）→（　）

□ 11 商店街の活清化のために、買い物券が当たる福引大会を行った。 （　）→（　）

□ 12 第一回目で下された判決は非常に厳しい内容で到低承服しがたい。 （　）→（　）

□ 13 今年は決勝戦で祝敵を打ち破り、全国大会に出場した。 （　）→（　）

□ 14 その自治体では、年に一度、情操教育を目的に芸術鑑証会が行われている。 （　）→（　）

□ 15 多大な迷惑をかけておきながら、本人は気が付かないから仕末に負えない。 （　）→（　）

□ 16 やむをえず採用した非常手段が、まさか功を創すとは意外な結果だ。 （　）→（　）

□ 17 時間の経過を忘れ、友人から借りた本を霧中で読みふけった。 （　）→（　）

□ 18 残念ながらその会議では、健設的な意見は全く出てこなかった。 （　）→（　）

□ 19 流通に大きな打撃が出る前に、道路を寸断する障害物は除拠された。 （　）→（　）

□ 20 ミュージカルの観客の入りが悪かったので、宣伝活動に毎日務める。 （　）→（　）

---

9 到→投（投じる）
10 感→慣（習慣）
11 清→性（活性化）
12 低→底（到底）
13 祝→宿（宿敵）
14 証→賞（鑑賞）
15 仕→始（始末）
16 創→奏（奏す）
17 霧→夢（夢中）
18 健→建（建設）
19 拠→去（除去）
20 務→努（努める）

意味 13［宿敵＝前々からのかたき］

よく ねらわれる！ B

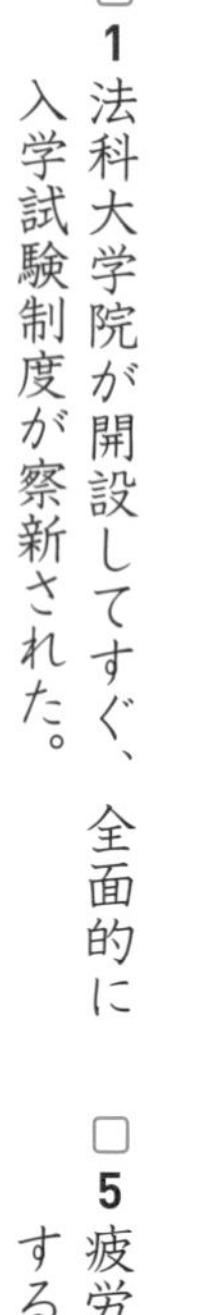

誤字訂正 ④

15分で解こう！

14点以上とれれば合格！

得点 ／20

次の各文にまちがって使われている同じ読みの漢字が一字ある。上の（　）に誤字を、下の（　）に正しい漢字を記せ。

□ 1 法科大学院が開設してすぐ、全面的に入学試験制度が察新された。（　）→（　）

□ 2 毎年恒礼のイベントが中止になり、悲嘆に暮れる。（　）→（　）

□ 3 彼は奮別のつかない子供のように何でも欲しがって私を困惑させる。（　）→（　）

□ 4 図書館で辞典を貸りるときには、事前に氏名を登録する。（　）→（　）

□ 5 疲労が蓄積したら山奥の温泉地で療用することが元気回復の源だ。（　）→（　）

□ 6 質問に対する回答があまりにも要量を得ないため、怒声が上がった。（　）→（　）

□ 7 あの学校のホームページの向新は、数か月前で止まっている。（　）→（　）

□ 8 彼の自らに制元をかけず、困難に向かって突き進む姿に心が奮い立つ。（　）→（　）

解答

1 察→刷（刷新）
2 礼→例（恒例）
3 奮→分（分別）
4 貸→借（借りる）
5 用→養（療養）
6 量→領（要領）
7 向→更（更新）
8 元→限（制限）

意味 1［刷新＝悪いところを取り除いてすっかり新しくすること］

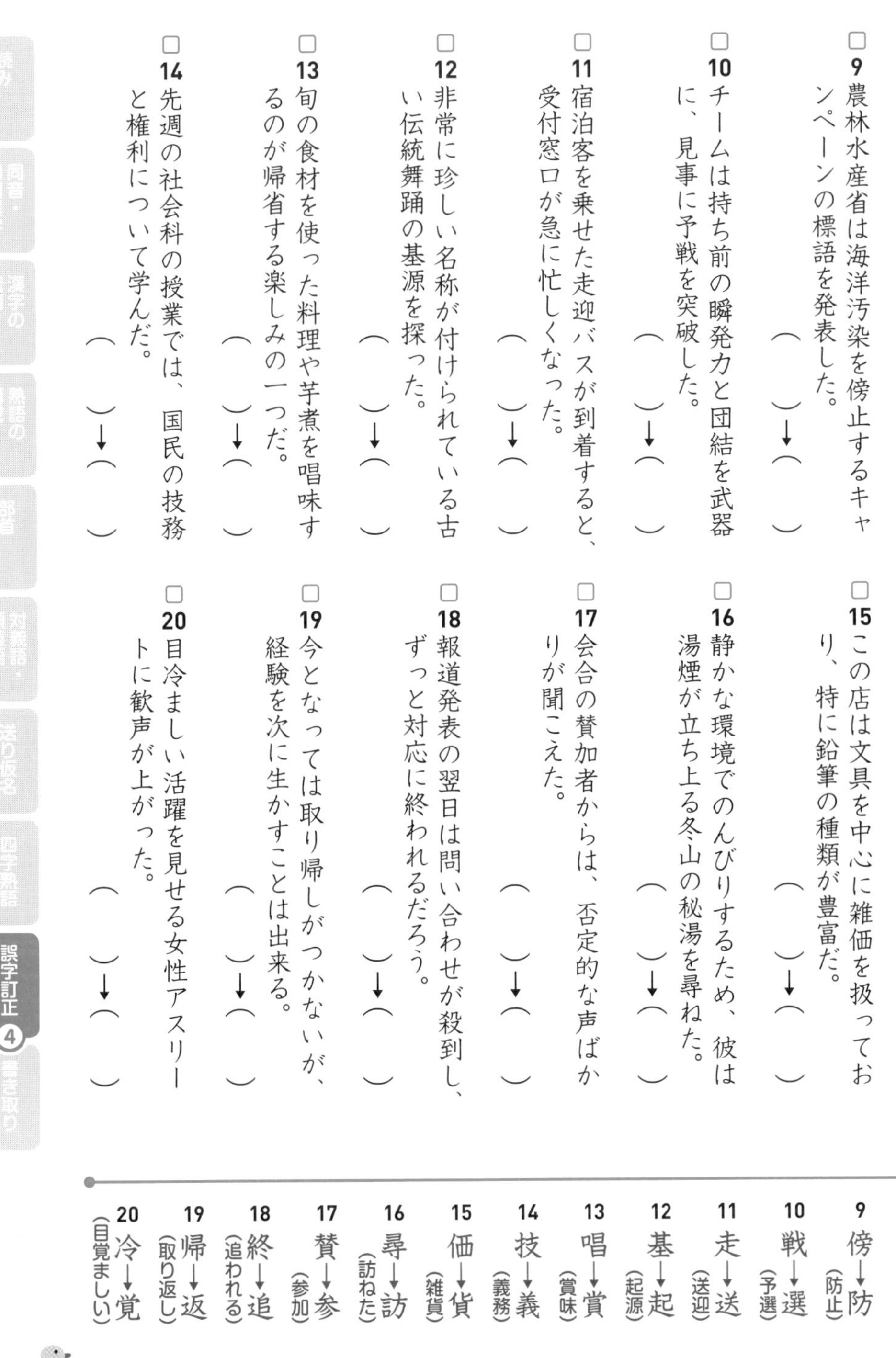

□ **9** 農林水産省は海洋汚染を傍止するキャンペーンの標語を発表した。（　　）→（　　）

□ **10** チームは持ち前の瞬発力と団結を武器に、見事に予戦を突破した。（　　）→（　　）

□ **11** 宿泊客を乗せた走迎バスが到着すると、受付窓口が急に忙しくなった。（　　）→（　　）

□ **12** 非常に珍しい名称が付けられている古い伝統舞踊の基源を探った。（　　）→（　　）

□ **13** 旬の食材を使った料理や芋煮を唱味するのが帰省する楽しみの一つだ。（　　）→（　　）

□ **14** 先週の社会科の授業では、国民の技務と権利について学んだ。（　　）→（　　）

□ **15** この店は文具を中心に雑価を扱っており、特に鉛筆の種類が豊富だ。（　　）→（　　）

□ **16** 静かな環境でのんびりするため、彼は湯煙が立ち上る冬山の秘湯を尋ねた。（　　）→（　　）

□ **17** 会合の賛加者からは、否定的な声ばかりが聞こえた。（　　）→（　　）

□ **18** 報道発表の翌日は問い合わせが殺到し、ずっと対応に終われるだろう。（　　）→（　　）

□ **19** 今となっては取り帰しがつかないが、経験を次に生かすことは出来る。（　　）→（　　）

□ **20** 目冷ましい活躍を見せる女性アスリートに歓声が上がった。（　　）→（　　）

---

9 傍→防（防止）
10 戦→選（予選）
11 走→送（送迎）
12 基→起（起源）
13 唱→賞（賞味）
14 技→義（義務）
15 価→貨（雑貨）
16 尋→訪（訪ねた）
17 賛→参（参加）
18 終→追（追われる）
19 帰→返（取り返し）
20 冷→覚（目覚ましい）

意味　13［賞味＝味わいながら食べること］

よく ねらわれる！ B

誤字訂正 ⑤

得点 /20

次の各文にまちがって使われている同じ読みの漢字が一字ある。上の（　）に誤字を、下の（　）に正しい漢字を記せ。

□ 1 ロケットの推信力を増幅させる装置には、高熱に耐える性能が必要だ。（　）→（　）

□ 2 彼は問題処理にあたり、自由採量の範囲で最良の判断をした。（　）→（　）

□ 3 彼女は留学先で非常に高名な人物からピアノの指道を受けたという。（　）→（　）

□ 4 次の冒険は大陸を南北に住断するもので、過去最長の移動距離になる。（　）→（　）

□ 5 大雪の影響で、慣れない歩行者の転倒事故が都内で俗発した。（　）→（　）

□ 6 仕事が多忙を極め、不規則な生活のために便肥しがちだ。（　）→（　）

□ 7 彼女は健康なはだを維持するため、紫害線対策を重要視している。（　）→（　）

□ 8 新しい劇場での上援は立ち見の観客が出るほど大盛況だった。（　）→（　）

解答

1 信→進（推進力）
2 採→裁（裁量）
3 道→導（指導）
4 住→縦（縦断）
5 俗→続（続発）
6 肥→秘（便秘）
7 害→外（紫外線）
8 援→演（上演）

意味 2［裁量＝その人の考えで判断して物事を処理すること］

□ 9 絶めつの危機にある動物が誤って補獲され、現在動物園で飼育されている。（　）→（　）

□ 10 予期せぬ事故の発生を未前に防ぐため、工場での安全管理に注力した。（　）→（　）

□ 11 仮想世界での交流に依存し、実社会での人間関係が希薄化する風調を嘆く。（　）→（　）

□ 12 会長からの急な指示にも関わらず、即興で見事な延奏をしてみせた。（　）→（　）

□ 13 その国では乱獲を防止する規則により、豊富な水産資元を守っている。（　）→（　）

□ 14 全国大会の常連校を相手に、守備重視の戦述が功を奏して互角に渡り合う。（　）→（　）

□ 15 治療に運動と食事制限を加えることで相乗効可が得られた。（　）→（　）

□ 16 一向に変わらない状況に地元住民は深い失亡感を味わっている。（　）→（　）

□ 17 交番でバス停から自動車教修所までの徒歩での道のりを尋ねる。（　）→（　）

□ 18 自動車関連の需要が拡大し、景気が立ち治る要因となった。（　）→（　）

□ 19 隣国からの襲来に対して援軍を波遣し、反撃する意思を明確に示した。（　）→（　）

□ 20 持っている資格や能力も大事だが、面接では人柄を重使する。（　）→（　）

---

9 補→捕（捕獲）
10 前→然（未然）
11 調→潮（風潮）
12 延→演（演奏）
13 元→源（資源）
14 述→術（戦術）
15 可→果（効果）
16 亡→望（失望感）
17 修→習（教習所）
18 治→直（立ち直る）
19 波→派（派遣）
20 使→視（重視）

意味 16［失望＝思ったとおりにならず、がっかりすること］

よく
ねらわれる！ B

誤字訂正 ⑥

得点
／20

次の各文にまちがって使われている同じ読みの漢字が一字ある。上の（　）に誤字を、下の（　）に正しい漢字を記せ。

□ 1 取引先の会社の記念式典に紹待され、出席することにした。（　）→（　）

□ 2 参加者の議論が活性化するため、建設的な批判は観迎される。（　）→（　）

□ 3 西洋の貴族と平民による悲嘆を題材にした著名な交協曲が演奏された。（　）→（　）

□ 4 旧来の常識を打ち破る新製品に、従来の客からの注文が殺倒した。（　）→（　）

□ 5 国内でも掘指の強豪チームが海外に遠征し、各地で熱戦を繰り広げた。（　）→（　）

□ 6 この戯曲はある歴史上の名場面を忠実に再元して執筆されたものだ。（　）→（　）

□ 7 不可解な判定で敗れた選手たちは強い口調で激しく攻議した。（　）→（　）

□ 8 漁獲高が減少している魚種では、養植技術の早い確立が望まれている。（　）→（　）

解答

1 紹→招（招待）
2 観→歓（歓迎）
3 協→響（交響曲）
4 倒→到（殺到）
5 掘→屈（屈指）
6 元→現（再現）
7 攻→抗（抗議）
8 植→殖（養殖）

意味 4［殺到＝多くの人や物が一か所に押し寄せること］

□ 9 最新の技術開発により従来の製品はすでに時代送れの産物と化した。（　　）→（　　）

□ 10 鉄砲水で提防が決壊しそうなので、早急な補修工事が必要だ。（　　）→（　　）

□ 11 高原にある非暑地の旅館から望む山脈の主峰には雪が残っている。（　　）→（　　）

□ 12 ビルの建設について、周返地域の住人からは非難の声が上がっていた。（　　）→（　　）

□ 13 市場でのび悩みを見せた会社が買収に成功し、業界の首位に踊り出た。（　　）→（　　）

□ 14 医師の治料により病気は回復傾向にあるので、自宅で静養することになった。（　　）→（　　）

□ 15 たくさんの枝葉が繁茂してできた木影にすずしげな風が吹いた。（　　）→（　　）

□ 16 次の選挙に立候補するため、政策に賛同してくれる支縁者をつのった。（　　）→（　　）

□ 17 今年の冬は、日本列島の太平洋側では幹燥した晴天が続いている。（　　）→（　　）

□ 18 近所に新接された学校の生徒集めは苦戦しているようだった。（　　）→（　　）

□ 19 戦後、医学は目覚ましい進典をとげ、延命治療が可能となった。（　　）→（　　）

□ 20 健康を意識した客には生地に野菜を練り込んだ焼き果子が評判だ。（　　）→（　　）

---

9 送→遅（遅れ）
10 提→堤（堤防）
11 非→避（避暑地）
12 返→辺（周辺）
13 踊→躍（躍り）
14 料→療（治療）
15 影→陰（木陰）
16 縁→援（支援者）
17 幹→乾（乾燥）
18 接→設（新設）
19 典→展（進展）
20 果→菓（菓子）

意味 13［躍り出る＝急に、勢いをつけてとび出すこと］

よく ねらわれる！ B

書き取り ①

15分で解こう！

20点以上とれれば合格！

得点 ／28

次の――線のカタカナを漢字に直せ。

□ 1 キミョウなことばかりが起こる。（　　）

□ 2 キュウリをワギりにする。（　　）

□ 3 年上の人とケイゴで話す。（　　）

□ 4 友達とのキョリ感がつかめない。（　　）

□ 5 生徒会長に友人をオす。（　　）

□ 6 今後のホウシンを決定する。（　　）

□ 7 牧場の羊の毛をカる。（　　）

□ 8 戸別にホウモンする。（　　）

□ 9 友達をミカギることはできない。（　　）

□ 10 人通りがぱったりとタえる。（　　）

□ 11 早起きがシュウカンとなる。（　　）

□ 12 悪天候に視界がトざされる。（　　）

解答

1 奇妙　2 輪切　3 敬語　4 距離　5 推　6 方針　7 刈　8 訪問　9 見限　10 絶　11 習慣　12 閉

意味 3［敬語＝聞き手や話の中の人物に対する敬意を表す言葉遣い。また、そのための語］

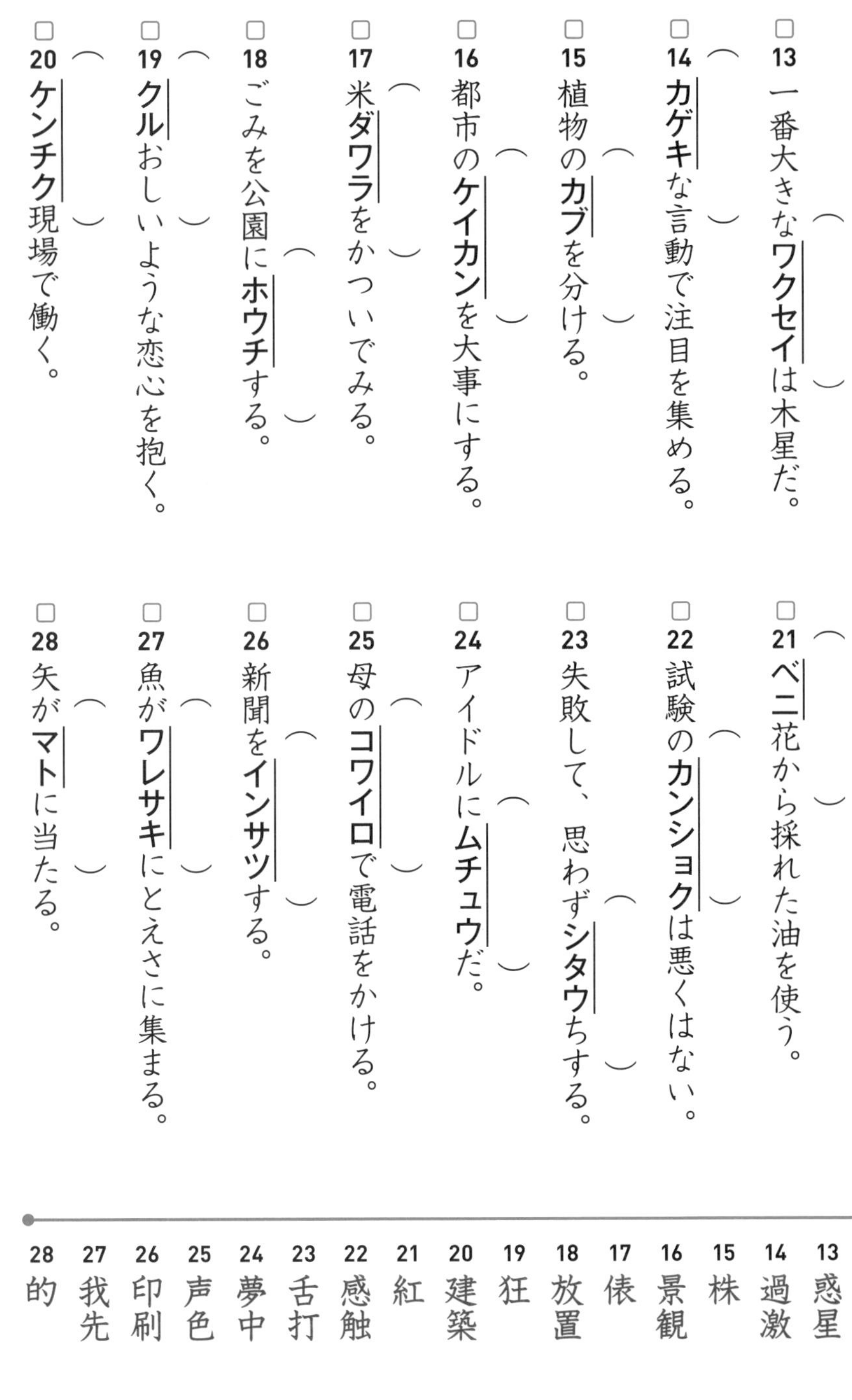

□13 一番大きなワクセイは木星だ。（　　）

□14 カゲキな言動で注目を集める。（　　）

□15 植物のカブを分ける。（　　）

□16 都市のケイカンを大事にする。（　　）

□17 米ダワラをかついでみる。（　　）

□18 ごみを公園にホウチする。（　　）

□19 クルおしいような恋心を抱く。（　　）

□20 ケンチク現場で働く。（　　）

□21 ベニ花から採れた油を使う。（　　）

□22 試験のカンショクは悪くはない。（　　）

□23 失敗して、思わずシタウちする。（　　）

□24 アイドルにムチュウだ。（　　）

□25 母のコワイロで電話をかける。（　　）

□26 新聞をインサツする。（　　）

□27 魚がワレサキにとえさに集まる。（　　）

□28 矢がマトに当たる。（　　）

13 惑星
14 過激
15 株
16 景観
17 俵
18 放置
19 狂
20 建築
21 紅
22 感触
23 舌打
24 夢中
25 声色
26 印刷
27 我先
28 的

意味 18［放置＝構わずに放っておくこと］ 25［声色＝声の様子。声の調子］

よく
ねらわれる！ B

書き取り ②

15分で解こう！

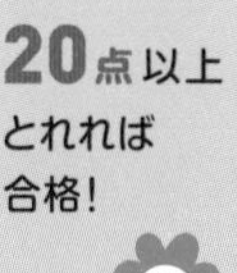

20点以上とれれば合格！

得点 ／28

次の——線のカタカナを漢字に直せ。

□ 1 隣にユウビンを届ける。（　　）
□ 2 テアツい保護を受ける。（　　）
□ 3 強風ケイホウが出される。（　　）
□ 4 シンゾウの音が高鳴ってくる。（　　）
□ 5 ヤサしい問題から解いていく。（　　）
□ 6 逃げた鳥をようやくツカまえた。（　　）
□ 7 立派なモンガマえの家が多い。（　　）
□ 8 男女平等をトナえる。（　　）
□ 9 実力はゴカクのはずだ。（　　）
□ 10 大声をあげて助けをヨぶ。（　　）
□ 11 部屋をセイケツにする。（　　）
□ 12 ぬれていた服がカワいた。（　　）

解答

1 郵便
2 手厚
3 警報
4 心臓
5 易
6 捕
7 門構
8 唱
9 互角
10 呼
11 清潔
12 乾

意味 2［手厚い＝もてなしや取り扱いが親切でていねいである］

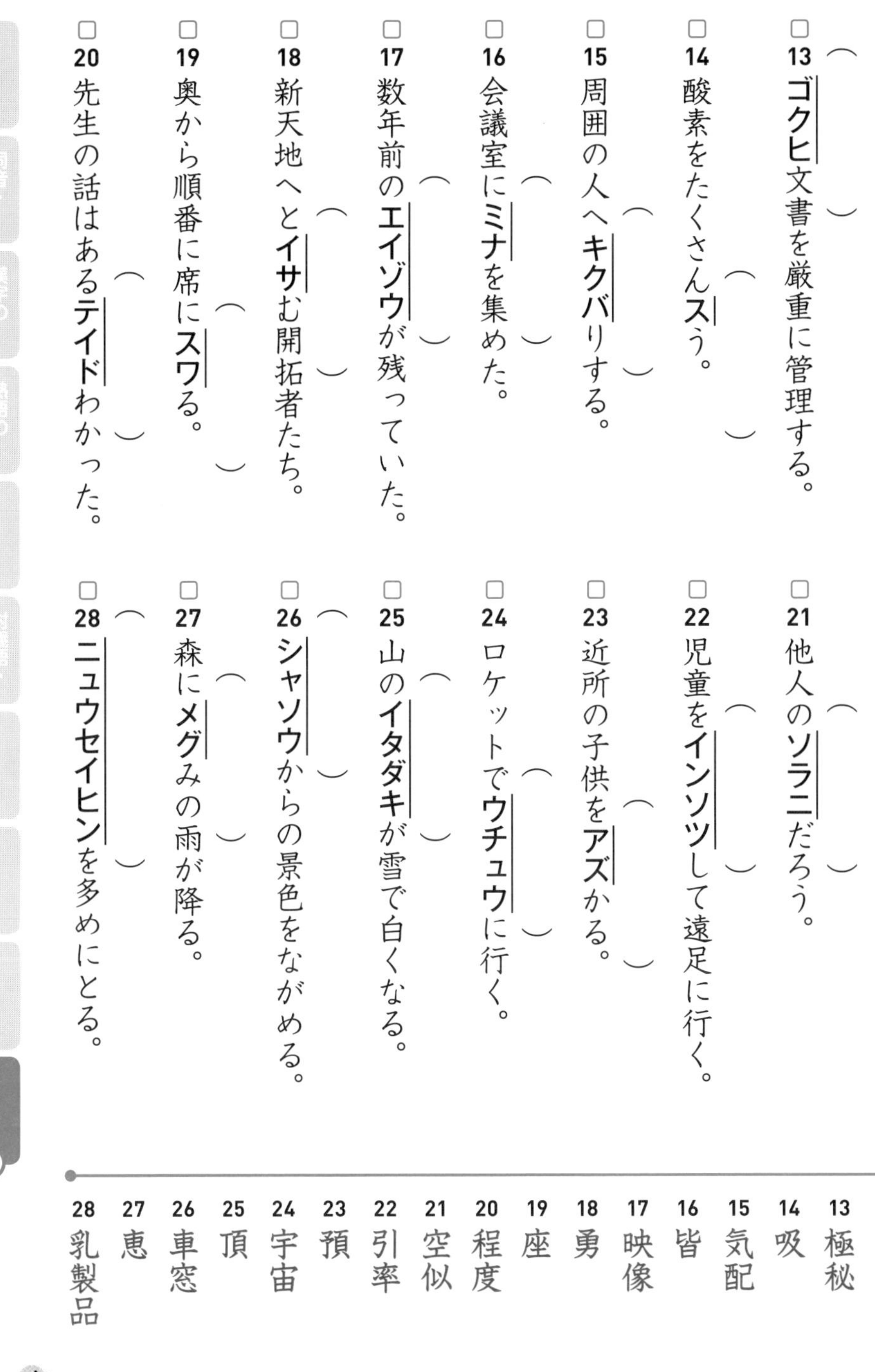

□13 ゴクヒ文書を厳重に管理する。（　　）
□14 酸素をたくさんスう。（　　）
□15 周囲の人へキクバりする。（　　）
□16 会議室にミナを集めた。（　　）
□17 数年前のエイゾウが残っていた。（　　）
□18 新天地へとイサむ開拓者たち。（　　）
□19 奥から順番に席にスワる。（　　）
□20 先生の話はあるテイドわかった。（　　）

□21 他人のソラニだろう。（　　）
□22 児童をインソツして遠足に行く。（　　）
□23 近所の子供をアズかる。（　　）
□24 ロケットでウチュウに行く。（　　）
□25 山のイタダキが雪で白くなる。（　　）
□26 シャソウからの景色をながめる。（　　）
□27 森にメグみの雨が降る。（　　）
□28 ニュウセイヒンを多めにとる。（　　）

読み／同音・同訓異字／漢字の識別／熟語の構成／部首／対義語・類義語／送り仮名／四字熟語／誤字訂正／書き取り②

13 極秘　14 吸　15 気配　16 皆　17 映像　18 勇　19 座　20 程度　21 空似　22 引率　23 預　24 宇宙　25 頂　26 車窓　27 恵　28 乳製品

意味　13［極秘＝関係者以外には絶対秘密であること］　26［車窓＝列車・電車・自動車などの窓］

よく ねらわれる！ B

書き取り③

15分で解こう！

20点以上とれれば合格！

得点 ／28

次の――線のカタカナを漢字に直せ。

□1 集中ゴウウに見舞われる。（　）

□2 私の力のミナモトはご飯です。（　）

□3 彼は今アオナに塩だ。（　）

□4 自分の畑でコクモツを作りたい。（　）

□5 ツミブカい行いを許せない。（　）

□6 誤って障子をヤブる。（　）

□7 巨額のボウエキ赤字が出る。（　）

□8 老後はイナカで暮らしたい。（　）

□9 ヨキンが五百万円になった。（　）

□10 ほめられてウチョウテンになる。（　）

□11 道場でシナイを素振りする。（　）

□12 ヤクザイ師になるのが夢だ。（　）

解答

1 豪雨
2 源
3 青菜
4 穀物
5 罪深
6 破
7 貿易
8 田舎
9 預金
10 有頂天
11 竹刀
12 薬剤

意味 3［青菜に塩＝元気がなく、しょんぼりしているさま］

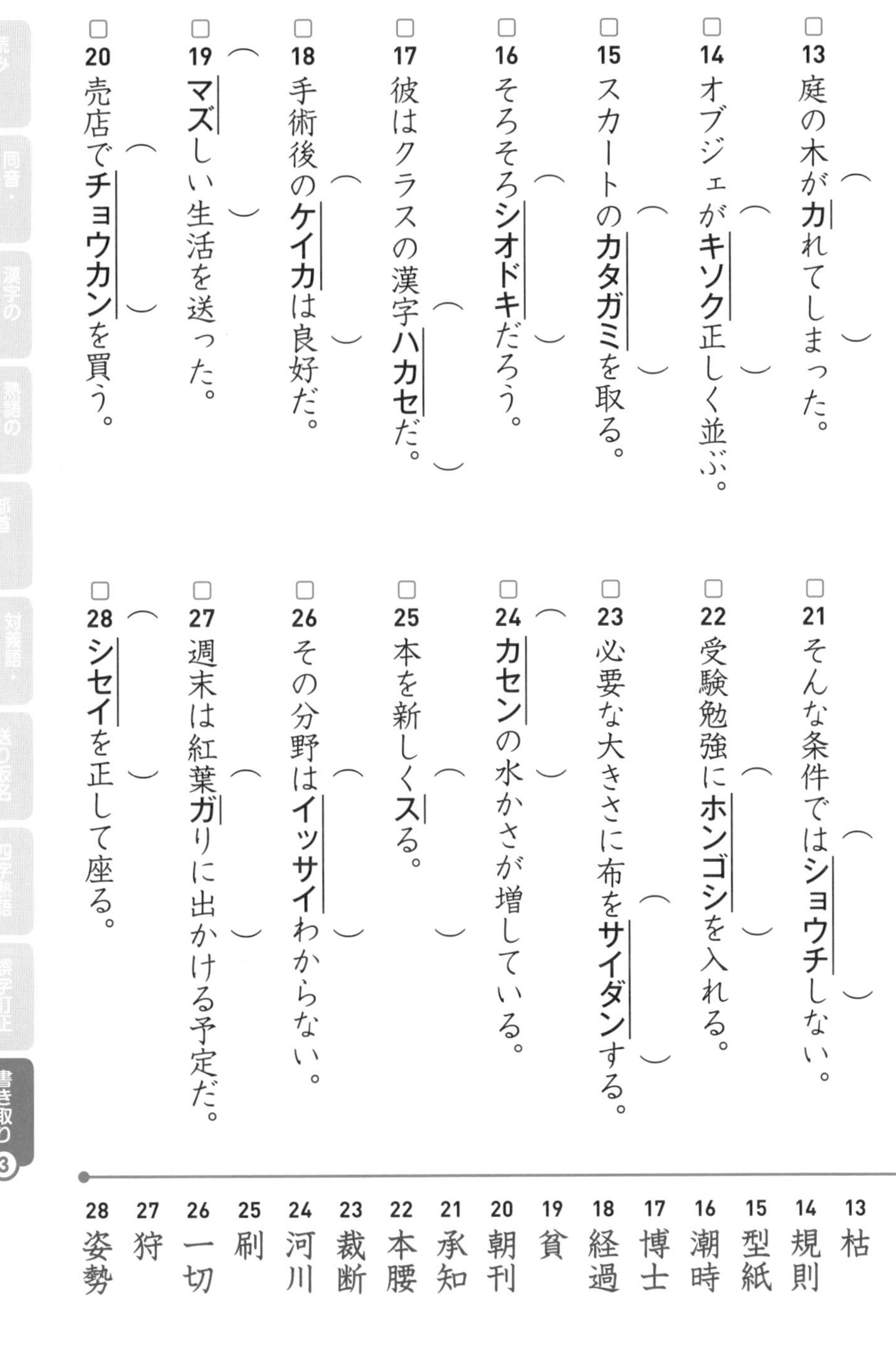

□13 庭の木が**カ**れてしまった。（　）

□14 オブジェが**キソク**正しく並ぶ。（　）

□15 スカートの**カタガミ**を取る。（　）

□16 そろそろ**シオドキ**だろう。（　）

□17 彼はクラスの漢字**ハカセ**だ。（　）

□18 手術後の**ケイカ**は良好だ。（　）

□19 **マズ**しい生活を送った。（　）

□20 売店で**チョウカン**を買う。（　）

□21 そんな条件では**ショウチ**しない。（　）

□22 受験勉強に**ホンゴシ**を入れる。（　）

□23 必要な大きさに布を**サイダン**する。（　）

□24 **カセン**の水かさが増している。（　）

□25 本を新しく**ス**る。（　）

□26 その分野は**イッサイ**わからない。（　）

□27 週末は紅葉**ガ**りに出かける予定だ。（　）

□28 **シセイ**を正して座る。（　）

13 枯　14 規則　15 型紙　16 潮時　17 博士　18 経過　19 貧　20 朝刊　21 承知　22 本腰　23 裁断　24 河川　25 刷　26 一切　27 狩　28 姿勢

意味　23［裁断＝型に合わせて紙・布などを切ること］

よく ねらわれる！ B

書き取り ④

15分で解こう！

20点以上とれれば合格！

得点 /28

次の——線のカタカナを漢字に直せ。

□ 1 イゼンとして否認を続けている。（　　）

□ 2 確認をして書類に判をオす。（　　）

□ 3 新郎のご両親をショウカイします。（　　）

□ 4 祖母が笑顔で孫をダいている。（　　）

□ 5 チキュウギを机の上に置いた。（　　）

□ 6 シバイの練習にはげむ。（　　）

□ 7 胸のオクソコに秘めた思いを持つ。（　　）

□ 8 機械の動きをセイギョする。（　　）

□ 9 前途あるワコウドに夢をたくす。（　　）

□ 10 オソザきの桜を見に行く。（　　）

□ 11 シボウ太りを防ぐ。（　　）

□ 12 日本の選手が上位をシめた。（　　）

解答

1 依然
2 押
3 紹介
4 抱
5 地球儀
6 芝居
7 奥底
8 制御
9 若人
10 遅咲
11 脂肪
12 占

意味 1［依然＝もとの通りで変わっていないさま］

□13 好敵手にタイコウ意識を燃やす。（　　）

□14 台所の流し場でイモを洗った。（　　）

□15 予定がヘンコウになったと告げる。（　　）

□16 風通しの良い場所でカゲボしする。（　　）

□17 トッピョウシもない発言が出た。（　　）

□18 事をアラダてるつもりはない。（　　）

□19 機内キンエンにご協力ください。（　　）

□20 スイテキが窓を伝う。（　　）

□21 ヒトカゲもまばらな店内に入る。（　　）

□22 騒乱に備えて厳しくケイカイする。（　　）

□23 看護師が注射の針を腕にサす。（　　）

□24 ギョカク高は減少傾向にある。（　　）

□25 スんだきれいな目をしている。（　　）

□26 晴ればかりで空気がカンソウする。（　　）

□27 贈り物で相手のカンシンを買う。（　　）

□28 ネボウして新幹線に乗り損ねた。（　　）

13 対抗
14 芋
15 変更
16 陰干
17 突拍子
18 荒立
19 禁煙
20 水滴
21 人影
22 警戒
23 刺
24 漁獲
25 澄
26 乾燥
27 歓心
28 寝坊

意味 16［陰干し＝日陰で干して乾かすこと］

よく ねらわれる！ B

書き取り ⑤

15分で解こう！

20点以上とれれば合格！

得点 ／28

次の――線のカタカナを漢字に直せ。

□1 おみくじを引いたらキョウだった。（　　）
□2 希望にカガヤく未来が待つ。（　　）
□3 キョウレツな一打を浴びせる。（　　）
□4 子供のころよくオニごっこをした。（　　）
□5 人間は自然のオンケイに浴する。（　　）
□6 最もオソろしいのは油断だ。（　　）
□7 会社役員と工場長をケンムする。（　　）
□8 祭はセイキョウのうちに終わった。（　　）
□9 彼が息をハズませ向かってきた。（　　）
□10 小包をゲンカン先で受け取る。（　　）
□11 私の興味はウスらいだ。（　　）
□12 原稿のシッピツにとりかかる。（　　）

解答

1 凶
2 輝
3 強烈
4 鬼
5 恩恵
6 恐
7 兼務
8 盛況
9 弾
10 玄関
11 薄
12 執筆

意味 9［息を弾ませる＝激しい息づかいをする］

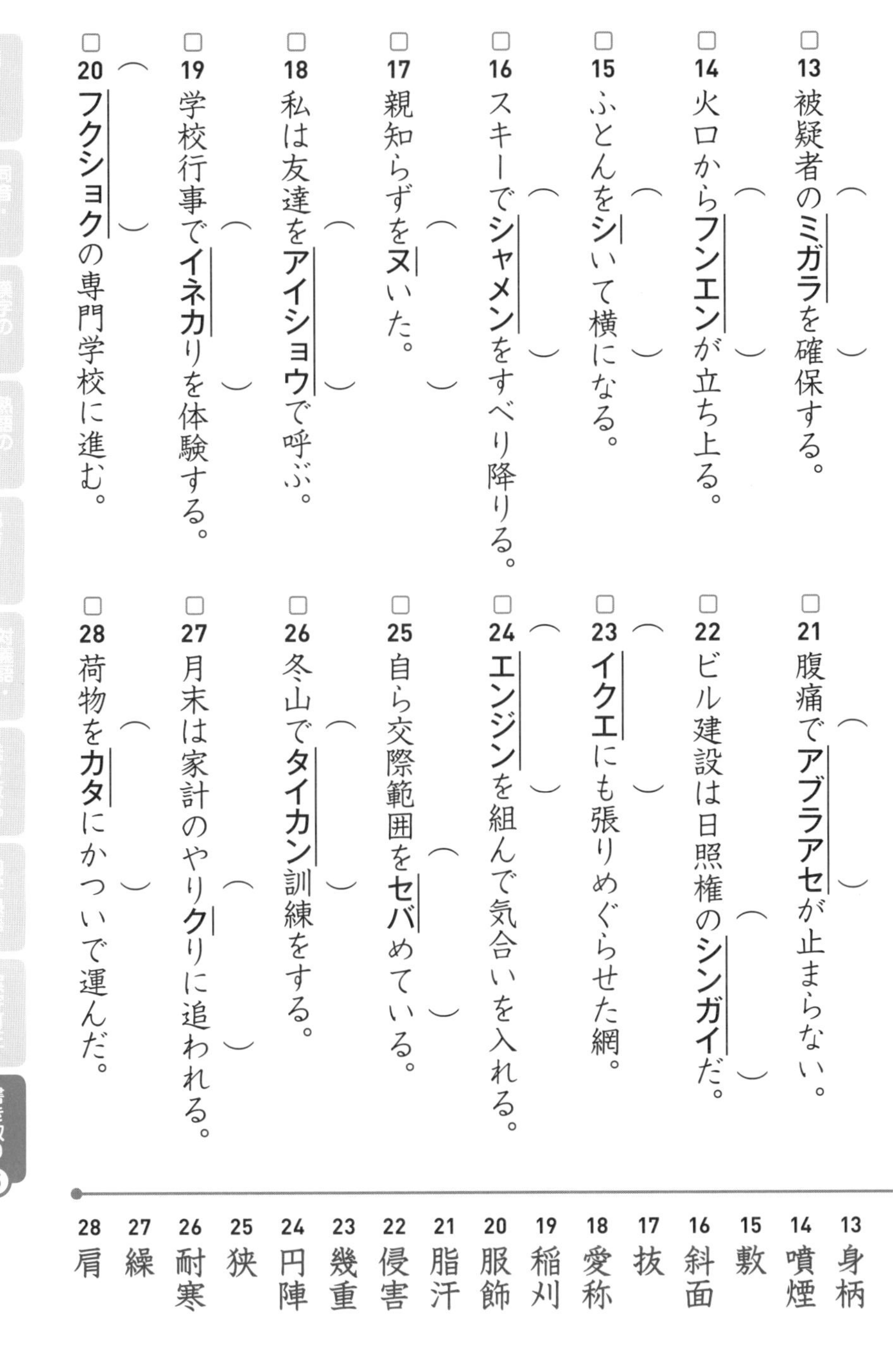

13 被疑者のミガラを確保する。（　　）
14 火口からフンエンが立ち上る。（　　）
15 ふとんをシいて横になる。（　　）
16 スキーでシャメンをすべり降りる。（　　）
17 親知らずをヌいた。（　　）
18 私は友達をアイショウで呼ぶ。（　　）
19 学校行事でイネカりを体験する。（　　）
20 フクショクの専門学校に進む。（　　）
21 腹痛でアブラアセが止まらない。（　　）
22 ビル建設は日照権のシンガイだ。（　　）
23 イクエにも張りめぐらせた網。（　　）
24 エンジンを組んで気合いを入れる。（　　）
25 自ら交際範囲をセバめている。（　　）
26 冬山でタイカン訓練をする。（　　）
27 月末は家計のやりクりに追われる。（　　）
28 荷物をカタにかついで運んだ。（　　）

13 身柄
14 噴煙
15 敷
16 斜面
17 抜
18 愛称
19 稲刈
20 服飾
21 脂汗
22 侵害
23 幾重
24 円陣
25 狭
26 耐寒
27 繰
28 肩

読み　同音・同訓異字　漢字の識別　熟語の構成　部首　対義語・類義語　送り仮名　四字熟語　誤字訂正　書き取り ⑤

意味　18［愛称＝親しみの気持ちで呼ぶ別の名。ニックネーム］

よく ねらわれる！ B

書き取り ⑥

15分で解こう！

20点以上とれれば合格！

得点　/28

次の――線のカタカナを漢字に直せ。

□ 1 家財道具をテイトウに入れる。（　　）
□ 2 石油製品がノキナみ値上げされる。（　　）
□ 3 思い出の場所がヘイサされた。（　　）
□ 4 目標は達成されるミコみだ。（　　）
□ 5 議場はドゴウとやじに包まれた。（　　）
□ 6 早朝の森のカオりが心地よい。（　　）
□ 7 指導方法をトウシュウする。（　　）
□ 8 この液体はトウメイだ。（　　）
□ 9 ムラサキイロの花を数本買う。（　　）
□ 10 会場は大勢の客でマンパイだ。（　　）
□ 11 パーティーではカベの花になった。（　　）
□ 12 キハクにあふれる演技である。（　　）

解答

1 抵当　2 軒並　3 閉鎖　4 見込　5 怒号　6 香　7 踏襲　8 透明　9 紫色　10 満杯　11 壁　12 気迫

意味 11［壁の花＝会話の輪から外れている女性］

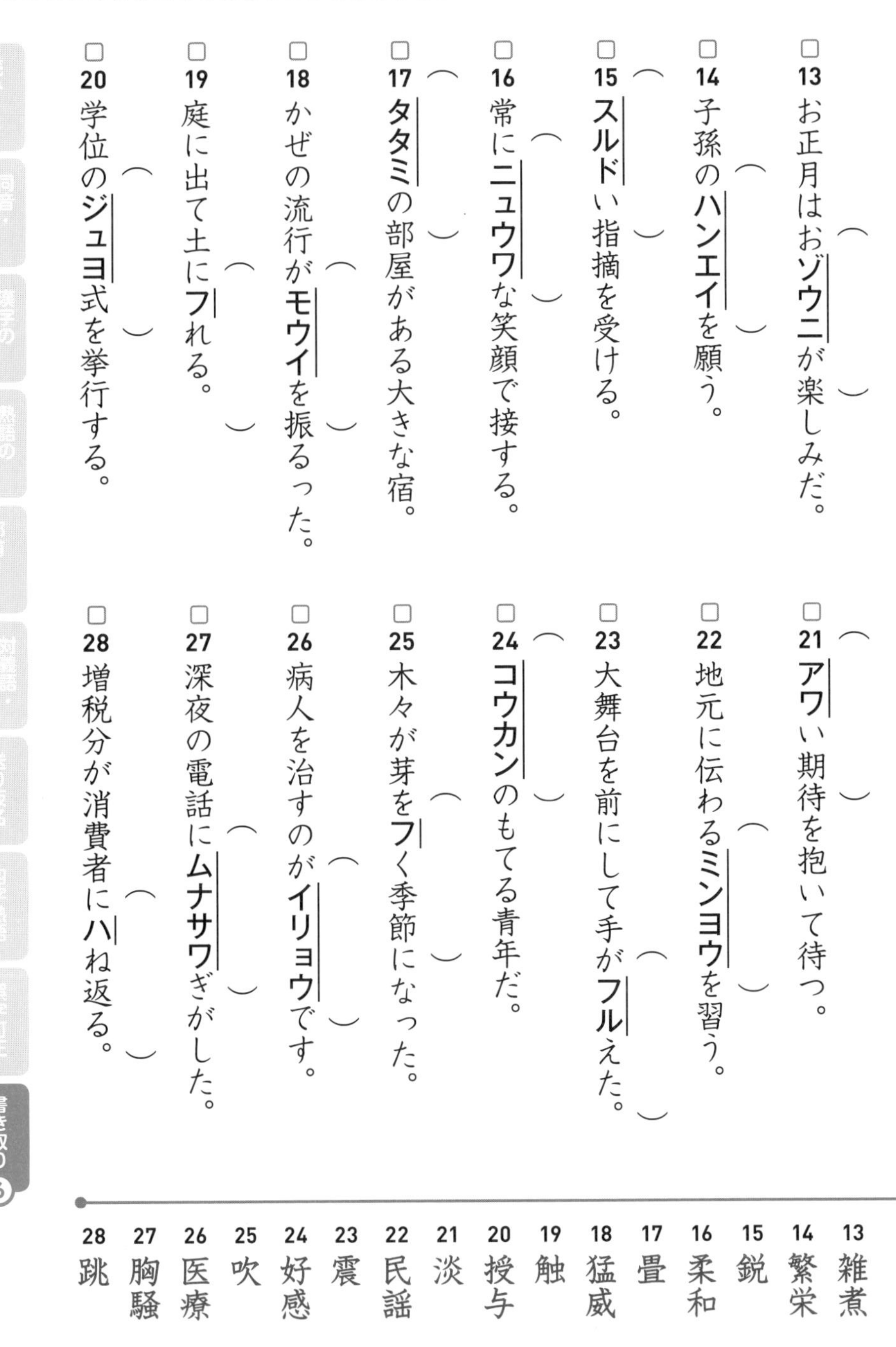

□ 13 お正月はお**ゾウニ**が楽しみだ。（　　）

□ 14 子孫の**ハンエイ**を願う。（　　）

□ 15 **スルド**い指摘を受ける。（　　）

□ 16 常に**ニュウワ**な笑顔で接する。（　　）

□ 17 **タタミ**の部屋がある大きな宿。（　　）

□ 18 かぜの流行が**モウイ**を振るった。（　　）

□ 19 庭に出て土に**フ**れる。（　　）

□ 20 学位の**ジュヨ**式を挙行する。（　　）

□ 21 **アワ**い期待を抱いて待つ。（　　）

□ 22 地元に伝わる**ミンヨウ**を習う。（　　）

□ 23 大舞台を前にして手が**フル**えた。（　　）

□ 24 **コウカン**のもてる青年だ。（　　）

□ 25 木々が芽を**フ**く季節になった。（　　）

□ 26 病人を治すのが**イリョウ**です。（　　）

□ 27 深夜の電話に**ムナサワ**ぎがした。（　　）

□ 28 増税分が消費者に**ハ**ね返る。（　　）

---

13 雑煮　14 繁栄　15 鋭　16 柔和　17 畳　18 猛威　19 触　20 授与　21 淡　22 民謡　23 震　24 好感　25 吹　26 医療　27 胸騒　28 跳

意味 25［吹く＝表面に出てくる］

よく
ねらわれる！
B

書き取り ⑦

15分で解こう！

20点以上とれれば合格！

得点
/28

次の――線のカタカナを漢字に直せ。

□ 1 ヒレンの物語を読んで涙する。（　　）
□ 2 犬のオから気持ちを読み取る。（　　）
□ 3 彼のヒッセキだとすぐにわかった。（　　）
□ 4 母親が赤ん坊にソい寝している。（　　）
□ 5 キョクタンな発言ばかりが出た。（　　）
□ 6 ゆっくりと息をハいて目を閉じる。（　　）
□ 7 事件のケイイを順を追って話す。（　　）
□ 8 イカりで顔が紅潮する。（　　）
□ 9 漢詩のエイキョウを受けた和歌。（　　）
□ 10 モモは熟れたものがうまい。（　　）
□ 11 留学生をエンゴする組織で働く。（　　）
□ 12 エンギをかつぐ人は結構多い。（　　）

解答
1 悲恋
2 尾
3 筆跡
4 添
5 極端
6 吐
7 経緯
8 怒
9 影響
10 桃
11 援護
12 縁起

意味 1［悲恋＝思いがとげられず悲しい結末に終わる恋］

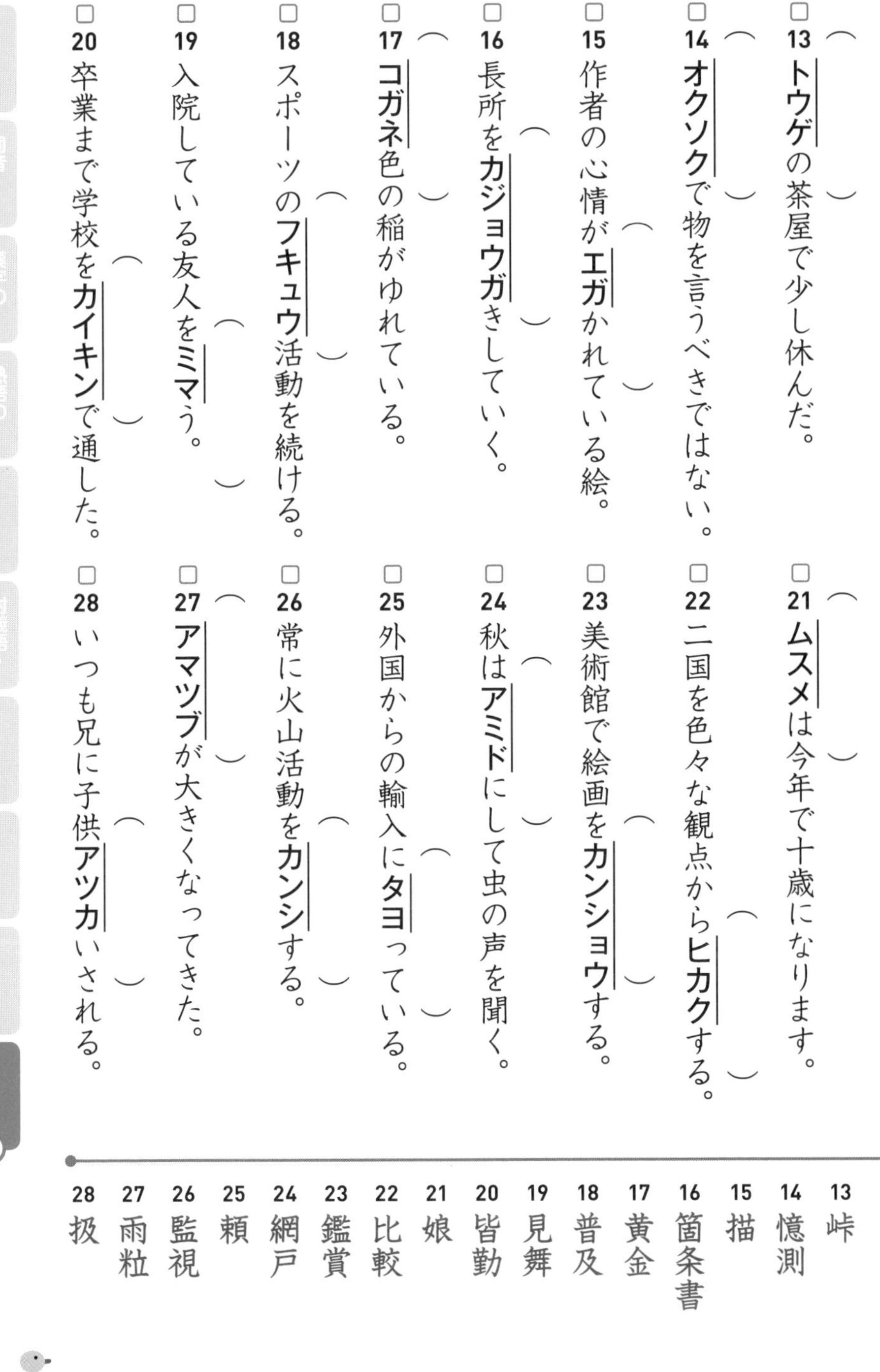

□ 13 **トウゲ**の茶屋で少し休んだ。（　　）

□ 14 **オクソク**で物を言うべきではない。（　　）

□ 15 作者の心情が**エガ**かれている絵。（　　）

□ 16 長所を**カジョウガ**きしていく。（　　）

□ 17 **コガネ**色の稲がゆれている。（　　）

□ 18 スポーツの**フキュウ**活動を続ける。（　　）

□ 19 入院している友人を**ミマ**う。（　　）

□ 20 卒業まで学校を**カイキン**で通した。（　　）

□ 21 **ムスメ**は今年で十歳になります。（　　）

□ 22 二国を色々な観点から**ヒカク**する。（　　）

□ 23 美術館で絵画を**カンショウ**する。（　　）

□ 24 秋は**アミド**にして虫の声を聞く。（　　）

□ 25 外国からの輸入に**タヨ**っている。（　　）

□ 26 常に火山活動を**カンシ**する。（　　）

□ 27 **アマツブ**が大きくなってきた。（　　）

□ 28 いつも兄に子供**アツカ**いされる。（　　）

---

13 峠
14 憶測
15 描
16 箇条書
17 黄金
18 普及
19 見舞
20 皆勤
21 娘
22 比較
23 鑑賞
24 網戸
25 頼
26 監視
27 雨粒
28 扱

意味 20［皆勤＝一日も休まず出席・出勤すること］

予想問題

本番形式の予想問題3回分

第1回 予想問題

制限時間 60分

合格点 140点

得点 /200

1

次の――線の**漢字の読み**を**ひらがな**で記せ。

各1点 /30

1 手数料が別途かかります。（　　）

2 学校に書物を贈与する。（　　）

3 玄関の方から物音がする。（　　）

4 逃走した犯人を捕らえる。（　　）

5 転んだ拍子にけがをした。（　　）

6 水中での屈折率を調べる。（　　）

7 要項をよく読んで申しこむ。（　　）

8 彼は熱狂的な野球ファンだ。（　　）

9 被災者のために協力する。（　　）

10 荷重に耐えきれず床が抜けた。（　　）

11 隠然たる勢力を持っている人物。（　　）

12 病気の治療には根気がいる。（　　）

2

次の――線の**カタカナ**にあてはまる漢字をそれぞれの**ア～オ**から**一つ**選び、**記号**を記せ。

各2点 /30

1 都会は高ソウビルが多い。（　　）

2 間ソウ中のサックスが美しかった。（　　）

3 開演前に舞台ソウ置を確かめる。（　　）

（**ア** 総　**イ** 層　**ウ** 宗　**エ** 奏　**オ** 装）

4 当時のことをセン明に思い出す。（　　）

5 クラスの人気を独センした。（　　）

6 京都でセン子を買った。（　　）

（**ア** 扇　**イ** 占　**ウ** 泉　**エ** 鮮　**オ** 線）

7 祭りは大盛キョウに終わった。（　　）

8 大きな交キョウ楽団に入団した。（　　）

9 彼の記憶力はキョウ異的だった。（　　）

（**ア** 響　**イ** 興　**ウ** 況　**エ** 恐　**オ** 驚）

13 つらい苦悩が続いている。（　　）
14 バッグの盗難にあう。（　　）
15 山中の露天ぶろは最高だ。（　　）
16 これは極上の一品だ。（　　）
17 彼に疑惑の目が向けられた。（　　）
18 家具をトラックで搬送する。（　　）
19 円盤の形をした雲を見た。（　　）
20 身長差を考慮に入れよう。（　　）
21 明日の仕事に差し支える。（　　）
22 担任の先生のご自宅へ伺う。（　　）
23 試しに買って使ってみた。（　　）
24 たまっていた不満が噴き出した。（　　）
25 他人の権利は侵してはいけない。（　　）
26 箱に誕生日のプレゼントを詰める。（　　）
27 土を掘って球根を植える。（　　）
28 夜空に星がきらきらと輝く。（　　）
29 高価なものと比べても見劣りしない。（　　）
30 子供のようによく眠る。（　　）

10 新宿をケイ由して目的地に向かう。（　　）
11 首相が代表選手の表ケイを受けた。（　　）
12 ケイ斜が非常に急な坂。（　　）

（ア 傾　イ 敬　ウ 系　エ 経　オ 恵）

13 十一月上ジュン並みの気温。（　　）
14 生産後ジュン次お届けいたします。（　　）
15 ジュン回バスに乗って駅に行く。（　　）

（ア 順　イ 純　ウ 旬　エ 巡　オ 盾）

3 **1〜5**の三つの□に**共通する漢字**を入れて熟語を作れ。漢字は**ア〜コ**から**一つ**選び、**記号**を記せ。

各2点 ／10

1 着□・□退・□出（　　）
2 □儀・結□・□礼（　　）
3 □物・民□・□事（　　）
4 黙□・□可・是□（　　）
5 自□・高□・□性（　　）

ア 認	イ 婚	ウ 論	エ 脱	オ 継
カ 謝	キ 秘	ク 俗	ケ 影	コ 慢

解答は226ページ

4 **熟語の構成**のしかたには次のようなものがある。

各2点 ／20

ア 同じような意味の漢字を重ねたもの（**岩石**）
イ 反対または対応の意味を表す字を重ねたもの（**高低**）
ウ 上の字が下の字を修飾しているもの（**洋画**）
エ 下の字が上の字の目的語・補語になっているもの（**着席**）
オ 上の字が下の字の意味を打ち消しているもの（**非常**）

次の熟語は右の**ア**〜**オ**のどれにあたるか、**一つ**選び、**記号**を記せ。

1 無為（　）
2 利害（　）
3 繁茂（　）
4 惨状（　）
5 援助（　）

6 功罪（　）
7 仰天（　）
8 豪雪（　）
9 未詳（　）
10 始末（　）

6 後の□内のひらがなを漢字に直して□に入れ、**対義語**・**類義語**を作れ。□内のひらがなは一度だけ使い、**一字記入**せよ。

各2点 ／20

対義語

1 厳寒―□暑（　）
2 閉鎖―開□（　）
3 遠方―近□（　）
4 末尾―冒□（　）
5 確信―憶□（　）

類義語

6 激賞―□賛（　）
7 傍観―座□（　）
8 不在―□守（　）
9 案内―先□（　）
10 栄光―名□（　）

5 次の漢字の**部首**を**ア～エ**から**一つ**選び、**記号**を記せ。

各1点 /10

1 垂（ア ノ　イ 十　ウ 土　エ 一）（　）
2 微（ア 彳　イ 山　ウ 儿　エ 攵）（　）
3 離（ア 亠　イ 冂　ウ 亻　エ 隹）（　）
4 酒（ア 氵　イ 一　ウ 酉　エ 儿）（　）
5 夢（ア 艹　イ 罒　ウ 冖　エ 夕）（　）
6 参（ア 厶　イ 一　ウ 人　エ 彡）（　）
7 幕（ア 艹　イ 日　ウ 八　エ 巾）（　）
8 隷（ア 士　イ 示　ウ 隶　エ 亅）（　）
9 暮（ア 艹　イ 大　ウ 一　エ 日）（　）
10 盆（ア 八　イ 人　ウ 刀　エ 皿）（　）

し・ぜっ・そく・とう・どう・ほう・もう・よ・りん・る

7 次の――線の**カタカナ**を**漢字一字**と**送りがな（ひらがな）**に直せ。

各2点 /10

例 問題に**コタエル**。（答える）

1 **コマカイ**砂がくつに入った。（　）
2 彼の身体能力は**スグレ**ている。（　）
3 彼の行動にはあきれ**ハテル**。（　）
4 海辺で砂の城を**キズイ**た。（　）
5 風が吹いて長い髪が顔に**フレル**。（　）

解答は226ページ

8

文中の**四字熟語**の――線の**カタカナ**を**漢字**に直せ。**一字記入**せよ。

各2点　／20

1 **前後不カク**の事態におちいる。（　　）

2 **コウ久平和**を願う。（　　）

3 **環境ホ全**を呼びかける。（　　）

4 **付和ライ同**する者が多い。（　　）

5 敵の**一キョ一動**に注目する。（　　）

6 **五里ム中**でさまよい続ける。（　　）

7 彼は**完全無ケツ**の天才だ。（　　）

8 お寺で**精ジン料理**をいただく。（　　）

9 しばらく**小コウ状態**が続いている。（　　）

10 **ハク学多才**な彼の周りに人が集まる。（　　）

10

次の――線の**カタカナ**を**漢字**に直せ。

1 高い**エントツ**が遠くに見える。（　　）

2 彼は**イソン**する心が強い。（　　）

3 彼の**ケッパク**が証明された。（　　）

4 **キュウカ**をとって旅行する。（　　）

5 両親に友人を**ショウカイ**する。（　　）

6 激しい**コウソウ**に巻き込まれる。（　　）

7 台風の大雨を**ケイカイ**する。（　　）

8 あの人は**ドクゼツ**家だ。（　　）

9 **キケン**な遊びを禁じる。（　　）

9 次の各文にまちがって使われている**同じ読みの漢字**が**一字**ある。**上に誤字**を、**下に正しい漢字**を記せ。

各2点 /10

1 老後には、海と山の両方が近場にある静かな土地で取味を楽しみたい。（ ・ ）

2 兄は、週集していた切手を母が誤って捨ててしまったため、ひどく怒った。（ ・ ）

3 地球温団化を防止するために、自動車ではなく徒歩で向かうようにしている。（ ・ ）

4 彼の発案は独想的すぎて、皆に理解してもらうことも実現させることもできない。（ ・ ）

5 最新の電化製品は様々な基能があり、複雑すぎてうまく使いこなすのが大変だ。（ ・ ）

10 盛大な**シュクフク**を受けた。（ ）

11 戸を**オ**して中に入る。（ ）

12 レポートの内容が**マズ**しい。（ ）

13 彼は初めて上司の命令に**ソム**いた。（ ）

14 近所の寺の神木は**ミキ**が太い。（ ）

15 事故で**ヒタイ**に傷を負った。（ ）

16 大きな包みをいくつも**カカ**える。（ ）

17 **オクバ**がしくしく痛む。（ ）

18 作品の完成が**オク**れる。（ ）

19 夕飯を**イタダ**いた。（ ）

20 街が**オビ**状に広がっている。（ ）

解答は226ページ

第2回 予想問題

制限時間 60分
合格点 140点
得点 /200

1 次の――線の**漢字の読み**を**ひらがな**で記せ。

各1点 /30

1 規範を守って生活する。（　）
2 世界平和を祈念する。（　）
3 絶叫マシンが大好きだ。（　）
4 真紅の衣装をまとう。（　）
5 壁面は落書きであふれていた。（　）
6 クイズに参加して賞金を獲得する。（　）
7 家を売却して地方に越す。（　）
8 運動会についての連絡網がくる。（　）
9 法に抵触してしまうだろう。（　）
10 この場所はすべて禁煙です。（　）
11 隣人から土産をもらう。（　）
12 プールの監視員をしている。（　）

2 次の――線の**カタカナ**にあてはまる漢字をそれぞれの**ア～オ**から**一つ**選び、**記号**を記せ。

各2点 /30

1 多くの才人をハイ出している。（　）
2 ハイ後に気配を感じた。（　）
3 落ち葉を季語にハイ句をよんだ。（　）
（**ア** 俳　**イ** 配　**ウ** 輩　**エ** 背　**オ** 肺）

4 この小説の設定はム盾だらけだ。（　）
5 君の考えはム想でしかない。（　）
6 遠くでム笛が聞こえる。（　）
（**ア** 無　**イ** 矛　**ウ** 霧　**エ** 務　**オ** 夢）

7 ガラスをスかして見た。（　）
8 池の水がスんでいる。（　）
9 スんだことは気にするな。（　）
（**ア** 済　**イ** 透　**ウ** 巣　**エ** 住　**オ** 澄）

13 彼は映画界の**鬼才**だ。（　）
14 火山から溶岩が**噴出**した。（　）
15 プラスチックは合成**樹脂**である。（　）
16 盛大な**拍手**をいただいた。（　）
17 **完膚**なきまでにたたきのめす。（　）
18 **相互**作用が成功を生み出した。（　）
19 次の**入荷**時期は不明です。（　）
20 優れた**色彩**感覚を持っている。（　）
21 キンモクセイの**香**りがただよう。（　）
22 軽はずみな言動は**慎**むべきだ。（　）
23 少し**黙**ってなさいと怒られる。（　）
24 自分のチームが**攻**めの側に変わる。（　）
25 暗い場所を**避**けて下校する。（　）
26 このビルは少し**傾**いていて心配だ。（　）
27 画びょうで**刺**してポスターをはる。（　）
28 若葉が青々と**茂**っている。（　）
29 冬の日は**吐**いた息が白くなる。（　）
30 手を洗わないと**汚**いよ。（　）

10 新進気**エイ**の実業家。（　）
11 社長の**エイ**断に期待する。（　）
12 **エイ**誉ある賞をいただいた。（　）
（**ア** 鋭　**イ** 栄　**ウ** 影　**エ** 映　**オ** 英）

13 長時間部屋にいると息が**ツ**まる。（　）
14 彼には愛想が**ツ**きた。（　）
15 毎日日記を**ツ**けている。（　）
（**ア** 詰　**イ** 付　**ウ** 都　**エ** 着　**オ** 尽）

3

1～**5**の三つの□に**共通する漢字**を入れて熟語を作れ。漢字は**ア**～**コ**から**一つ**選び、**記号**を記せ。

各2点　／10

1 □群・海□・□本的（　）
2 追□・□破・□入（　）
3 積□・満□・記□（　）
4 狂□・□乱・□然（　）
5 当□・疑□・困□（　）

ア 載	イ 突	ウ 容	エ 惑	オ 談
カ 意	キ 騒	ク 鎖	ケ 問	コ 抜

解答は228ページ

4

熟語の構成のしかたには次のようなものがある。

各2点 ／20

ア 同じような意味の漢字を重ねたもの（**岩石**）
イ 反対または対応の意味を表す字を重ねたもの（**高低**）
ウ 上の字が下の字を修飾しているもの（**洋画**）
エ 下の字が上の字の目的語・補語になっているもの（**着席**）
オ 上の字が下の字の意味を打ち消しているもの（**非常**）

次の熟語は右の**ア**～**オ**のどれにあたるか、**一つ**選び、**記号**を記せ。

1 瞬間（　）
2 未決（　）
3 布陣（　）
4 乾杯（　）
5 跳躍（　）
6 雌雄（　）
7 脱帽（　）
8 破片（　）
9 有無（　）
10 敏速（　）

6

後の□内のひらがなを漢字に直して□に入れ、**対義語・類義語**を作れ。□内のひらがなは一度だけ使い、**一字記入**せよ。

各2点 ／20

対義語

1 故意―□失（　）
2 沈殿―浮□（　）
3 原告―□告（　）
4 友好―□対（　）
5 先頭―後□（　）

類義語

6 時流―風□（　）
7 素直―従□（　）
8 友好―□善（　）
9 文案―草□（　）
10 横領―着□（　）

5 次の漢字の**部首**を**ア～エ**から**一つ**選び、**記号**を記せ。

各1点 ／10

1 幾（ア 幺　イ 戈　ウ 丶　エ ノ）（　）
2 薪（ア 艹　イ 立　ウ 木　エ 斤）（　）
3 就（ア 亠　イ 口　ウ 尢　エ 丶）（　）
4 丹（ア ノ　イ 冂　ウ 丶　エ 一）（　）
5 朱（ア ノ　イ 二　ウ 木　エ 丨）（　）
6 耕（ア 耒　イ 木　ウ 二　エ 丨）（　）
7 雅（ア 二　イ ノ　ウ 亠　エ 隹）（　）
8 乗（ア ノ　イ 二　ウ 十　エ 木）（　）
9 猛（ア 犭　イ 子　ウ 一　エ 皿）（　）
10 珍（ア 王　イ ノ　ウ 人　エ 彡）（　）

か・こう・じゅん・しん・ちょう・てき・ひ・び・ふく・ゆう

7 次の――線の**カタカナ**を**漢字一字**と**送りがな（ひらがな）**に直せ。

各2点 ／10

例 問題に**コタエル**。（答える）

1 違反の**ムクイ**を受ける。（　）
2 なべの中で野菜が**ニエル**。（　）
3 この犬は**アマヤカサ**れすぎだ。（　）
4 **ホシイ**物のために貯金をする。（　）
5 シートベルトが**サイワイ**した。（　）

解答は228ページ

8 文中の**四字熟語**の――線の**カタカナ**を**漢字**に直せ。**一字記入**せよ。

各2点 /20

1 彼は**ゼン**途有望な青年だ。 (　　)
2 彼女は公平無**シ**の人格者だ。 (　　)
3 田舎で自給自**ソク**の生活をする。 (　　)
4 彼は事件の一部**シ**終を見ていた。 (　　)
5 名所**キュウ**跡をたどる旅に出る。 (　　)
6 国の安全保**ショウ**をかかげる。 (　　)
7 思**リョ**分別のない行動をとる。 (　　)
8 不慣れなことに悪戦苦**トウ**する。 (　　)
9 まさに**キ**機一髪の状況だった。 (　　)
10 若者の深**ソウ**心理を探る。 (　　)

10 次の――線の**カタカナ**を**漢字**に直せ。

各2点 /40

1 安易な行動から**ボケツ**を掘った。 (　　)
2 **メンミツ**な作業を繰り返す。 (　　)
3 来客を**カンゲイ**する。 (　　)
4 壊れたテレビの修理を**イライ**する。 (　　)
5 コンピューターを**セイギョ**する。 (　　)
6 ラジコンを**ソウジュウ**する。 (　　)
7 島国**コンジョウ**をかい間見る。 (　　)
8 自然の**オンケイ**を受ける。 (　　)
9 毎日**ゲンカン**をきれいにする。 (　　)

9 次の各文にまちがって使われている**同じ読みの漢字**が**一字**ある。**上に誤字**を、**下に正しい漢字**を記せ。

各2点 /10

1 派手な登場で世間の忠目を集めたが、その実力は大して評価されなかった。（　・　）

2 研究者は移跡から、古代の人たちが米を作り、集団生活を営んでいただろうと判断した。（　・　）

3 営業成績は低迷していたが、社長は結果を気にすることなく豪開に笑っていた。（　・　）

4 一時間目の授業に集中して取り組むためには、早起きして朝食をきちんととることが不可決だ。（　・　）

5 昔から長く探していた、好奇心を満たす本に出会ってうれしくなった。（　・　）

10 訪問者の**セイメイ**を尋ねる。（　）

11 賛成する人が多数を**シ**める。（　）

12 大切な衣類を**カゲボ**しする。（　）

13 今日は疲れたので早めに**ネ**る。（　）

14 年賀状を多めに**ス**った。（　）

15 彼女の料理は母の味に**ニ**ている。（　）

16 その島は池の中央に**ア**る。（　）

17 表情が**ケワ**しくなってきた。（　）

18 常に健全な心を**ヤシナ**っている。（　）

19 台風が接近して海が**ア**れた。（　）

20 ついに**ハカセ**の称号を得た。（　）

第2回 予想問題

解答は228ページ

第3回

予想問題

制限時間 60分

合格点 140点

得点 /200

1 次の――線の**漢字の読み**を**ひらがな**で記せ。

各1点 /30

1 初めての**後輩**の世話をやく。（　）
2 金の**採掘**には調査が必要だ。（　）
3 水と油は**分離**する。（　）
4 引退選手を**胴上**げする。（　）
5 外国に有名な**塔**を見に行った。（　）
6 ここからの展望は**抜群**だ。（　）
7 工事**全般**に関する質問が出された。（　）
8 長い**沈黙**を破って登場した。（　）
9 **殿堂**入りした選手を講演に招いた。（　）
10 彼の態度は**慢心**が過ぎる。（　）
11 彼はだれにでも**柔和**な態度をとる。（　）
12 長い不景気から**脱出**した。（　）

2 次の――線の**カタカナ**にあてはまる漢字をそれぞれの**ア～オ**から**一つ**選び、**記号**を記せ。

各2点 /30

1 派**ケン**社員として入社する。（　）
2 二つの委員を**ケン**任する。（　）
3 彼は**ケン**固な主張を持っている。（　）
（**ア** 堅　**イ** 圏　**ウ** 権　**エ** 兼　**オ** 遣）

4 仕事を**ジュン**次進めていく。（　）
5 矛**ジュン**をはらんだ発言。（　）
6 教育水**ジュン**が高い。（　）
（**ア** 順　**イ** 準　**ウ** 巡　**エ** 純　**オ** 盾）

7 太陽は**コウ**星である。（　）
8 判決に**コウ**議する。（　）
9 世界記録の**コウ**新をねらう。（　）
（**ア** 更　**イ** 講　**ウ** 抗　**エ** 構　**オ** 恒）

13 電車は依然として止まっている。（　　）
14 新曲は大きな反響を呼んだ。（　　）
15 悲劇的な惨状を目にした。（　　）
16 独占禁止法は一九四七年にできた。（　　）
17 ここから数軒先が我が家だ。（　　）
18 途上国に支援物資を運ぶ。（　　）
19 先月と今月の出費を比較する。（　　）
20 野党は与党の政策に異をとなえた。（　　）
21 昔よくカブトムシを捕まえた。（　　）
22 映画を見ていて思わず叫んだ。（　　）
23 きれいな旅館に泊まった。（　　）
24 プリントの裏が透けてみえる。（　　）
25 彼はとても頼りがいがある。（　　）
26 急な眠気に襲われた。（　　）
27 そのことには触れずにいた。（　　）
28 人気店の詳しい場所を聞いた。（　　）
29 今日珍しい出来事があった。（　　）
30 アイスが溶けないうちに帰りたい。（　　）

10 往フクすると一日かかる。（　　）
11 敵国を征フクした。（　　）
12 知人の結婚を祝フクする。（　　）
（**ア** 服　**イ** 福　**ウ** 複　**エ** 復　**オ** 腹）

13 計画は会議でヒ決された。（　　）
14 よいヒ写体を探しに出かけた。（　　）
15 高いところにヒ難した。（　　）
（**ア** 非　**イ** 被　**ウ** 避　**エ** 批　**オ** 否）

3 1〜5の三つの□に**共通する漢字**を入れて熟語を作れ。漢字は**ア〜コ**から**一つ**選び、**記号**を記せ。

各2点　／10

1 注□・解□・講□（　　）
2 出□・負□・□車（　　）
3 傾□・□面・□陽（　　）
4 攻□・突□・追□（　　）
5 耐□・□源・□動（　　）

ア 破	**イ** 斜	**ウ** 撃	**エ** 辺	**オ** 震
カ 向	**キ** 釈	**ク** 明	**ケ** 担	**コ** 荷

解答は230ページ

4

熟語の構成のしかたには次のようなものがある。

各2点　／20

ア 同じような意味の漢字を重ねたもの　（**岩石**）
イ 反対または対応の意味を表す字を重ねたもの　（**高低**）
ウ 上の字が下の字を修飾しているもの　（**洋画**）
エ 下の字が上の字の目的語・補語になっているもの　（**着席**）
オ 上の字が下の字の意味を打ち消しているもの　（**非常**）

次の熟語は右の**ア**～**オ**のどれにあたるか、**一つ**選び、**記号**を記せ。

1 鎖国（　）
2 未到（　）
3 即答（　）
4 開拓（　）
5 寝台（　）
6 需給（　）
7 執筆（　）
8 無縁（　）
9 主従（　）
10 繁栄（　）

6

後の□内のひらがなを漢字に直して□に入れ、**対義語**・**類義語**を作れ。□内のひらがなは一度だけ使い、**一字記入**せよ。

各2点　／20

対義語

1 年始―歳□（　）
2 軽率―慎□（　）
3 客席―□台（　）
4 介入―□観（　）
5 決定―保□（　）

類義語

6 薄情―□淡（　）
7 的中―□中（　）
8 長者―富□（　）
9 手本―□範（　）
10 脈絡―□道（　）

5 次の漢字の**部首**を**ア〜エ**から**一つ**選び、**記号**を記せ。

各1点 ／10

1 童（ア 亠　イ 立　ウ 里　エ 土）（　）
2 勧（ア ノ　イ 二　ウ 隹　エ 力）（　）
3 烈（ア 歹　イ 夕　ウ 刂　エ 灬）（　）
4 量（ア 日　イ 一　ウ 里　エ 土）（　）
5 裁（ア 土　イ 戈　ウ 衣　エ 丶）（　）
6 噴（ア 口　イ 十　ウ 艹　エ 貝）（　）
7 疲（ア 亠　イ 疒　ウ 冫　エ 皮）（　）
8 産（ア 亠　イ 立　ウ 厂　エ 生）（　）
9 暦（ア 厂　イ 木　ウ 一　エ 日）（　）
10 驚（ア 艹　イ 攵　ウ 馬　エ 灬）（　）

ごう・すじ・ちょう・ぶ・ぼう・まつ・めい・も・りゅう・れい

7 次の――線の**カタカナ**を**漢字一字**と**送りがな（ひらがな）**に直せ。

各2点 ／10

例 問題にコタエル。（答える）

1 かばんに持ち物を**ツメル**。（　）
2 ライトが遠くを**テラシ**ている。（　）
3 風で髪の毛が**ミダレル**。（　）
4 この量なら十分**タリル**だろう。（　）
5 集まる場所を**タシカメル**。（　）

第3回　予想問題

解答は230ページ

8 文中の**四字熟語**の――線の**カタカナ**を**漢字**に直せ。**一字記入**せよ。

各2点　／20

1 そんな話は**事実無コン**だ。（　　）

2 経済への**波及コウ果**が期待できる。（　　）

3 祖母の**無病ソク災**をいのる。（　　）

4 **公序良ゾク**に背く行動。（　　）

5 **起死カイ生**をねらい大勝負に出る。（　　）

6 **オ名返上**をしようと心に決めた。（　　）

7 彼女は**キ色満面**で帰ってきた。（　　）

8 **人セキ未踏**の地がまだある。（　　）

9 彼の**八ポウ美人**に皆あきれかえる。（　　）

10 **悪コウ雑言**を浴びせる。（　　）

---

10 次の――線の**カタカナ**を**漢字**に直せ。

各2点　／40

1 一位の座を**カクトク**する。（　　）

2 **イギ**を正して参加する。（　　）

3 **シボウ**の少ない肉を買う。（　　）

4 難しい言葉は**ショウリャク**した。（　　）

5 **ガッソウ**コンクールに出場する。（　　）

6 大きな**ハクシュ**が起こった。（　　）

7 空気がとても**カンソウ**している。（　　）

8 **ユソウ**ルートを地図で探した。（　　）

9 彼の成功を心から**キネン**する。（　　）

9 次の各文にまちがって使われている**同じ読みの漢字**が**一字**ある。**上に誤字**を、**下に正しい漢字**を記せ。

各2点 ／10

1 何度も失敗を繰り返し、ようやくまぐろの養植に成功することができた。（　・　）

2 近ごろの若い女性に多い悩みに、不規則な食生活から起こる便肥がある。（　・　）

3 連休の終わりなので道路が混み、一体どのくらいに帰宅できるのか予即がつかない。（　・　）

4 長年、住民が弾固として続けてきた運動が実り、ダム計画は白紙にもどされた。（　・　）

5 業積の向上を目的に新技術を導入したが、コスト増加により利益がなかなか出ない。（　・　）

10 **キンロウ**は国民の義務だ。（　）

11 なんとか一矢（いっし）を**ムク**いたかった。（　）

12 **シバイ**の練習を見学する。（　）

13 待っていた商品が**トド**いた。（　）

14 うでの**フ**りを大きくする。（　）

15 親友に**ミカギ**られてしまった。（　）

16 毎朝仏だんを**オガ**む。（　）

17 夕日が世界を赤く**ソ**めた。（　）

18 夜は外を歩く**ヒトカゲ**もない。（　）

19 **ココロザシ**を高く持つ。（　）

20 久しぶりにたたみ**カ**えをする。（　）

解答は230ページ

第1回 予想問題 解答と解説

（　）内は解答の補足です。

1 読み

各1点 計30点

1 べっと
2 ぞうよ
3 げんかん
4 とうそう
5 ひょうし
6 くっせつ
7 ようこう
8 ねっきょう
9 ひさい
10 かじゅう
11 いんぜん
12 ちりょう
13 くのう
14 とうなん
15 ろてん
16 ごくじょう
17 ざわく
18 はんそう
19 えんばん
20 こうりょ

3 漢字の識別

各2点 計10点

1 エ（脱）
2 イ（婚）
3 ク（俗）
4 ア（認）
5 コ（慢）

4 熟語の構成

各2点 計20点

1	2	3	4	5
オ	イ	ア	ウ	ア
6	**7**	**8**	**9**	**10**
イ	エ	ウ	オ	イ

7 漢字と送りがな

各2点 計10点

1 細かい
2 優れ
3 果てる
4 築い
5 触れる

8 四字熟語

各2点 計20点

1 （前後不）覚
2 恒（久平和）
3 （環境）保（全）
4 （付和）雷（同）
5 （一）挙（一動）
6 （五里）霧（中）
7 （完全無）欠
8 （精）進（料理）
9 （小）康（状態）
10 博（学多才）

---

1 読み

2 贈与＝金銭や品物を贈り与えること。
5 拍子＝はずみ。とたん。
7 要項＝必要事項を記したもの。
21 差し支える＝物事を行う際に、さまたげが起きる。
29 見劣り＝予想や比較の対象より劣って見えること。

2 同音・同訓異字

7 大盛況＝行事などが非常に盛んなありさま。人が大勢集まって活気のある様子。
10 経由＝目的地に行くのにある地点を通って行くこと。
11 表敬＝敬意を表すこと。

3 漢字の識別

3 俗物＝世間的な名誉や利益に心をうばわれている、つまらない人間。
俗事＝世間的な身の回りの雑事。

4 熟語の構成

8 豪雪＝大量に雪が降ること。「強い↓雪」と考える。

5 部首

4 酒…酉（ひよみのとり）

21 つか(える)
22 うかが(う)
23 ため(し)
24 ふ(き)
25 おか(して)
26 つ(める)
27 ほ(って)
28 かがや(く)
29 みおと(り)
30 ねむ(る)

2 同音・同訓異字 各2点 計30点

1 イ(高層)
2 エ(間奏)
3 オ(装置)
4 エ(鮮明)
5 イ(独占)
6 ア(扇子)
7 ウ(大盛況)
8 ア(交響楽団)
9 オ(驚異的)
10 エ(経由)
11 イ(表敬)
12 ア(傾斜)
13 ウ(上旬)
14 ア(順次)
15 エ(巡回)

5 部首 各1点 計10点

1	2	3	4	5	6	7	8	9	10
ウ(土 つち)	ア(亻 ぎょうにんべん)	エ(隹 ふるとり)	ウ(酉 ひよみのとり)	エ(夕 た ゆうべ)	ア(ム む)	エ(巾 はば)	ウ(隶 れいづくり)	エ(日 ひ)	エ(皿 さら)

6 対義語・類義語 各2点 計20点

1 猛(暑)
2 (開)放
3 (近)隣
4 (冒)頭
5 (憶)測
6 絶(賛)
7 (座)視
8 留(守)
9 (先)導
10 (名)誉

9 誤字訂正 各2点 計10点

誤字 正字

1 取(味)・趣(味)
2 週(集)・収(集)
3 (温)団(化)・(温)暖(化)
4 (独)想(的)・(独)創(的)
5 基(能)・機(能)

10 書き取り 各2点 計40点

1 煙突
2 依存
3 潔白
4 休暇
5 紹介
6 抗争
7 警戒
8 毒舌
9 危険
10 祝福
11 押(して)
12 貧(しい)
13 背(いた)
14 幹
15 額
16 抱(える)
17 奥歯
18 遅(れる)
19 頂(いた)
20 帯

出題範囲では酒のみ。

6 対義語・類義語

6 激賞=非常にほめたたえること。絶賛=この上なくほめること。

7 漢字と送りがな

3 あきれ果てる=これ以上ないぐらいにあきれる。

8 四字熟語

1 前後不覚=物事のあとさきもわからなくなること。

3 環境保全=環境が安全であるよう保護すること。

8 精進料理=肉や魚を使わず野菜だけで調理した料理。

9 小康状態=病状の悪化がとまり落ち着いているさま。

10 博学多才=広く学問に通じ才能が豊かなこと。

9 誤字訂正

4 独創=人のまねでなく、独自に新しくつくりだすこと。

10 書き取り

3 潔白=心や行動が正しく、後ろめたいことがないこと。

6 抗争=張り合って争うこと。対抗して争うこと。

第2回 予想問題 解答と解説

1 読み
各1点 計30点

1 きはん
2 きねん
3 ぜっきょう
4 しんく
5 へきめん
6 かくとく
7 ばいきゃく
8 れんらくもう
9 ていしょく
10 きんえん
11 りんじん
12 かんし
13 きさい
14 ふんしゅつ
15 じゅし
16 はくしゅ
17 かんぷ
18 そうご
19 にゅうか
20 しきさい

3 漢字の識別
各2点 計10点

1 コ（抜）
2 イ（突）
3 ア（載）
4 キ（騒）
5 エ（惑）

4 熟語の構成
各2点 計20点

1	2	3	4	5
ウ	オ	エ	エ	ア
6	7	8	9	10
イ	エ	ウ	イ	ア

7 漢字と送りがな
各2点 計10点

1 報い
2 煮える
3 甘やかさ
4 欲しい
5 幸い

8 四字熟語
各2点 計20点

1 前（途有望）
2 （公平無）私
3 （自給自）足
4 （一部）始（終）
5 （名所）旧（跡）
6 （安全保）障
7 （思）慮（分別）
8 （悪戦苦）闘
9 危（機一髪）
10 （深）層（心理）

（　）内は解答の補足です。

1 読み

4 真紅＝濃い紅色。真っ赤。
7 売却＝売り払うこと。
11 隣人＝となり近所の人。
15 樹脂＝木からにじみ出るねばねばした液。
17 完膚なきまでに＝無傷なところがないほどひどく。

2 同音・同訓異字

5 夢想＝夢のようにとりとめもないことを心に思うこと。
11 英断＝すぐれた判断のもとに、思い切りよく物事を決めること。

3 漢字の識別

4 狂騒＝常識をはずれた騒ぎ。

4 熟語の構成

8 破片＝壊れた小さなかけら。「壊れた↓かけら」と考える。

5 部首

6 耕…耒（すきへん　らいすき）出題範囲では耕のみ。

6 対義語・類義語

5 後尾＝長い列の後ろ。

21 かお(り)
22 つつし(む)
23 だま(って)
24 せ(め)
25 さ(けて)
26 かたむ(いて)
27 さ(して)
29 しげ(って)
29 は(いた)
30 きたな(い)

2 同音・同訓異字

各2点 計30点

1 ウ(輩出)
2 エ(背後)
3 ア(俳句)
4 イ(矛盾)
5 オ(夢想)
6 ウ(霧笛)
7 イ(透かし)
8 オ(澄んで)
9 ア(済んだ)

10 ア(気鋭)
11 オ(英断)
12 イ(栄誉)
13 ア(詰まる)
14 オ(尽きた)
15 イ(付けて)

5 部首

各1点 計10点

1	2	3	4	5	6	7	8	9	10
ア(幺 よう いとがしら)	ア(艹 くさかんむり)	ウ(尢 だいのまげあし)	ウ(丶 てん)	ウ(木 き)	ア(耒 すきへん らいすき)	エ(隹 ふるとり)	ア(ノ の はらいぼう)	ア(犭 けものへん)	ア(王 おうへん たまへん)

6 対義語・類義語

各2点 計20点

1 過(失)
2 (浮)遊
3 被(告)
4 敵(対)
5 (後)尾

6 (風)潮
7 (従)順
8 親(善)
9 (草)稿
10 (着)服

9 誤字訂正

各2点 計10点

誤字 正字

1 忠(目)・注(目)
2 移(跡)・遺(跡)
3 (豪)開・(豪)快
4 (不可)決・(不可)欠
5 (好)寄(心)・(好)奇(心)

10 書き取り

各2点 計40点

1 墓穴
2 綿密
3 歓迎
4 依頼
5 制御
6 操縦
7 根性
8 恩恵
9 玄関
10 姓名

11 占(める)
12 陰干(し)
13 寝(る)
14 刷(った)
15 似(て)
16 在(る)
17 険(しく)
18 養(って)
19 荒(れた)
20 博士

---

9 草稿＝下書き。

7 漢字と送りがな

1 報い＝自分がしたことの結果としてもどってくるもの。

8 四字熟語

2 公平無私＝私心が無く平等であるさま。

6 安全保障＝侵略に対し国家の安全を保障すること。

10 深層心理＝奥深く隠れた心の動きや状態。

10 書き取り

10 姓名＝名字と名前。

16 在る＝ものがそこにあること。

問題は 214 ページ

第3回

予想問題 解答と解説

（ ）内は解答の補足です。

1 読み

各1点 計30点

1 こうはい
2 さいくつ
3 ぶんり
4 どうあ
5 とう
6 ばつぐん
7 ぜんぱん
8 ちんもく
9 でんどう
10 まんしん
11 にゅうわ
12 だっしゅつ
13 いぜん
14 はんきょう
15 さんじょう
16 どくせん
17 すうけん
18 しえん
19 ひかく
20 よとう

3 漢字の識別

各2点 計10点

1 キ（釈）
2 コ（荷）
3 イ（斜）
4 ウ（撃）
5 オ（震）

4 熟語の構成

各2点 計20点

1	2	3	4	5
エ	オ	ウ	ア	ウ
6	7	8	9	10
イ	エ	オ	イ	ア

7 漢字と送りがな

各2点 計10点

1 詰める
2 照らし
3 乱れる
4 足りる
5 確かめる

8 四字熟語

各2点 計20点

1 （事実無）根
2 （波及）効（果）
3 （無病）息（災）
4 （公序良）俗
5 （起死）回（生）
6 汚（名返上）
7 喜（色満面）
8 （人）跡（未踏）
9 （八）方（美人）
10 （悪）口（雑言）

---

1 読み

4 胴上げ＝大勢で一人の体を空中に何度も投げ上げること。
7 全般＝ある事柄の全体。
8 沈黙＝黙り込んで口をきかないこと。
12 脱出＝危ないところから抜け出すこと。

2 同音・同訓異字

2 兼任＝二つ以上の職や役目を合わせてもつこと。
14 被写体＝写真に写される対象。

3 漢字の識別

2 負荷＝荷物をかつぐこと。また、責任を負わされること。
3 斜陽＝西に傾いた太陽。また、勢いのあったものが落ちぶれること。

4 熟語の構成

1 鎖国＝外国との付き合いをしないこと。「閉鎖する←国を」と考える。
10 繁栄＝栄えること。どちらも「さかえる」の意味。

6 対義語・類義語

1 歳末＝年の暮れ。年末。
7 命中＝ねらったものに当たること。

21	つか(まえた)
22	さけ(んだ)
23	と(まった)
24	す(けて)
25	たよ(り)
26	おそ(われた)
27	ふ(れず)
28	くわ(しい)
29	めずら(しい)
30	と(けない)

2 同音・同訓異字

各2点 計30点

1 オ(派遣)
2 エ(兼任)
3 ア(堅固)
4 ア(順次)
5 オ(矛盾)
6 イ(水準)
7 オ(恒星)
8 ウ(抗議)
9 ア(更新)
10 エ(往復)
11 ア(征服)
12 イ(祝福)
13 オ(否決)
14 イ(被写体)
15 ウ(避難)

5 部首

各1点 計10点

1	2	3	4	5	6	7	8	9	10
イ(立 たつ)	エ(力 ちから)	エ(灬 れんが れっか)	ウ(里 さと)	ウ(衣 ころも)	ア(口 くちへん)	イ(疒 やまいだれ)	エ(生 うまれる)	エ(日 ひ)	ウ(馬 うま)

6 対義語・類義語

各2点 計20点

1 (歳)末
2 (慎)重
3 舞(台)
4 傍(観)
5 (保)留
6 冷(淡)
7 命(中)
8 (富)豪
9 模(範)
10 筋(道)

9 誤字訂正

各2点 計10点

	誤字	正字
1	(養)植	(養)殖
2	(便)肥	(便)秘
3	(予)即	(予)測
4	弾(固)	断(固)
5	(業)積	(業)績

10 書き取り

各2点 計40点

1 獲得
2 威儀
3 脂肪
4 省略
5 合奏
6 拍手
7 乾燥
8 輸送
9 祈念
10 勤労
11 報(い)
12 芝居
13 届(いた)
14 振(り)
15 見限(られ)
16 拝(む)
17 染(めた)
18 人影
19 志
20 替(え)

---

8 四字熟語

1 事実無根＝全く根拠のないこと。
2 波及効果＝物事の影響が段々伝わっていくききめ。
4 公序良俗＝公共のちつ序と善良な風俗のこと。
6 汚名返上＝新たな成果を挙げて、悪い評判をしりぞけること。

9 誤字訂正

4 断固＝きっぱりとした意志をもって押し切るさま。

10 書き取り

10 勤労＝心身を労して仕事にはげむこと。
11 一矢を報いる＝相手の攻撃や非難に対して、少しでも反撃・反論する。
15 見限る＝見込みがないものとしてあきらめる。

3級 チャレンジテスト

制限時間 60分

合格点 140点

得点 ／200

1 次の——線の**漢字の読み**を**ひらがな**で記せ。

各1点 ／30

1 現在商業**捕鯨**は制限されている。（　）
2 **境内**に立つとすがすがしい。（　）
3 **犠牲**者が増えている。（　）
4 どちらに進むか運命の**岐路**に立つ。（　）
5 一九四八年のベルリン**封鎖**。（　）
6 **耐乏**生活に苦しんだ。（　）
7 **冗漫**なストーリーの小説だ。（　）
8 **廊下**を走ってはいけません。（　）
9 船上でモデルの**撮影**をする。（　）
10 相手の顔を**凝視**する。（　）
11 ポツダム宣言を**受諾**する。（　）
12 **強引**に親の反対を押し切る。（　）

2 次の——線の**カタカナ**にあてはまる漢字をそれぞれの**ア〜オ**から**一つ**選び、**記号**を記せ。

各2点 ／30

1 **カン**慢な動きのカメ。（　）
2 大雨で道が**カン**水する。（　）
3 きちんと精査することが**カン**要だ。（　）
（**ア** 緩　**イ** 観　**ウ** 冠　**エ** 肝　**オ** 勧）

4 パンがまっ黒に**コ**げる。（　）
5 心を**コ**めて料理する。（　）
6 政治家が私腹を**コ**やす。（　）
（**ア** 込　**イ** 肥　**ウ** 混　**エ** 請　**オ** 焦）

7 **ホウ**名帳に署名する。（　）
8 **ホウ**食を慎む。（　）
9 話題の**ホウ**画を見に行く。（　）
（**ア** 奉　**イ** 芳　**ウ** 飽　**エ** 邦　**オ** 宝）

13 その行動は**常軌**をいっしている。（　　）
14 **娯楽**費を削らなければならない。（　　）
15 **随時**相談に応じます。（　　）
16 先生を**敬慕**している。（　　）
17 布を**濃紺**に染める。（　　）
18 **潜伏**中の犯人から要求がでた。（　　）
19 選手の**激励**会を開催する。（　　）
20 これは**暫定**的な処置だ。（　　）
21 モーパッサンの『脂肪の**塊**』を読む。（　　）
22 私をだました人が**恨**めしい。（　　）
23 彼はいつも**穏**やかに話す。（　　）
24 無い知恵を**絞**るのは大変だ。（　　）
25 技芸の道を**究**める。（　　）
26 卵入りのおかゆを**炊**く。（　　）
27 金属に模様を**彫**る。（　　）
28 敵の選手の目を**欺**く。（　　）
29 積み荷が**崩**れる。（　　）
30 弟はよく乗り物に**酔**う。（　　）

10 **ジュン**粋な気持ちを裏切る。（　　）
11 **ジュン**礼の旅に出る。（　　）
12 運転には交通法規の**ジュン**守が大切だ。（　　）

（**ア** 巡　**イ** 遵　**ウ** 準　**エ** 潤　**オ** 純）

13 **キョウ**迫電話について警察に届ける。（　　）
14 海**キョウ**を越えて隣国へ渡った。（　　）
15 テロの**キョウ**弾に倒れる。（　　）

（**ア** 脅　**イ** 峡　**ウ** 況　**エ** 凶　**オ** 競）

3 1～5の三つの□に**共通する漢字**を入れて熟語を作れ。漢字は**ア～コ**から**一つ**選び、**記号**を記せ。

各2点　／10

1 □起・□盛・興□（　　）
2 □在・□納・沈□（　　）
3 鼓□・□皮・□網□（　　）
4 遺□・□出・脱□（　　）
5 □誤・交□・□乱（　　）

ア	イ	ウ	エ	オ
流	総	存	降	漏
カ	**キ**	**ク**	**ケ**	**コ**
惑	膜	奮	錯	滞

解答は238ページ

4 熟語の構成のしかたには次のようなものがある。

各2点 ／20

ア 同じような意味の漢字を重ねたもの（岩石）
イ 反対または対応の意味を表す字を重ねたもの（高低）
ウ 上の字が下の字を修飾しているもの（洋画）
エ 下の字が上の字の目的語・補語になっているもの（着席）
オ 上の字が下の字の意味を打ち消しているもの（非常）

次の熟語は右のア〜オのどれにあたるか、一つ選び、記号を記せ。

1 呼吸（　）
2 丘陵（　）
3 傍聴（　）
4 隔離（　）
5 休憩（　）
6 廉売（　）
7 基礎（　）
8 減刑（　）
9 未了（　）
10 幼稚（　）

6 後の□内のひらがなを漢字に直して□に入れ、**対義語・類義語**を作れ。□内のひらがなは一度だけ使い、**一字記入**せよ。

各2点 ／20

対義語

1 統一—分□（　）
2 利益—□失（　）
3 善良—□悪（　）
4 郊外—□心（　）
5 具体—□象（　）

類義語

6 排斥—□放（　）
7 没頭—□念（　）
8 順序—次□（　）
9 釈明—□解（　）
10 官吏—□人（　）

5 次の漢字の**部首**を**ア〜エ**から**一つ**選び、**記号**を記せ。

各1点　／10

1 墨（ア 里　イ 土　ウ 黒　エ 灬）（　）

2 掛（ア 扌　イ 土　ウ 士　エ 卜）（　）

3 斗（ア 一　イ 丨　ウ 十　エ 斗）（　）

4 殴（ア 匚　イ 殳　ウ 几　エ 又）（　）

5 帝（ア 立　イ 巾　ウ 冖　エ 亠）（　）

6 勘（ア 一　イ 匚　ウ 八　エ 力）（　）

7 膨（ア 月　イ 士　ウ 豆　エ 彡）（　）

8 克（ア 十　イ 口　ウ 一　エ 儿）（　）

9 搾（ア 扌　イ 穴　ウ 宀　エ 丨）（　）

10 赴（ア 土　イ 走　ウ 卜　エ 疋）（　）

じゃ・せん・そん・だい・ちゅう・つい・と・べん・やく・れつ

7 次の——線の**カタカナ**を**漢字一字**と**送りがな（ひらがな）**に直せ。

各2点　／10

例 問題に**コタエル**。（答える）

1 不摂生は寿命を**チヂメル**。（　）

2 降雨後の川遊びは**アブナイ**。（　）

3 試験をあさってに**ヒカエル**。（　）

4 温泉に行き英気を**ヤシナウ**。（　）

5 親に**サカラウ**。（　）

8 文中の**四字熟語**の――線の**カタカナ**を**漢字**に直せ。**二字記入**せよ。

各2点 ／20

1 彼は**ダイタン**不敵な人だ。（　）

2 開発プランが**ウンサン**霧消する。（　）

3 この店は**センキャク**万来のにぎわいだ。（　）

4 **キショク**満面の笑い顔。（　）

5 **シンショウ**棒大な記事だった。（　）

6 新党の構想は同床**イム**だ。（　）

7 税の問題は議論**ヒャクシュツ**だ。（　）

8 彼女は大器**バンセイ**のタイプである。（　）

9 明鏡**シスイ**の気持ちだ。（　）

10 その様子は、まさに怒髪**ショウテン**だった。（　）

---

10 次の――線の**カタカナ**を**漢字**に直せ。

各2点 ／40

1 中高**イッカン**校に入学する。（　）

2 **カンジュク**する前に野菜を収穫する。（　）

3 先輩のチームに**カカン**にいどむ。（　）

4 **キッサ**店でコーヒーを飲む。（　）

5 貴殿の能の舞を**ハイケン**しました。（　）

6 全員で**シュクハイ**をあげる。（　）

7 台風が**モウイ**を振るう。（　）

8 **キッポウ**に思わず笑顔になる。（　）

9 彼のやり方を**ヒハン**する。（　）

9 次の各文にまちがって使われている**同じ読みの漢字**が**一字**ある。**上に誤字**を、**下に正しい漢字**を記せ。

各2点 ／10

1 この仕事に関しては神頼して任せたのだから放棄するような行為は許されない。（　・　）

2 地域粉争により難民となった子供たちを救うために活動する。（　・　）

3 高齢者の場合、医療費の自己負端額は少なくて済む。（　・　）

4 温暖化の対策のために、むやみな森林伐裁をやめるべきだ。（　・　）

5 家族で入念に検討し、和室から吹き抜けのあるリビングルームへと改創することにした。（　・　）

10 熱した水が**ジョウハツ**する。（　）

11 腹を**ワ**って話す。（　）

12 おにぎりに**ウメボ**しを入れる。（　）

13 新しい**タタミ**のいいにおい。（　）

14 鉛筆を削る前にナイフを**ト**ぐ。（　）

15 自分の部屋で小鳥を**カ**う。（　）

16 **シニセ**の旅館に泊まる。（　）

17 ペンキを**ヌ**りたてのベンチ。（　）

18 何もできない自分が**ナサ**けない。（　）

19 彼のボクシングの技は**カタヤブ**りだ。（　）

20 罪をにくんで人を**ニク**まず。（　）

解答は238ページ

3級 チャレンジテスト 解答と解説

（ ）内は解答の補足です。

1 読み
各1点 計30点

1 ほげい
2 けいだい
3 ぎせい
4 きろ
5 ふうさ
6 たいぼう
7 じょうまん
8 ろうか
9 さつえい
10 ぎょうし
11 じゅだく
12 ごういん
13 じょうき
14 ごらく
15 ずいじ
16 けいぼ
17 のうこん
18 せんぷく
19 げきれい
20 ざんてい

3 漢字の識別
各2点 計10点

1 エ（隆）
2 コ（滞）
3 キ（膜）
4 オ（漏）
5 ケ（錯）

4 熟語の構成
各2点 計20点

1	2	3	4	5
イ	ア	ウ	ア	ア
6	7	8	9	10
ウ	ア	エ	オ	ア

7 漢字と送りがな
各2点 計10点

1 縮める
2 危ない
3 控える
4 養う
5 逆らう

8 四字熟語
各2点 計20点

1 大胆（不敵）
2 雲散（霧消）
3 千客（万来）
4 喜色（満面）
5 針小（棒大）
6 （同床）異夢
7 （議論）百出
8 （大器）晩成
9 （明鏡）止水
10 （怒髪）衝天

---

1 読み

1 捕鯨＝クジラをとること。
4 岐路＝わかれ道。
6 耐乏＝物が少なく、不自由なのを耐えしのぶこと。
11 受諾＝相手からの要求や依頼などを受け入れること。
15 随時＝その時々。好きな時。
16 敬慕＝敬いしたうこと。
19 激励＝はげまし、ふるい立たせること。

2 同音・同訓異字

3 肝要＝極めて大切なこと。
7 芳名＝他人を敬い、その姓名をいう語。
15 凶弾＝凶悪な者が発射した弾。

4 熟語の構成

4 隔離＝へだて離すこと。どちらも「はなれる」の意。
6 廉売＝安い値段で売ること。「廉価で→売る」と考える。

6 対義語・類義語

3 善良＝人の性質がよいこと。正直ですなおなこと。
邪悪＝心がひねくれていて悪いこと。

21 かたまり
22 うら(めしい)
23 おだ(やか)
24 しぼ(る)
25 きわ(める)
26 た(く)
27 ほ(る)
28 あざむ(いて)
29 くず(れる)
30 よ(う)

2 同音・同訓異字

各2点 計30点

1 ア(緩慢)
2 ウ(冠水)
3 エ(肝要)
4 オ(焦げる)
5 ア(込めて)
6 イ(肥やす)
7 イ(芳名)
8 ウ(飽食)
9 エ(邦画)
10 オ(純粋)
11 ア(巡礼)
12 イ(遵守)
13 ア(脅迫)
14 イ(海峡)
15 エ(凶弾)

5 部首

各1点 計10点

1	2	3	4	5	6	7	8	9	10
イ(土 つち)	ア(扌 てへん)	エ(斗 とます)	イ(殳 るまた ほこづくり)	イ(巾 はば)	エ(力 ちから)	ア(月 にくづき)	エ(儿 ひとあし にんにょう)	ア(扌 てへん)	イ(走 そうにょう)

6 対義語・類義語

各2点 計20点

1 (分)裂
2 損(失)
3 邪(悪)
4 都(心)
5 抽(象)
6 追(放)
7 専(念)
8 (次)第
9 弁(解)
10 役(人)

9 誤字訂正

各2点 計10点

誤字・正字

1 神(頼)・信(頼)
2 粉(争)・紛(争)
3 (負)端・(負)担
4 (伐)裁・(伐)採
5 (改)創・(改)装

10 書き取り

各2点 計40点

1 一貫
2 完熟
3 果敢
4 喫茶
5 拝見
6 祝杯
7 猛威
8 吉報
9 批判
10 蒸発
11 割(って)
12 梅干(し)
13 畳
14 研(ぐ)
15 飼(う)
16 老舗
17 塗(り)
18 情(けない)
19 型破(り)
20 憎(まず)

---

8 四字熟語

3 千客万来＝多くの客がひっきりなしに来ること。
7 議論百出＝多くの意見が次々出ること。
10 怒髪衝天＝激怒する様子。

9 誤字訂正

4 伐採＝樹木などを切り出すこと。

10 書き取り

3 果敢＝思いきりがよく勇かんなさま。
5 拝見＝見ることをへりくだっていう言葉。
8 吉報＝よい知らせ。
19 型破り＝従来のやり方からはずれているさま。

でる順×分野別
漢検問題集 五訂版 別冊

でる順用例付き
配当漢字表

級

◎4級配当漢字表
◎おもな特別な読み、熟字訓・当て字
◎5級以下の配当漢字
◎部首一覧

旺文社

4級　配当漢字表

特に覚えておいた方がよい内容を資料としてまとめました。ねらわれやすい問題と過去のデータからでる順上位の漢字・熟語にはがついています。しっかり覚えましょう。

配当漢字表の見方

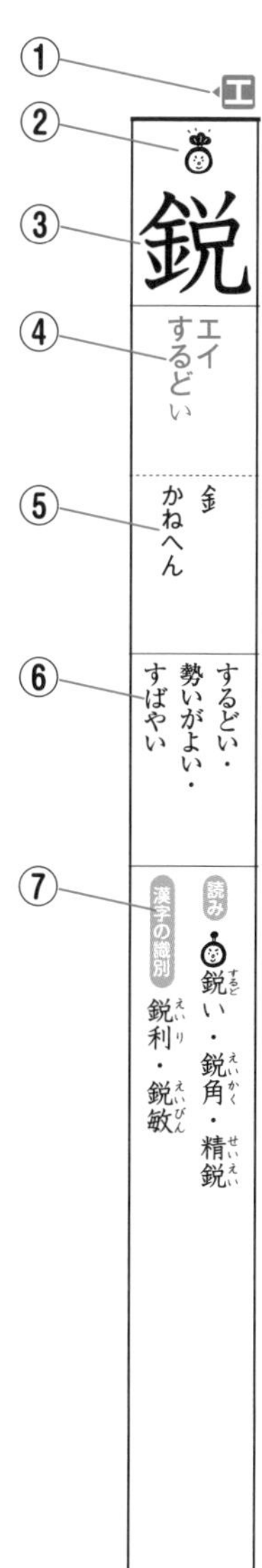

①五十音見出し

②　過去の出題データから、でる順上位の漢字にを付けました。

③漢字　4級の配当漢字313字を並べました。

④読み　音読みはカタカナ、訓読みはひらがな、送り仮名は細字で示しています。高校で習う読みには（　）が付いています。

⑤部首　「漢検」で採用している部首・部首名です。部首が問われる問題としてよくでる漢字には、部首の下にが付いています。

⑥意味　漢字の基本的な意味を示しています。

⑦用例　出題されやすいと思われる問題形式とその用例をまとめました。特にねらわれやすいものにはが付いています。

	漢字	読み	部首	意味	用例
ア	握	アク / にぎる	扌 てへん	にぎる・つかむ・自分のものとする	読み 握手(あくしゅ)・握る(にぎる) 熟語の構成 握力(あくりょく)(握る→力)
イ	扱	あつかう	扌 てへん	とりさばく・もてなす・みなす	読み 書き取り ☺扱う(あつかう)・取り扱い(とりあつかい)
	依	イ / (エ)	亻 にんべん	よる・たよる・もとのまま	読み 依頼(いらい) 同音・同訓 対義語 依存(いそん(いぞん))―独立 漢字の識別 書き取り 依然(いぜん)
	☺ 威	イ	女 おんな ☺	いかめしい・さかんな勢い・おどす	読み 書き取り 猛威(もうい)・威儀(いぎ)・威勢(いせい) 漢字の識別 権威(けんい) 四字熟語 威風堂堂(いふうどうどう)
	為	イ	灬 れんが / れっか	何かをおこなう・手を加える・役に立つ	読み 作為(さくい) 漢字の識別 為替(かわせ) 熟語の構成 無為(むい)(為すことがない) 対義語 人為(じんい)―自然
	偉	イ / えらい	亻 にんべん	すぐれている・りっぱである・さかんである	読み 偉い(えらい)・偉容(いよう) 同音・同訓 偉業(いぎょう)・偉大(いだい)
	☺ 違	イ / ちがう / ちがえる	辶 しんにょう / しんにゅう	一致(いっち)しない・そむく・あやまち	読み 相違(そうい)・違約(いやく)・間違い(まちがい) 漢字の識別 違反(いはん)・違法(いほう)
	維	イ	糸 いとへん	つなぐ・すじ・糸	読み 同音・同訓 ☺維持(いじ) 四字熟語 現状維持(げんじょういじ)

エ

漢字	読み	部首・部首名	意味	用例
緯	イ	糸 いとへん	織物(おりもの)の横糸・東西の方向・すじみち	読み 同音・同訓 北緯(ほくい)・緯度(いど) 書き取り 熟語の構成 経緯(けいい)(縦糸(経)↕横糸(緯))
壱	イチ	士 さむらい	書類などで「一」に代えて用いる字	壱万円(いちまんえん)
芋	いも	艹 くさかんむり	いも	読み 書き取り 芋(いも)・里芋(さといも)
陰	イン かげ かげる	阝 こざとへん	日かげ・くらい・ひそかに・時間	熟語の構成 陰陽(いんよう)(かげ↕ひなた) 読み 陰(かげ)る・木陰(こかげ)・物陰(ものかげ) 対義語 陰気(いんき)—陽気
隠	イン かくす かくれる	阝 こざとへん	表面に出ない・退(しりぞ)く・見えないようにする	読み 隠居(いんきょ)・隠然(いんぜん)・隠(かく)れる 送りがな 隠(かく)す
影	エイ かげ	彡 さんづくり	光がさえぎられた部分・すがた・ひかり	同音・同訓 読み 書き取り 影響(えいきょう)・投影(とうえい) 漢字の識別 陰影(いんえい)・人影(ひとかげ)・影法師(かげぼうし)
鋭	エイ するどい	金 かねへん	するどい・勢いがよい・すばやい	読み 鋭(するど)い・鋭角(えいかく)・精鋭(せいえい) 漢字の識別 鋭利(えいり)・鋭敏(えいびん)
越	エツ こす こえる	走 そうにょう	こえる・こす・度をこす・まさる	熟語の構成 越境(えっきょう)(越える↑境を) 読み 漢字の識別 優越(ゆうえつ)・越冬(えっとう)

漢字	読み	部首	意味	出題例
援	エン	扌 てへん	たすける・救う・ひいて用いる	読み 声援（せいえん）・応援（おうえん） 熟語の構成 援助（えんじょ）（どちらも「たすける」） 漢字の識別 援護（えんご） 誤字訂正 支援者（しえんしゃ）
煙	エン けむる けむり けむい	火 ひへん	けむり・すす・かすみ・たばこ	読み 煙突（えんとつ） 熟語の構成 禁煙（きんえん）（禁じる↑タバコを） 漢字の識別 噴煙（ふんえん）・煙幕（えんまく）
鉛	エン なまり	金 かねへん	なまり・金属の一つ	読み 鉛（なまり） 漢字の識別 鉛直（えんちょく）・黒鉛（こくえん） 同音・同訓 鉛筆（えんぴつ）・赤鉛筆（あかえんぴつ）
縁	エン ふち	糸 いとへん	へり・つながり・めぐりあわせ	読み・書き取り 縁起（えんぎ） 漢字の識別 縁談（えんだん）・額縁（がくぶち） 同音・同訓 縁側（えんがわ） 誤字訂正 因縁（いんねん）
汚	オ （けがす・けがれる・けがらわしい） よごす・よごれる・ きたない	氵 さんずい	けがす・よごす・よごれる・きたない・はじ	読み 汚濁（おだく）・汚（きたな）い 熟語の構成 汚職（おしょく）（汚す↑職を） 漢字の識別 汚点（おてん） 四字熟語 汚名返上（おめいへんじょう）
押	（オウ） おす おさえる	扌 てへん	おす・おさえる	同音・同訓・書き取り 押（お）す・押（お）さえる
奥	（オウ） おく	大 だい	内へ深く入ったところ・深くむずかしいこと	読み 奥（おく） 書き取り 奥歯（おくば）
憶	オク	忄 りっしんべん	おぼえる・おもう・おしはかる	漢字の識別 追憶（ついおく）・記憶（きおく） 読み・書き取り・類義語・誤字訂正 憶測（おくそく）―推量

漢字	読み	部首	意味	用例
菓	カ	艹 くさかんむり	おかし	熟語の構成 製菓(せいか)(製造する↑菓子を) 同音・同訓 誤字訂正 菓子(かし)
暇	カ ひま	日 ひへん	ひま・やすみ・何かをする時間	読み 寸暇(すんか)・暇(ひま)・余暇(よか) 熟語の構成 休暇(きゅうか)(どちらも「やすみ」)
箇	カ	⺮ たけかんむり	ものを数えるとき用いることば	読み 書き取り 箇所(かしょ)・箇条(かじょう) 同音・同訓 箇条書き(かじょうが)
雅	ガ	隹 ふるとり	上品なこと・風流なこと・おおらかなこと	読み 優雅(ゆうが)・風雅(ふうが)・雅趣(がしゅ)・雅学(ががく) 熟語の構成 雅俗(がぞく)(上品↕下品)
介	カイ	人 ひとやね	たすける・なかだちをする・こうら	読み 介護(かいご) 漢字の識別 書き取り 紹介(しょうかい) 同音・同訓 介入(かいにゅう) 類義語 介抱(かいほう)—看病
戒	カイ いましめる	戈 ほこづくり ほこがまえ	用心する・つつしむ・いましめ	読み 戒(いまし)める 同音・同訓 警戒(けいかい)・厳戒(げんかい)・戒律(かいりつ) 四字熟語 一罰百戒(いちばつひゃっかい)
皆	カイ みな	白 しろ	すべて・ぜんぶ・ことごとく	読み 書き取り 皆勤(かいきん) 同音・同訓 皆無(かいむ)・皆目(かいもく)・皆勤賞(かいきんしょう)
壊	カイ こわす こわれる	土 つちへん	こわす・こわれる・やぶれる	読み 壊(こわ)す 同音・同訓 倒壊(とうかい)・全壊(ぜんかい)・損壊(そんかい) 熟語の構成 破壊(はかい)(どちらも「こわす」) 四字熟語 環境破壊(かんきょうはかい)

漢字	読み	部首	意味	出題例
較	カク	車 くるまへん	くらべる・きそう	読み 書き取り 同音・同訓 類義語 比較（ひかく）ー対照
獲	カク える	犭 けものへん	とらえる・つかまえる・手に入れる	読み 捕獲（ほかく）・獲物（えもの） 熟語の構成 獲得（かくとく）（どちらも「える」） 書き取り 漁獲（ぎょかく）
刈	かる	刂 りっとう	かる・草を切り取る・短く切る	読み 同音・同訓 刈（か）る・刈（か）り取（と）り・丸刈（まるが）り 書き取り 稲刈（いねか）り
甘	カン あまい あまえる あまやかす	甘 かん あまい	うまい・あまい・このましい	読み 熟語の構成 甘言（かんげん）（甘い↓言葉） 同音・同訓 甘美（かんび） 漢字の識別 甘受（かんじゅ） 送りがな 甘（あま）やかす
汗	カン あせ	氵 さんずい	あせ・あせをかく	読み 汗（あせ）・寝汗（ねあせ） 書き取り 脂汗（あぶらあせ） 同音・同訓 熟語の構成 発汗（はっかん）（出す↑汗を）
乾	カン かわく かわかす	乙 おつ	かわく・かわかす・水分がなくなる	読み 同音・同訓 乾燥（かんそう） 四字熟語 無味乾燥（むみかんそう） 熟語の構成 乾杯（かんぱい）（飲みほす↑杯を）・乾季（かんき）（乾燥した↓季節）
勧	カン すすめる	力 ちから	すすめる・はげます	同音・同訓 勧告（かんこく） 読み 勧（すす）める
歓	カン	欠 あくび かける	よろこぶ・たのしむ・したしみ	読み 歓待（かんたい）・歓迎（かんげい） 同音・同訓 歓声（かんせい） 熟語の構成 歓喜（かんき）（どちらも「よろこぶ」） 書き取り 歓心（かんしん）

◀キ

漢字	読み	部首	意味	出題例
監	カン	皿 さら	みはりをする・ろうや・かんがみる	【読み・書き取り】監視（かんし）【同音・同訓】監査（かんさ）・監修（かんしゅう）【漢字の識別】監禁（かんきん）
環	カン	王 おうへん たまへん	わ・まわる・まわりをとりまく	【同音・同訓】環状（かんじょう）・環境（かんきょう）【四字熟語】環境破壊（かんきょうはかい）・衆人環視（しゅうじんかんし）【熟語の構成】環状（かんじょう）（環（わ）の↓形状）
鑑	カン（かんがみる）	金 かねへん	見わける・見定める	【同音・同訓】鑑定（かんてい）・図鑑（ずかん）【書き取り】鑑賞（かんしょう）【漢字の識別】印鑑（いんかん）・鑑識（かんしき）
含	ガン ふくむ ふくめる	口 くち	口に入れる・内につつみこむ・つつむ	【読み】含有（がんゆう）・含（ふく）む【対義語】包含（ほうがん）－除外【書き取り】含蓄（がんちく）
奇	キ	大 だい	ふしぎ・すぐれた・思いがけない・はんぱな	【読み】奇抜（きばつ）【熟語の構成】珍奇（ちんき）（どちらも「めずらしい」）【同音・同訓】奇術（きじゅつ）【四字熟語】妙計奇策（みょうけいきさく）
祈	キ いのる	ネ しめすへん	いのる・神や仏に願う	【読み】祈願（きがん）・祈（いの）る【同音・同訓】【書き取り】祈念（きねん）
鬼	キ おに	鬼 おに	死者のたましい・おに・すぐれたもの	【読み】鬼（おに）【同音・同訓】【異字】鬼才（きさい）【四字熟語】鬼面仏心（きめんぶっしん）
幾	キ いく	幺 よう いとがしら	いくつ・いくら	【読み】幾（いく）ら・幾多（いくた）・幾（いく）つ・幾分（いくぶん）【書き取り】幾重（いくえ）

漢字	読み	部首	意味	出題例
輝	キ かがやく	車 くるま	かがやく・きらきらと明るく見える	読み 書き取り 送りがな 輝く 同音・同訓 熟語の構成 光輝（どちらも「かがやく」）
儀	ギ	亻 にんべん	作法に合った行いやきまり・ことがら	読み 威儀・行儀 漢字の識別 儀式・儀礼 類義語 難儀－苦労 書き取り 地球儀
戯	ギ （たわむれる）	戈 ほこづくり ほこがまえ	おもしろく遊ぶ・ふざける・芝居	読み 戯曲 書き取り 熟語の構成 遊戯（どちらも「あそぶ」）
詰	（キツ） つめる つまる つむ	言 ごんべん	問いつめる・問いただす・つまる・つめ	読み 箱詰め・大詰め 同音・同訓 送りがな 詰める
却	キャク	卩 わりふ ふしづくり	しりぞける・しりぞく・取り去る・…しきる	読み 却下・売却・返却・脱却 漢字の識別 対義語 退却－進撃
脚	キャク （キャ） あし	月 にくづき	あし・下についてささえるもの	読み 脚注・健脚・脚光・脚本 熟語の構成 失脚（失う↑足もとを）
及	キュウ およぶ および およぼす	又 また	およぶ・追いつく・そこまで届く	読み 普及・波及 漢字の識別 及第・追及 熟語の構成 及落（及第↔落第）
丘	キュウ おか	一 いち	少しもりあがった土地	読み 丘 同音・同訓 書き取り 砂丘

漢字	読み	部首	意味	出題例
朽	キュウ くちる	木 きへん	くさってくずれる・おとろえる・ほろびる	【読み】朽ちる・老朽 【熟語の構成】不朽(くちない) 【同音・同訓】老朽化
巨	キョ	工 え たくみ	非常に大きい・非常に多い・たくさん	【読み】巨大 【同音・同訓】巨万 【漢字の識別】巨漢 【書き取り】巨額
拠	キョ コ	扌 てへん	よる・たよる・たてこもる・よりどころ	【読み】【書き取り】根拠 【同音・同訓】証拠 【漢字の識別】拠点・占拠・論拠
距	キョ	𧾷 あしへん	へだてる・へだたる・間をおく	【読み】【書き取り】【同音・同訓】距離
御	ギョ ゴ おん	彳 ぎょうにんべん	馬をあつかう・おさめる・丁寧な意の接頭語	【読み】御殿 【書き取り】制御 【漢字の識別】御中・防御
凶	キョウ	凵 うけばこ	えんぎが悪い・ききん・心が悪い	【同音・同訓】【漢字の識別】凶作・凶悪・凶暴 【書き取り】元凶
叫	キョウ さけぶ	口 くちへん	大声を出す・さけび声	【読み】叫ぶ・叫んだ 【同音・同訓】絶叫
狂	キョウ くるう くるおしい	犭 けものへん	くるう・くるったようにはげしい・ふざける	【同音・同訓】熱狂・狂言 【漢字の識別】狂暴 【四字熟語】狂喜乱舞

漢字	読み	部首	意味	出題例
況	キョウ	氵 さんずい	ようす・ありさま	読み 盛況(せいきょう)・不況(ふきょう) 同音・同訓 実況(じっきょう) 漢字の識別 状況(じょうきょう)・活況(かっきょう) 書き取り 近況(きんきょう)
狭	(キョウ) せまい せばめる せばまる	犭 けものへん	せまい・範囲が小さい・ゆとりがない	読み 書き取り 狭(せま)い・狭(せば)まる・手狭(てぜま)
恐	キョウ おそれる おそろしい	心 こころ	こわがる・かしこまる・つつしむ	読み 熟語の構成 恐怖(きょうふ)(どちらも「こわい」) 同音・同訓 恐縮(きょうしゅく) 書き取り 恐(おそ)ろしい
響	キョウ ひびく	音 おと	ひびき・ひびく・関係をおよぼす	読み 反響(はんきょう)・響(ひび)く 同音・同訓 音響(おんきょう)・影響(えいきょう) 誤字訂正 交響曲(こうきょうきょく)
驚	キョウ おどろく おどろかす	馬 うま	びっくりする・おどろかす	読み 書き取り 驚嘆(きょうたん) 同音・同訓 驚異(きょうい) 送りがな 驚(おどろ)かす
仰	ギョウ コウ あおぐ (おおせ)	亻 にんべん	上を向く・あがめる・うやまう	読み 仰(あお)ぐ・信仰(しんこう)・仰視(ぎょうし) 熟語の構成 仰天(ぎょうてん)(仰ぐ↑天を)
駆	ク かける かる	馬 うまへん	かける・かりたてる・追いたてる	読み 駆使(くし)・駆除(くじょ)・駆動(くどう) 同音・同訓 駆(か)ける 漢字の識別 先駆者(せんくしゃ)
屈	クツ	尸 かばね しかばね	かがむ・くじける・強い	読み 屈指(くっし)・退屈(たいくつ) 熟語の構成 不屈(ふくつ)(屈しない) 漢字の識別 屈折(くっせつ)・屈服(くっぷく)・理屈(りくつ)

漢字	読み	部首	意味	用例
掘	クツ ほる	扌 てへん	ほる・ほりだす	読み 採掘(さいくつ)・発掘(はっくつ)・盗掘(とうくつ)・掘(ほ)る
繰	くる	糸 いとへん	引きよせまきとる・順におくる	読み 繰(く)る 同音・同訓 繰(く)り上(あ)げる・繰(く)り返(かえ)す 書き取り やり繰(く)り
恵	ケイ エ めぐむ	心 こころ	めぐむ・めぐみ・かしこい	書き取り 同音・同訓 熟語の構成 恩恵(おんけい)(どちらも「めぐむ」) 読み 恵(めぐ)む・知恵(ちえ)
傾	ケイ かたむく かたむける	亻 にんべん	かたむく・かたよる・くつがえす・なりゆき	読み 傾斜(けいしゃ)・傾(かたむ)く 同音・同訓 傾倒(けいとう) 類義語 傾向(けいこう)－風潮
継	ケイ つぐ	糸 いとへん	つぐ・続ける・血のつながりのない間がら	読み 継続(けいぞく)・中継(ちゅうけい) 同音・同訓 継(つ)ぐ・後継者(こうけいしゃ) 漢字の識別 誤字訂正 継承(けいしょう)
迎	ゲイ むかえる	辶 しんにょう しんにゅう	むかえる・他人の気にいるようにする	熟語の構成 送迎(そうげい)(送る↔迎える) 読み 迎合(げいごう)・迎(むか)える 漢字の識別 歓迎(かんげい)
撃	ゲキ うつ	手 て	うつ・たたく・やっつける・ふれる	読み 砲撃(ほうげき)・襲撃(しゅうげき)・目撃(もくげき) 漢字の識別 撃退(げきたい) 書き取り 射撃(しゃげき)
肩	(ケン) かた	肉 にく	かた・物のかたにあたる部分	読み 肩(かた)・肩車(かたぐるま) 同音・同訓 肩透(かたす)かし

漢字	兼	剣	軒	圏	堅	遣	玄	枯
読み	ケン かねる	ケン つるぎ	ケン のき	ケン	ケン かたい	ケン つかう つかわす	ゲン	コ かれる からす
部首	八 はち	刂 りっとう	車 くるまへん	囗 くにがまえ	土 つち	辶 しんにょう しんにゅう	玄 げん	木 きへん
意味	かねる・あわせもつ・前もって	つるぎ・たち・剣法	のき・ひさし・家をかぞえることば	かこい・しきり・限られた区域	こわれにくい・しっかりしている・かたい	行かせる・さしむける・つかう	くろい・赤黒い・奥深い	かれる・水分がなくなる・おとろえる
用例	読み 兼務(けんむ)・兼用(けんよう) 同音・同訓 兼ねる(か)・兼行(けんこう) 漢字の識別 兼任(けんにん) 四字熟語 才色兼備(さいしょくけんび)	読み 剣豪(けんごう) 同音・同訓 真剣(しんけん) 四字熟語 真剣勝負(しんけんしょうぶ)	読み 軒先(のきさき)・数軒(すうけん) 同音・同訓 二軒(にけん) 書き取り 軒並み(のきな)	読み 圏内(けんない) 同音・同訓 首都圏(しゅとけん)・大気圏(たいきけん)・圏外(けんがい)	読み 堅持(けんじ)・堅実(けんじつ)・堅い(かた) 熟語の構成 堅固(けんご)(どちらも「かたい」) 四字熟語 意志堅固(いしけんご)	書き取り 同音・同訓 派遣(はけん) 読み 遣わす(つか)・遣唐使(けんとうし) 気遣い(きづか)	読み 書き取り 玄米(げんまい)・玄関(げんかん)	熟語の構成 栄枯(えいこ)(栄える↕おとろえる) 読み 枯死(こし)・枯れる(か) 書き取り 枯淡(こたん)

漢字	読み	部首・部首名	意味	用例
誇	コ ほこる	言 ごんべん	大げさにいう・じまんする・ほこり	読み 誇張(こちょう)・誇る(ほこ)・誇り(ほこ) 同音・同訓 誇大(こだい) 書き取り 誇示(こじ)
鼓	コ (つづみ)	鼓 つづみ	つづみ・たたく・はげます・ふるえる	読み 漢字の識別 鼓舞(こぶ) 同音・同訓 鼓動(こどう)　太鼓(たいこ)・鼓笛隊(こてきたい)
互	ゴ たがい	二 に	おたがいに・いりみだれる	漢字の識別 相互(そうご)・交互(こうご) 読み 類義語 互角(ごかく)－対等
抗	コウ	扌 てへん	はりあう・さからう・はむかう	漢字の識別 抗議(こうぎ)・抵抗(ていこう) 同音・同訓 書き取り 対抗(たいこう) 四字熟語 不可抗力(ふかこうりょく)
攻	コウ せめる	攵 のぶん ぼくづくり	せめる・おさめる・研究する	熟語の構成 攻守(こうしゅ)(攻める↔守る) 読み 専攻(せんこう)・攻防(こうぼう) 漢字の識別 猛攻(もうこう) 四字熟語 難攻不落(なんこうふらく)
更	コウ さら (ふける) (ふかす)	曰 ひらび いわく	新しくなる・入れかわる・夜おそくなる	読み 更新(こうしん) 同音・同訓 類義語 変更(へんこう)－改定 熟語の構成 更衣(こうい)(かえる←衣服を)
恒	コウ	忄 りっしんべん	いつも変わらない	読み 同音・同訓 恒例(こうれい)・恒久(こうきゅう) 熟語の構成 恒常(こうじょう)(どちらも「いつも」) 四字熟語 恒久平和(こうきゅうへいわ)
荒	コウ あらい あれる あらす	艹 くさかんむり	あれる・とりとめがない・作物が実らない	同音・同訓 荒天(こうてん) 書き取り 荒立てる(あらだ) 漢字の識別 熟語の構成 荒野(こうや)(荒れた→野原)

漢字	読み	部首	意味	用例
項	コウ	頁 おおがい	小さく分けた一つ一つ・物事の要所	同音・同訓 事項(じこう)・項目(こうもく) 漢字の識別 要項(ようこう)
稿	コウ	禾 のぎへん	詩や文書などの下書き	読み 原稿(げんこう)・投稿(とうこう) 同音・同訓 寄稿(きこう) 熟語の構成 起稿(きこう)(起こす↑原稿を) 類義語 草稿(そうこう)―文案
豪	ゴウ	豕 ぶた いのこ	勢いのさかんなこと・すぐれた人・たかぶる	読み 豪快(ごうかい)・剣豪(けんごう) 熟語の構成 強豪(きょうごう)(どちらも「つよい」) 類義語 富豪(ふごう)―長者
込	こむ こめる	辶 しんにょう しんにゅう	こむ・こめる・こもる	読み・同音・同訓 込(こ)める 同音・同訓 込(こ)む・見込(みこ)み
婚	コン	女 おんなへん	縁組みをする・とつぐ	熟語の構成 未婚(みこん)(まだ結婚していない)・求婚(きゅうこん)(求める↑結婚を) 読み 婚礼(こんれい) 書き取り 結婚(けっこん)
鎖	サ くさり	金 かねへん	くさり・とざす・とじる	読み 閉鎖(へいさ)・鎖(くさり) 漢字の識別 連鎖(れんさ) 熟語の構成 鎖国(さこく)(閉ざす↑国を) 四字熟語 連鎖反応(れんさはんのう)
彩	サイ (いろどる)	彡 さんづくり	色をつける・美しいいろどり・つや	読み 異彩(いさい)・色彩(しきさい) 同音・同訓 多彩(たさい) 漢字の識別 彩色(さいしき(さいしょく))・光彩(こうさい)・水彩画(すいさいが)
歳	サイ セイ	止 とめる	としつき・一年間・年齢をかぞえることば	同音・同訓 歳月(さいげつ)・歳時記(さいじき) 読み 歳入(さいにゅう)

シ

漢字	読み	部首	意味	出題例
載	サイ のせる のる	車 くるま	のせる・上に積む・しるす・記録する	読み 積載(せきさい)・連載(れんさい) 同音・同訓 満載(まんさい) 漢字の識別 記載(きさい) 送りがな 載(の)せる
剤	ザイ	刂 りっとう	くすり・くすりを調合する	読み 薬剤(やくざい)・薬剤師(やくざいし) 漢字の識別 洗剤(せんざい)
咲	さく	口 くちへん	花のつぼみが開く	読み・書き取り 遅咲(おそざ)き 同音・同訓 咲(さ)く
惨	サン (ザン) (みじめ)	忄 りっしんべん	いたましい・むごい	読み 悲惨(ひさん)・惨事(さんじ) 漢字の識別・書き取り・熟語の構成 惨状(さんじょう)(悲惨な→状況)
旨	シ (むね)	日 ひ	考えの内容・むね	読み 趣旨(しゅし) 同音・同訓 要旨(ようし) 漢字の識別 論旨(ろんし)
伺	(シ) うかがう	亻 にんべん	ようすをたずねる・うかがう	読み・書き取り 伺(うかが)う・伺(うかが)い
刺	シ さす ささる	刂 りっとう	さす・とげ・ちくりとさせる・名ふだ	読み 風刺(ふうし)・名刺(めいし) 同音・同訓 刺(さ)す・刺激(しげき)
脂	シ あぶら	月 にくづき	あぶら・やに・化粧(けしょう)用のべに	読み 樹脂(じゅし)・脂汗(あぶらあせ) 同音・同訓 油脂(ゆし) 熟語の構成 脂肪(しぼう)(どちらも「あぶら」)

漢字	読み	部首	意味	出題例
紫	シ / むらさき	糸 いと	むらさき・赤と青の中間色	読み 紫(むらさき) 同音・同訓 紫外線(しがいせん) 四字熟語 山紫水明(さんしすいめい)
雌	シ / め / めす	隹 ふるとり	生物のめす	読み・同音・同訓・熟語の構成 雌雄(しゆう)(メス↔オス) 書き取り 雌(めす)
執	シツ / シュウ / とる	土 つち	とる・あつかう・とりおこなう	熟語の構成 執筆(しっぴつ)(執る←筆を) 同音・同訓 執る(と) 漢字の識別 固執(こしつ(こしゅう))・執念(しゅうねん) 読み 執刀(しっとう)
芝	しば	艹 くさかんむり	しば・イネ科の多年草	読み・書き取り 芝居(しばい)・芝生(しばふ)
斜	シャ / ななめ	斗 とます	ななめ	読み 傾斜(けいしゃ) 漢字の識別 斜陽(しゃよう)・斜線(しゃせん) 書き取り・熟語の構成 斜面(しゃめん)(斜めの→面)
煮	(シャ) / にる / にえる / にやす	灬 れんが / れっか	にる・にえる	読み 煮る(に)・煮豆(にまめ) 同音・同訓 煮える(に) 書き取り 雑煮(ぞうに)
釈	シャク	釆 のごめへん	ときあかす・言いわけをする・ゆるす	読み・類義語 釈明(しゃくめい)－弁解 漢字の識別 釈放(しゃくほう)・釈然(しゃくぜん)・解釈(かいしゃく)・注釈(ちゅうしゃく)
寂	ジャク / (セキ) / さび / さびしい / さびれる	宀 うかんむり	しずかでさびしい・僧が死ぬこと	読み 静寂(せいじゃく)・寂しい(さび)

漢字	読み	部首	意味	出題例
朱	シュ	木 き	だいだい色がかった赤	読み・書き取り：朱肉(しゅにく)・朱(しゅ)
狩	シュ／かる／かり	犭 けものへん	かり・かりをする	読み：狩(か)り　同音・同訓：狩(か)る
趣	シュ／おもむき	走 そうにょう	しみじみとしたあじわい・かんがえ・好み	読み：趣旨(しゅし)・趣向(しゅこう)・趣(おもむき)　漢字の識別：情趣(じょうしゅ)　類義語：趣味(しゅみ)－道楽
需	ジュ	雨 あめかんむり	必要とする・もとめる	読み：需要(じゅよう)・内需(ないじゅ)・必需(ひつじゅ)　熟語の構成：需給(じゅきゅう)(需要↕供給)
舟	シュウ／ふね／ふな	舟 ふね	こぶね	読み：舟(ふね)
秀	シュウ／(ひいでる)	禾 のぎ	すぐれている・ぬきんでている	読み：秀麗(しゅうれい)・秀歌(しゅうか)　書き取り・漢字の識別・熟語の構成：優秀(ゆうしゅう)(どちらも「すぐれている」)
襲	シュウ／おそう	衣 ころも	おそう・不意に攻める・あとをつぐ	読み：襲(おそ)う・襲来(しゅうらい)　漢字の識別：襲名(しゅうめい)　同音・同訓：踏襲(とうしゅう)　類義語：逆襲(ぎゃくしゅう)－反撃
柔	ジュウ／ニュウ／やわらか／やわらかい	木 き	やわらかい・やさしい・よわい	読み：柔和(にゅうわ)　漢字の識別：柔弱(にゅうじゃく)・柔道(じゅうどう)　四字熟語：優柔不断(ゆうじゅうふだん)

漢字	読み	部首	意味	出題例
獣	ジュウ けもの	犬 いぬ	けもの・けだもの	読み 珍獣(ちんじゅう)・獣医(じゅうい) 熟語の構成 猛獣(もうじゅう)（あらあらしい↓獣）
瞬	シュン （またたく）	目 めへん	ごく短い時間	読み 熟語の構成 瞬時(しゅんじ)（またたく↓時間） 漢字の識別 一瞬(いっしゅん)・瞬発力(しゅんぱつりょく) 書き取り 瞬間(しゅんかん)
旬	ジュン シュン	日 ひ	一か月のうちの十日間	読み 中旬(ちゅうじゅん)・旬刊(じゅんかん) 同音・同訓 上旬(じょうじゅん)・初旬(しょじゅん)
巡	ジュン めぐる	巛 かわ	めぐる・まわり歩く・各地をめぐり歩く	読み 巡(めぐ)る 同音・同訓 熟語の構成 巡回(じゅんかい)（どちらも「めぐる」） 漢字の識別 巡礼(じゅんれい) 書き取り 巡視(じゅんし)
盾	ジュン たて	目 め	たて・やりや矢などを防ぐ武器	読み 盾(たて) 同音・同訓 矛盾(むじゅん)
召	ショウ めす	口 くち	呼びよせる・まねく	読み 召(め)す・召(め)した 同音・同訓 召集(しょうしゅう)
床	ショウ とこ ゆか	广 まだれ	ねどこ・台の形をしたもの・地層・地盤	読み 病床(びょうしょう) 漢字の識別 寝床(ねどこ) 熟語の構成 起床(きしょう)（起きる↑寝床から） 四字熟語 同床異夢(どうしょういむ)
沼	（ショウ） ぬま	氵 さんずい	どろ深い大きな池・ぬま	読み 沼(ぬま)

漢字	読み	部首	意味	用例
称	ショウ	禾 のぎへん	つりあう・名づける・ほめる	読み・同音・同訓 称賛（しょうさん）　漢字の識別 称号（しょうごう）・名称（めいしょう）・対称（たいしょう）　書き取り 愛称（あいしょう）
紹	ショウ	糸 いとへん	ひきあわせる・とりもつ	読み・書き取り・同音・同訓・漢字の識別 紹介（しょうかい）
詳	ショウ くわしい	言 ごんべん	くわしい・つまびらか・つまびらかにする	読み 詳細（しょうさい）・詳しい（くわ）　漢字の識別 詳報（しょうほう）　熟語の構成 未詳（みしょう）（まだくわしくない）
丈	ジョウ たけ	一 いち	強い・長さの単位	読み 丈夫（じょうぶ）　漢字の識別 気丈（きじょう）　同音・同訓 大丈夫（だいじょうぶ）　類義語 背丈（せたけ）－身長
畳	ジョウ たたむ たたみ	田 た	たたみ・かさねる・たたみをかぞえることば	読み・書き取り 畳（たたみ）　同音・同訓 八畳（はちじょう）・六畳（ろくじょう）
殖	ショク ふえる ふやす	歹 かばねへん いちたへん がつへん	ふえる・ふやす・ふえて多くなる	読み 繁殖（はんしょく）・殖える（ふ）　漢字の識別 養殖（ようしょく）・殖産（しょくさん）　熟語の構成 増殖（ぞうしょく）（どちらも「ふえる」）
飾	ショク かざる	飠 しょくへん	かざる・よそおう	読み 服飾（ふくしょく）・髪飾り（かみかざ）　同音・同訓・熟語の構成 装飾（そうしょく）（どちらも「かざる」）
触	ショク ふれる さわる	角 つのへん	何かにふれる・あたる・さしさわる	漢字の識別 接触（せっしょく）　読み 抵触（ていしょく）　同音・同訓 触れる（ふ）　四字熟語 一触即発（いっしょくそくはつ）

漢字	読み	部首	意味	出題例
侵	シン おかす	イ にんべん	おかす・すすむ・やぶる・はいりこむ	読み 侵害《しんがい》・侵《おか》す 同音・同訓 侵攻《しんこう》・侵入《しんにゅう》 四字熟語 人権侵害《じんけんしんがい》
振	シン ふる ふるう ふれる	扌 てへん	ふる・ふるう・さかんにする	読み 振興《しんこう》 同音・同訓 熟語の構成 不振《ふしん》（ふるわない） 漢字の識別 振動《しんどう》 書き取り 振替《ふりかえ》
浸	シン ひたす ひたる	氵 さんずい	水につかる・しみこむ	読み 浸透《しんとう》・浸《ひた》る 同音・同訓 浸入《しんにゅう》 熟語の構成 浸水《しんすい》（浸る←水に） 書き取り 浸食《しんしょく》
寝	シン ねる ねかす	宀 うかんむり	ねる・居室	読み 熟語の構成 就寝《しゅうしん》（就く←寝床に） 書き取り 寝坊《ねぼう》 同音・同訓 寝食《しんしょく》・寝具《しんぐ》
慎	シン つつしむ	忄 りっしんべん	気をつける・つつしむ	読み 同音・同訓 慎重《しんちょう》 読み 送りがな 慎《つつし》む
震	シン ふるう ふるえる	雨 あめかんむり	ふるう・ふるえる・ゆれ動く	漢字の識別 熟語の構成 耐震《たいしん》（耐える←地震に） 読み 震《ふる》える 漢字の識別 震源《しんげん》・震動《しんどう》・震度《しんど》
薪	シン たきぎ	艹 くさかんむり	燃料用の木・まき	読み 薪《たきぎ》 同音・同訓 薪炭《しんたん》
尽	ジン つくす つきる つかす	尸 かばね しかばね	全部だしきる・つくす・全部	読み 尽《つ》くす・無尽蔵《むじんぞう》 熟語の構成 尽力《じんりょく》（尽くす←力を）

漢字	読み	部首	意味	用例
陣	ジン	阝 こざとへん	じんだて・いくさ・にわかに	熟語の構成 退陣（たいじん）（退く↑陣を） 同音・同訓 円陣（えんじん）・陣頭（じんとう） 漢字の識別 陣営（じんえい）
尋	ジン たずねる	寸 すん	ききただす・ふつう・ひろ（長さの単位）	読み 熟語の構成 尋問（じんもん）（どちらも「たずねる」） 同音・同訓 尋常（じんじょう） 四字熟語 尋常一様（じんじょういちよう）
吹	スイ ふく	口 くちへん	ふく・息をはく・口でふいてならす	読み 吹奏（すいそう） 漢字の識別 吹雪（ふぶき）・鼓吹（こすい） 同音・同訓 書き取り 吹（ふ）く
是	ゼ	日 ひ	ただしい・よいとみとめる・方針	熟語の構成 是非（ぜひ）（正しい↕よくない） 読み 是認（ぜにん） 漢字の識別 是正（ぜせい） 四字熟語 是非善悪（ぜひぜんあく）
姓	セイ ショウ	女 おんなへん	一族・血すじ・みょうじ	同音・同訓 書き取り 同姓（どうせい）・旧姓（きゅうせい） 読み 別姓（べっせい） 漢字の識別 姓名（せいめい）
征	セイ	彳 ぎょうにんべん	たたかいにいく・攻めうつ	読み 征服（せいふく） 同音・同訓 熟語の構成 遠征（えんせい）（遠くへ↓行く）
跡	セキ あと	𧾷 あしへん	あしあと・何かがおこなわれたあと	読み 形跡（けいせき） 漢字の識別 遺跡（いせき）・跡形（あとかた） 熟語の構成 追跡（ついせき）（追う↑跡を） 四字熟語 名所旧跡（めいしょきゅうせき）
占	セン しめる うらなう	卜 と うらない	うらなう・自分のものにする	読み 類義語 独占（どくせん）ー専有 同音・同訓 占領（せんりょう） 漢字の識別 占拠（せんきょ）

漢字	読み	部首	意味	用例
扇	セン・おうぎ	戸 とだれ・とかんむり	おうぎ・あおぐ・あおりたてる	同音・同訓 扇風機(せんぷうき)・扇状地(せんじょうち) 漢字の識別 扇形(おうぎがた)・舞扇(まいおうぎ)
鮮	セン・あざやか	魚 うおへん	あざやか・あたらしい	読み 鮮(あざ)やか・鮮烈(せんれつ) 漢字の識別 新鮮(しんせん) 同音・同訓 鮮明(せんめい)・鮮度(せんど)
訴	ソ・うったえる	言 ごんべん	裁判を求める・解決を求める	読み 訴(うった)える・起訴(きそ) 漢字の識別 直訴(じきそ)・訴状(そじょう)・告訴(こくそ)・提訴(ていそ)
僧	ソウ	イ にんべん	坊さん	同音・同訓 高僧(こうそう)・僧門(そうもん)
燥	ソウ	火 ひへん	かわく・かわかす	読み 同音・同訓 熟語の構成 乾燥(かんそう)(どちらも「かわく」) 四字熟語 無味乾燥(むみかんそう)
騒	ソウ・さわぐ	馬 うまへん	さわぐ・さわがしい・みだれる	読み 騒然(そうぜん) 漢字の識別 物騒(ぶっそう)・騒乱(そうらん) 同音・同訓 騒音(そうおん) 書き取り 胸騒(むなさわ)ぎ
贈	ゾウ・ソウ・おくる	貝 かいへん	金品をおくる・おくりもの・官位をおくる	熟語の構成 贈答(ぞうとう)(贈る↔お返しをする) 読み 贈与(ぞうよ)・贈(おく)る 漢字の識別 寄贈(きそう(きぞう))
即	ソク	卩 わりふ・ふしづくり	つく・すぐ・ただちに	読み 即応(そくおう) 漢字の識別 即座(そくざ)・即興(そっきょう) 熟語の構成 即答(そくとう)(すぐに↓答える) 四字熟語 色即是空(しきそくぜくう)

漢字	読み	部首・部首名	意味	用例
俗	ゾク	イ にんべん	ならわし・ありふれた・上品でない	読み 民俗(みんぞく) 漢字の識別 俗説(ぞくせつ)・俗悪(ぞくあく) 熟語の構成 雅俗(がぞく)(上品↕下品) 四字熟語 公序良俗(こうじょりょうぞく)
耐	タイ たえる	而 しかして しこうして	もちこたえる・がまんする	書き取り 熟語の構成 耐震(たいしん)(耐える←地震に) 読み 耐久(たいきゅう)・耐用(たいよう) 同音・同訓 耐(た)える
替	タイ かえる かわる	曰 ひらび いわく	かえる・かわる・入れかわる	読み 交替(こうたい)・為替(かわせ) 同音・同訓 替(か)える・替(か)え玉(だま) 熟語の構成 代替(だいたい)(どちらも「かえる」)
沢	タク さわ	氵 さんずい	さわ・ゆたか・つや	読み 光沢(こうたく)・沢(さわ)・沢登(さわのぼ)り
拓	タク	扌 てへん	ひらく・ものの形を写しとること	読み 同音・同訓 熟語の構成 開拓(かいたく)(どちらも「ひらく」) 漢字の識別 干拓(かんたく)・魚拓(ぎょたく)
濁	ダク にごる にごす	氵 さんずい	にごる・けがれ・けがれる	熟語の構成 清濁(せいだく)(すむ↕濁る) 読み 汚濁(おだく)・濁(にご)る 漢字の識別 対義語 濁流(だくりゅう)－清流
脱	ダツ ぬぐ ぬげる	月 にくづき	ぬぐ・のがれる・とりのぞく・はずれる	熟語の構成 着脱(ちゃくだつ)(着る↕脱ぐ) 読み 離脱(りだつ)・脱出(だっしゅつ) 漢字の識別 脱帽(だつぼう) 対義語 脱退(だったい)－加入
丹	タン	丶 てん	赤・心をこめる・ねった丸薬	同音・同訓 丹念(たんねん) 読み 丹精(たんせい)

漢字	読み	部首	意味	用例
淡	タン / あわい	氵 さんずい	色がうすい・あっさりしている・塩分がない	熟語の構成 濃淡（濃い↔薄い） 読み 淡い・淡泊 漢字の識別 類義語 冷淡－薄情
嘆	タン / なげく / なげかわしい	口 くちへん	なげく・ためいき・ほめたたえる	読み 書き取り 驚嘆 漢字の識別 嘆息・感嘆 同音・同訓 悲嘆
端	タン / はし / (は) / はた	立 たつへん	きちんとしている・物事の始まり・ことがら	読み 端麗・道端 漢字の識別 極端・先端 四字熟語 容姿端麗
弾	ダン / ひく / はずむ / たま	弓 ゆみへん	たま・はじく・うちたたく・弦楽器をひく	読み 弾む・弾力 漢字の識別 弾圧
恥	チ / はじる / はじ / はじらう / はずかしい	心 こころ	はじ・はじる・はずかしい	読み 恥じる・恥ずかしい 同音・同訓 恥部 熟語の構成 無恥（恥と思わない）
致	チ / いたす	至 いたる	こさせる・いきつかせる・ぴったりあう	読み 致命・招致 同音・同訓 一致 漢字の識別 筆致 四字熟語 一致団結
遅	チ / おくれる / おくらす / おそい	辶 しんにょう / しんにゅう	おくれる・おそくなる・おそい	読み 遅延 熟語の構成 遅速（遅い↔速い） 同音・同訓 遅刻 書き取り 遅咲き
蓄	チク / たくわえる	艹 くさかんむり	たくわえる・ためる・たくわえ	読み 含蓄・蓄える 漢字の識別 貯蓄 類義語 備蓄－貯蔵

漢字	読み	部首	意味	用例
跳	チョウ はねる とぶ	𧾷 あしへん	とぶ・とびはねる・おどる	読み 跳馬(ちょうば) 熟語の構成 跳躍(ちょうやく)（どちらも「とぶ」） 同音・同訓 跳(は)ねる・跳(と)ぶ
徴	チョウ	彳 ぎょうにんべん	しるし・きざし・とりたてる・召し出す	読み 徴収(ちょうしゅう)・象徴(しょうちょう)・特徴(とくちょう)
澄	（チョウ） すむ すます	氵 さんずい	にごりがない・すんでいる	読み 澄(す)ます・澄(す)んだ 同音・同訓 澄(す)む
沈	チン しずむ しずめる	氵 さんずい	しずむ・元気がない・しずか	熟語の構成 浮沈(ふちん)（浮く↔沈む） 読み 沈黙(ちんもく) 漢字の識別 沈着(ちんちゃく)・沈殿(ちんでん) 四字熟語 意気消沈(いきしょうちん)
珍	チン めずらしい	王 おうへん たまへん	めったにない・かわっていておもしろい	熟語の構成 珍事(ちんじ)（珍しい→事） 読み 珍(めずら)しい・珍獣(ちんじゅう) 書き取り 珍味(ちんみ)
抵	テイ	扌 てへん	あたる・さからう・かわりになる・だいたい	読み 抵触(ていしょく) 漢字の識別 対義語 抵抗(ていこう)―服従
堤	テイ つつみ	土 つちへん	どて・つつみ	読み 突堤(とってい)・堤(つつみ) 同音・同訓 類義語 堤防(ていぼう)―土手
摘	テキ つむ	扌 てへん	つまみとる・えらびだす・とりだして示す	同音・同訓 摘(つ)む 読み 摘出(てきしゅつ)・摘発(てきはつ) 漢字の識別 書き取り 指摘(してき)

漢字	読み	部首	意味	出題例
滴	テキ しずく (したたる)	氵 さんずい	したたる・しずく	読み 水滴（すいてき）・滴（しずく） 同音・同訓 点滴（てんてき）
添	テン そえる そう	氵 さんずい	つけ加える・そえる・そえもの	読み 添付（てんぷ）・添乗（てんじょう）・添加（てんか）・添う（そう） 同音・同訓 添える（そえる）
殿	テン デン との どの	殳 るまた ほこづくり	大きい建物・人をうやまって呼ぶことば	読み 御殿（ごてん）・沈殿（ちんでん） 漢字の識別 殿堂（でんどう） 書き取り 宮殿（きゅうでん）
吐	ト はく	口 くちへん	口からはく・出す・もらす	読み 吐露（とろ） 同音・同訓 吐息（といき）・吐く（はく） 四字熟語 青息吐息（あおいきといき）
途	ト	辶 しんにょう しんにゅう	みち・みちすじ・目的・方法	読み 別途（べっと）・使途（しと） 同音・同訓 途方（とほう） 熟語の構成 前途（ぜんと）（先（前）の→道（途）） 四字熟語 前途有望（ぜんとゆうぼう）
渡	ト わたす わたる	氵 さんずい	わたる・わたす・伝わる	読み 過渡期（かとき）・渡航（とこう）・渡る（わたる）・世渡り（よわたり） 同音・同訓 渡来（とらい）
奴	ド	女 おんなへん	自由のない使用人・人をののしることば	同音・同訓 書き取り 奴隷（どれい）
怒	ド いかる おこる	心 こころ	いかる・腹を立てる・はげしい	漢字の識別 激怒（げきど）・怒気（どき） 読み 書き取り 怒号（どごう）・怒り（いかり）

漢字	読み	部首	意味	用例
到	トウ	刂 りっとう	いたる・ぎりぎりのところまで・いきとどく	読み 到着(とうちゃく) 漢字の識別 周到(しゅうとう) 熟語の構成 到達(とうたつ)(どちらも「いきつく」) 誤字訂正 殺到(さっとう)
逃	トウ にげる にがす のがす のがれる	⻌ しんにょう しんにゅう	にげる・のがれる・まぬかれる	読み 逃避(とうひ)・逃れる(のが) 同音・同訓 逃げる(に)・逃亡(とうぼう)
倒	トウ たおれる たおす	亻 にんべん	さかさまになる・たおれる・一方にかたむく	読み 転倒(てんとう)・倒産(とうさん) 同音・同訓 倒壊(とうかい) 漢字の識別 圧倒(あっとう) 四字熟語 本末転倒(ほんまつてんとう)
唐	トウ から	口 くち	中国の古称・とりとめのないさま	読み 遣唐使(けんとうし) 同音・同訓 唐突(とうとつ)
桃	トウ もも	木 きへん	もも	読み 書き取り 桃(もも) 同音・同訓 桃源郷(とうげんきょう)
透	トウ すく すかす すける	⻌ しんにょう しんにゅう	すきとおる・とおりぬける	読み 浸透(しんとう)・透視(とうし) 同音・同訓 透ける(す) 漢字の識別 対義語 透明(とうめい)―混濁
盗	トウ ぬすむ	皿 さら	ぬすむ	読み 盗難(とうなん)・盗む(ぬす) 同音・同訓 盗用(とうよう) 漢字の識別 盗掘(とうくつ)
塔	トウ	土 つちへん	仏骨などを安置する建物・高く細長い建物	読み 塔(とう) 同音・同訓 金字塔(きんじとう) 熟語の構成 鉄塔(てっとう)(鉄の→塔)

漢字	読み	部首	意味	出題例
稲	トウ いね いな	禾 のぎへん	いね	読み・書き取り 稲刈り(いねか)・水稲(すいとう) 漢字の識別 稲作(いなさく)・稲光(いなびかり)・稲妻(いなずま)
踏	トウ ふむ ふまえる	𧾷 あしへん	足でふむ・歩く・実地にそこにいく	熟語の構成 未踏(みとう)(まだ踏み入れない) 読み 雑踏(ざっとう) 同音・同訓 踏破(とうは)・踏む(ふ) 書き取り 踏襲(とうしゅう)
闘	トウ たたかう	門 もんがまえ	あらそう・たたかう・たたかい	読み 闘う(たたか) 熟語の構成 闘争(とうそう)(どちらも「あらそう」) 同音・同訓 健闘(けんとう)・闘病(とうびょう) 四字熟語 悪戦苦闘(あくせんくとう)
胴	ドウ	月 にくづき	からだや物の中央の部分	読み 胴(どう)・胴上げ(どうあ)・胴衣(どうい)
峠	とうげ	山 やまへん	上りから下りにかかる境目・勢いのさかんなとき	読み・書き取り 峠(とうげ)
突	トツ つく	穴 あなかんむり	ぶつかる・つき出る・だしぬけに	読み 煙突(えんとつ)・唐突(とうとつ) 同音・同訓 突く(つ) 熟語の構成 激突(げきとつ)(激しく→ぶつかる) 書き取り 突拍子(とっぴょうし)
鈍	ドン にぶい にぶる	金 かねへん	にぶい・よく切れない・とがっていない	読み 鈍感(どんかん)・鈍重(どんじゅう)・鈍い(にぶ)
曇	ドン くもる	日 ひ	くもる・雲が空にひろがる	読み・熟語の構成 曇天(どんてん)(曇った→空)

ニ・ノ・ハ

漢字	読み	部首	意味	用例
弐	ニ	弋 しきがまえ	書類などで「二」に代えて用いる字	読み 弐万(にまん)
悩	ノウ なやむ なやます	忄 りっしんべん	思いなやむ・なやます・なやみ	同音・同訓 対義語 苦悩(くのう)—歓喜 読み 悩む(なや)
濃	ノウ こい	氵 さんずい	味や色などがこい・密度が高い	熟語の構成 濃淡(のうたん)(濃い↔薄い) 読み 濃霧(のうむ)・濃い(こ) 漢字の識別 濃縮(のうしゅく) 対義語 濃密(のうみつ)—希薄
杯	ハイ さかずき	木 きへん	さかずき・コップなどの中身を数えることば	読み 祝杯(しゅくはい) 熟語の構成 乾杯(かんぱい)(飲みほす←杯を) 同音・同訓 苦杯(くはい) 書き取り 満杯(まんぱい)
輩	ハイ	車 くるま	なかま・つぎつぎとならぶ	読み 輩出(はいしゅつ)・後輩(こうはい) 同音・同訓 先輩(せんぱい) 四字熟語 人材輩出(じんざいはいしゅつ)
拍	ハク ヒョウ	扌 てへん	うつ・たたく・リズムや音数の単位	読み 拍車(はくしゃ)・拍子(ひょうし) 同音・同訓 脈拍(みゃくはく) 熟語の構成 拍手(はくしゅ)(うつ←手を)
泊	ハク とまる とめる	氵 さんずい	舟をとめる・やどり・さっぱりしている	読み 淡泊(たんぱく)・泊まる(と) 同音・同訓 停泊(ていはく)・宿泊(しゅくはく) 書き取り 外泊(がいはく)
迫	ハク せまる	辶 しんにょう しんにゅう	強くせまる・せっぱつまる・くるしめる	読み 迫る(せま)・迫力(はくりょく) 同音・同訓 迫真(はくしん) 漢字の識別 気迫(きはく)・迫害(はくがい)

漢字	読み	部首	意味	出題例
薄	ハク うすい うすめる うすまる うすらぐ うすれる	艹 くさかんむり	うすい・わずか・あさはか・ちかづく	読み 軽薄(けいはく)・希薄(きはく)・薄い(うすい) 同音・同訓 薄情(はくじょう) 四字熟語 意志薄弱(いしはくじゃく)
爆	バク	火 ひへん	破裂(はれつ)する・はじける・「爆弾」の略	読み 爆発(ばくはつ) 書き取り 爆音(ばくおん) 漢字の識別 爆弾(ばくだん)・爆撃(ばくげき)・爆破(ばくは)
髪	ハツ かみ	髟 かみがしら	かみ・かみの毛	読み 頭髪(とうはつ)・散髪(さんぱつ) 熟語の構成 整髪(せいはつ)(整える←髪を) 四字熟語 危機一髪(ききいっぱつ)
抜	バツ ぬく ぬける ぬかす ぬかる	扌 てへん	ぬく・えらび出す・とびぬけている	読み 奇抜(きばつ) 漢字の識別 選抜(せんばつ) 熟語の構成 抜群(ばつぐん)(抜く←群を)
罰	バツ バチ	罒 あみがしら あみめ よこめ	こらしめ・神仏のとがめ	熟語の構成 賞罰(しょうばつ)(ほめる↔罰する) 読み 処罰(しょばつ)・罰則(ばっそく) 四字熟語 一罰百戒(いちばつひゃっかい)
般	ハン	舟 ふねへん	ものごとの種類・全体のようす	同音・同訓 諸般(しょはん)・全般(ぜんぱん)
販	ハン	貝 かいへん	品物を売る・あきない	読み 販路(はんろ) 同音・同訓 市販(しはん)・販売(はんばい)
搬	ハン	扌 てへん	はこぶ・荷物をはこぶ	読み 搬出(はんしゅつ) 同音・同訓 搬入(はんにゅう) 漢字の識別 搬送(はんそう) 熟語の構成 運搬(うんぱん)(どちらも「はこぶ」)

ヒ

漢字	読み	部首	意味	用例
範	ハン	竹 たけかんむり	てほん・きまり・一定のくぎり	読み 規範（きはん）・模範（もはん）　同音・同訓 範囲（はんい）　四字熟語 率先垂範（そっせんすいはん）
繁	ハン	糸 いと	しげる・ふえる・さかん・わずらわしい	熟語の構成 繁茂（はんも）（どちらも「しげる」）　同音・同訓 繁栄（はんえい）　読み 繁忙（はんぼう）・繁殖（はんしょく）
盤	バン	皿 さら	おおざら・大きな岩石・土台となるもの	読み 序盤（じょばん）・円盤（えんばん）・盤石（ばんじゃく）　漢字の識別 書き取り 基盤（きばん）
彼	ヒ　かれ　かの	彳 ぎょうにんべん	あの人・あの・向こうの	読み 同音・同訓 彼岸（ひがん）
疲	ヒ　つかれる	疒 やまいだれ	くたびれる・おとろえる	読み 書き取り 疲（つか）れる　同音・同訓 疲労（ひろう）
被	ヒ　こうむる	衤 ころもへん	かぶせる・着る・こうむる・される	読み 被害（ひがい）・被（こうむ）る　同音・同訓 被写体（ひしゃたい）・被災（ひさい）　対義語 被告（ひこく）―原告
避	ヒ　さける	辶 しんにょう しんにゅう	よける・さける・にげかくれする	読み 回避（かいひ）・逃避（とうひ）　熟語の構成 避暑（ひしょ）（避ける↑暑さを）　同音・同訓 避（さ）ける　書き取り 避暑地（ひしょち）
尾	ビ　お	尸 かばね しかばね	しっぽ・うしろ・おわり	熟語の構成 首尾（しゅび）（始め↔終わり）　読み 尾翼（びよく）　漢字の識別 尾行（びこう）　対義語 後尾（こうび）―先頭

フ

漢字	読み	部首	意味	用例
微	ビ	彳 ぎょうにんべん	かすか・わずか・ひそかに	読み 微力(びりょく) 漢字の識別 機微(きび)・微妙(びみょう) 熟語の構成 微量(びりょう) 対義語 軽微(けいび)ー多大
匹	ヒツ ひき	匸 かくしがまえ	対等なこと・一対をなす相手・ひき	読み 書き取り 匹敵(ひってき)
描	ビョウ えがく かく	扌 てへん	えがく・うつす	読み 描写(びょうしゃ)・描く(えが(か)く)
浜	ヒン はま	氵 さんずい	はま・波うちぎわ	読み 浜辺(はまべ)・海浜(かいひん)
敏	ビン	攵 のぶん ぼくづくり	すばやい・さとい・かしこい	読み 対義語 敏速(びんそく)ー遅鈍 漢字の識別 敏感(びんかん) 熟語の構成 鋭敏(えいびん)(どちらも「かしこい」)
怖	フ こわい	忄 りっしんべん	おびえる・こわがる・おそれ	読み 書き取り 怖い(こわい) 読み 同音・同訓 恐怖(きょうふ)(どちらも「こわい」)
浮	フ うく うかれる うかぶ うかべる	氵 さんずい	うく・うかぶ・よりどころがない・さまよう	熟語の構成 浮沈(ふちん)(浮く↔沈む) 同音・同訓 浮動票(ふどうひょう)・浮(う)かれる 対義語 浮遊(ふゆう)ー沈殿
普	フ	日 ひ	ゆきわたる・なみの	読み 普及(ふきゅう) 同音・同訓 書き取り 普通(ふつう)

漢字	読み	部首・部首名	意味	用例
腐	フ くさる くされる くさらす	肉 にく	くさる・くちる・苦心する	読み　腐食(ふしょく)・腐る(くさ) 同音・同訓　腐敗(ふはい) 漢字の識別　豆腐(とうふ)・防腐剤(ぼうふざい)
敷	(フ) しく	攵 のぶん ぼくづくり	しきならべる・ひろげていく	読み　敷物(しきもの)・敷布(しきふ) 同音・同訓　敷く(し)
膚	フ	肉 にく	はだ・物の表面	読み　書き取り　同音・同訓　熟語の構成　皮膚(ひふ)(どちらも「はだ」)
賦	フ	貝 かいへん	とりたてる・わける・あたえる・さずかる	読み　天賦(てんぷ) 同音・同訓　賦与(ふよ)
舞	ブ まう まい	舛 まいあし	まい・おどる・はげます	読み　鼓舞(こぶ) 漢字の識別　舞台(ぶたい)・舞踏(ぶとう) 熟語の構成　舞踊(ぶよう)(どちらも「おどる」) 書き取り　見舞う(みま)
幅	フク はば	巾 はばへん きんべん	はば・へり・ふち・掛け軸(かけじく)	読み　増幅(ぞうふく)・幅(はば) 漢字の識別　振幅(しんぷく)・肩幅(かたはば) 同音・同訓　拡幅(かくふく)
払	(フツ) はらう	扌 てへん	すっかりなくなる	読み　払う(はら)・出払う(では)
噴	フン ふく	口 くちへん	ふきだす・強い勢いで内から外に出る	読み　噴出(ふんしゅつ)・噴く(ふ) 熟語の構成　噴火(ふんか)(噴く↑火を) 書き取り　噴煙(ふんえん)

漢字	読み	部首	意味	出題例
柄	（ヘイ） がら え	木 きへん	器物のとって・人や物の性質・模様	読み 手柄（てがら）・柄（え）・柄（がら） 漢字の識別 作柄（さくがら）・家柄（いえがら） 書き取り 身柄（みがら）
壁	ヘキ かべ	土 つち	かべ・がけ・とりで	読み 壁面（へきめん）・岸壁（がんぺき）・壁画（へきが） 漢字の識別 絶壁（ぜっぺき） 四字熟語 金城鉄壁（きんじょうてっぺき）
捕	ホ とらえる とらわれる とる つかまえる つかまる	扌 てへん	しっかりとつかまえる・めしとる	読み 熟語の構成 誤字訂正 捕獲（ほかく）（どちらも「とらえる」） 同音・同訓 捕（と）らえる
舗	ホ	舌 した	しきつめる・みせ	読み 書き取り 熟語の構成 店舗（てんぽ）（どちらも「みせ」） 漢字の識別 舗装（ほそう）・老舗（しにせ）（ろうほ）
抱	ホウ だく いだく かかえる	扌 てへん	だきかかえる・心にもつ	読み 介抱（かいほう）・抱（かか）える 同音・同訓 抱負（ほうふ） 四字熟語 抱腹絶倒（ほうふくぜっとう）
峰	ホウ みね	山 やまへん	山のみね・高い山・山のいただき	読み 連峰（れんぽう）・峰（みね） 同音・同訓 主峰（しゅほう）・高峰（こうほう）
砲	ホウ	石 いしへん	弾丸を発射する兵器	読み 砲丸（ほうがん）・砲撃（ほうげき） 同音・同訓 号砲（ごうほう）
忙	ボウ いそがしい	忄 りっしんべん	いそがしい・心が落ちつかない	読み 繁忙（はんぼう）・多忙（たぼう） 同音・同訓 忙殺（ぼうさつ）

漢字	読み	部首	意味	出題例
坊	ボウ ボッ	土 つちへん	僧の住む家・僧・男の子	読み 寝坊(ねぼう) 同音・同訓 僧坊(そうぼう)・宿坊(しゅくぼう)
肪	ボウ	月 にくづき	動物の体内にあるあぶら	読み 書き取り 同音・同訓 熟語の構成 脂肪(しぼう)(どちらも「あぶら」)
冒	ボウ おかす	曰 ひらび いわく	たちむかう・害される	読み 冒頭(ぼうとう)・冒(おか)す 同音・同訓 冒険(ぼうけん)
傍	ボウ (かたわら)	亻 にんべん	かたわら・わき・そば	同音・同訓 傍観(ぼうかん) 読み 路傍(ろぼう)・傍受(ぼうじゅ) 漢字の識別 傍線(ぼうせん)
帽	ボウ	巾 はばへん きんべん	ぼうし・かぶりもの	読み 同音・同訓 熟語の構成 脱帽(だつぼう)(脱ぐ←帽子を) 書き取り 帽子(ぼうし)
凡	ボン (ハン)	几 つくえ	すべて・ふつうの・つたない	読み 熟語の構成 平凡(へいぼん)(どちらも「ふつう」) 漢字の識別 非凡(ひぼん)・凡才(ぼんさい)・凡人(ぼんじん)
盆	ボン	皿 さら	おぼん・浅くて底の平たい鉢(はち)・盂蘭(うら)盆会(ぼんえ)の略	読み 盆地(ぼんち)・盆踊(ぼんおど)り
慢	マン	忄 りっしんべん	おごる・ゆるやか・おそい	読み 慢心(まんしん)・自慢(じまん) 漢字の識別 慢性(まんせい)・高慢(こうまん)

漢字	読み	部首	意味	出題例
漫	マン	氵 さんずい	水面が広々としている・とりとめのない	読み 散漫(さんまん)・漫然(まんぜん) 漢字の識別 漫遊(まんゆう)・漫画(まんが) 四字熟語 注意散漫(ちゅういさんまん)
妙	ミョウ	女 おんなへん	すばらしい・ふしぎな・変な・若い	読み 神妙(しんみょう)・妙案(みょうあん)・絶妙(ぜつみょう) 漢字の識別 微妙(びみょう) 四字熟語 妙計奇策(みょうけいきさく)
眠	ミン ねむる ねむい	目 めへん	ねむる・やすむ	読み 休眠(きゅうみん)・眠(ねむ)る 熟語の構成 不眠(ふみん)(眠らない) 四字熟語 不眠不休(ふみんふきゅう)
矛	ム ほこ	矛 ほこ	ほこ・長い柄の先に両刃の剣のついた武器	読み 矛盾(むじゅん)・矛先(ほこさき)
霧	ム きり	雨 あめかんむり	地上にたちこめるきり	読み 濃霧(のうむ)・霧(きり) 漢字の識別 朝霧(あさぎり)・霧笛(むてき) 四字熟語 五里霧中(ごりむちゅう)
娘	むすめ	女 おんなへん	女の子・未婚の若い女性	読み 書き取り 娘(むすめ)
茂	モ しげる	艹 くさかんむり	草木がしげる	読み 熟語の構成 繁茂(はんも)(どちらも「しげる」) 書き取り 茂(しげ)る
猛	モウ	犭 けものへん	あらあらしい・いさましい・はげしい	読み 猛威(もうい)・猛烈(もうれつ) 漢字の識別 勇猛(ゆうもう) 熟語の構成 猛獣(もうじゅう)(あらあらしい→獣)

◀ヤ　◀ユ　◀ヨ

網	モウ あみ	糸 いとへん	あみ・あみのようなもの・おきて	読み 連絡網(れんらくもう)・情報網(じょうほうもう)・網(あみ) 漢字の識別 漁網(ぎょもう) 四字熟語 一網打尽(いちもうだじん)
黙	モク だまる	黒 くろ	だまって何も言わない・口に出さない	読み 黙読(もくどく)・沈黙(ちんもく)・黙(だま)る 熟語の構成 黙認(もくにん)(黙って↓認める) 四字熟語 沈思黙考(ちんしもっこう)
紋	モン	糸 いとへん	もよう・家のしるしとして定まっている図柄	読み 熟語の構成 波紋(はもん)(波の↓模様) 漢字の識別 紋章(もんしょう)・指紋(しもん)・家紋(かもん)
躍	ヤク おどる	𧾷 あしへん	おどる・はねあがる・勢いのいいこと	熟語の構成 跳躍(ちょうやく)(どちらも「とぶ」) 読み 飛躍(ひやく)・躍(おど)る 漢字の識別 躍動(やくどう)・活躍(かつやく)・躍進(やくしん)
雄	ユウ お おす	隹 ふるとり	生物のおす・いさましい・すぐれている人	熟語の構成 雌雄(しゆう)(メス↔オス) 読み 雄大(ゆうだい)・雄弁(ゆうべん) 漢字の識別 英雄(えいゆう)
与	ヨ あたえる	一 いち	あたえる・仲間となる・関係する	読み 授与(じゅよ)・与党(よとう) 同音・同訓 投与(とうよ)・寄与(きよ)
誉	ヨ ほまれ	言 げん	ほめる・ほまれ・よい評判	読み 栄誉(えいよ)・誉(ほま)れ 書き取り 名誉(めいよ)
溶	ヨウ とける とかす とく	氵 さんずい	固体が液体になる・熱でとける	読み 溶接(ようせつ)・溶液(ようえき)・溶(と)かす 同音・同訓 溶(と)く 書き取り 溶岩(ようがん)

腰	踊	謡	翼	雷	頼	絡	欄
（ヨウ） こし	ヨウ おどる おどり	ヨウ （うたい） （うたう）	ヨク つばさ	ライ かみなり	ライ たのむ たのもしい たよる	ラク （からむ） （からまる） （からめる）	ラン
月 にくづき	𧾷 あしへん	言 ごんべん	羽 はね	⻗ あめかんむり	頁 おおがい	糸 いとへん	木 きへん
体の背骨と骨盤をつなぐ部分・物事のねばり	おどる・はねまわる・まいおどる	節をつけてうたう・はやりうた	つばさ・左右に位置するもの・たすける	かみなり・威厳のあるさま・爆発するもの	たのむ・あてにする	つながる・つなぐ・すじみち	てすり・くぎり・りんかく
読み 弱腰（よわごし）・本腰（ほんごし）	読み 同音・同訓 熟語の構成 舞踊（ぶよう）（どちらも「おどる」）	読み 書き取り 民謡（みんよう）・謡曲（ようきょく） 同音・同訓 童謡（どうよう） 熟語の構成 歌謡（かよう）（どちらも「うた」）	読み 尾翼（びよく）・主翼（しゅよく）・翼（つばさ） 四字熟語 比翼連理（ひよくれんり）	漢字の識別 雷鳴（らいめい）・雷雨（らいう）・落雷（らくらい） 読み 春雷（しゅんらい）・雷（かみなり） 四字熟語 付和雷同（ふわらいどう）	読み 依頼（いらい）・信頼（しんらい）・頼（たの）む 漢字の識別 無頼漢（ぶらいかん） 送りがな 頼（たの）もしい	読み 類義語 脈絡（みゃくらく）―筋道 漢字の識別 連絡（れんらく）	読み 欄干（らんかん） 書き取り 空欄（くうらん） 漢字の識別 欄外（らんがい）

◀リ　◀ル　◀レ

離	粒	慮	療	隣	涙	隷	齢
リ はなれる はなす	リュウ つぶ	リョ	リョウ	リン となる となり	ルイ なみだ	レイ	レイ
隹 ふるとり	米 こめへん	心 こころ	疒 やまいだれ	阝 こざとへん	氵 さんずい	隶 れいづくり	歯 はへん
はなれる・はなす・わかれる	米つぶ・穀物のつぶ・つぶのようなもの	よく考える・おもいめぐらす	病気をなおす・病気がなおる	となり・つれ	なみだ・なみだを流す	したがう・漢字の書体の一つ	とし・よわい
熟語の構成 離合（りごう）（離れる↔合う） 読み 離脱（りだつ）・距離（きょり） 四字熟語 離合集散（りごうしゅうさん）	読み 粒子（りゅうし）・米粒（こめつぶ） 漢字の識別 砂粒（すなつぶ） 書き取り 雨粒（あまつぶ）	熟語の構成 不慮（ふりょ）（思いがけない） 読み 遠慮（えんりょ） 漢字の識別 思慮（しりょ）・考慮（こうりょ）・配慮（はいりょ） 四字熟語 熟慮断行（じゅくりょだんこう）	読み 医療（いりょう）・治療（ちりょう）・療法（りょうほう） 漢字の識別 療養（りょうよう）	読み 隣（となり）・隣人（りんじん） 漢字の識別 隣接（りんせつ） 対義語 近隣（きんりん）－遠方	読み 感涙（かんるい）・涙（なみだ） 漢字の識別 涙声（なみだごえ）・落涙（らくるい）	読み 隷属（れいぞく） 同音・同訓 奴隷（どれい）・隷書（れいしょ）	読み 高齢（こうれい） 同音・同訓 樹齢（じゅれい）・適齢（てきれい） 対義語 老齢（ろうれい）－幼年

ワ　ロ

漢字	読み	部首	意味	用例
麗	レイ（うるわしい）	鹿 しか	うるわしい・美しい	読み 端麗(たんれい)・麗姿(れいし) 同音・同訓 秀麗(しゅうれい) 四字熟語 美辞麗句(びじれいく)
暦	レキ こよみ	日 ひ	こよみ・年代	読み 暦(こよみ)・旧暦(きゅうれき)・西暦(せいれき)
劣	レツ おとる	力 ちから	おとっている・いやしい	読み 劣(おと)る 熟語の構成 優劣(ゆうれつ)（まさる↔劣る） 漢字の識別 劣勢(れっせい) 対義語 劣悪(れつあく)－優良
烈	レツ	灬 れんが れっか	はげしい・きびしい・信念をつらぬきとおす	読み 猛烈(もうれつ)・熱烈(ねつれつ)・鮮烈(せんれつ) 漢字の識別 烈火(れっか)・烈風(れっぷう)
恋	レン こう こい こいしい	心 こころ	こいしたう・こい	読み 書き取り 悲恋(ひれん)・恋(こい)しい 同音・同訓 恋(こ)う 漢字の識別 恋心(こいごころ)・初恋(はつこい)・失恋(しつれん)
露	ロ ロウ つゆ	雨 あめかんむり	つゆ・あらわす・あらわれる	読み 吐露(とろ)・露天(ろてん)・露(つゆ) 漢字の識別 露出(ろしゅつ)・結露(けつろ)・露骨(ろこつ)
郎	ロウ	阝 おおざと	男・おっと・家来・男子の名につけることば	熟語の構成 新郎(しんろう)（新しい↓おっと）
惑	ワク まどう	心 こころ	まどう・まどわす・うたがう	読み 迷惑(めいわく)・当惑(とうわく)・戸惑(とまど)う 漢字の識別 類義語 困惑(こんわく)－閉口

腕

ワン
うで

月
にくづき

うで・
うでまえ

読み　手腕（しゅわん）

漢字の識別　敏腕（びんわん）

類義語　腕前（うでまえ）－技量

熟語の構成　腕力（わんりょく）（腕の→力）

おもな特別な読み、熟字訓・当て字

ア

明日　あす
小豆　あずき
意気地　いくじ
田舎　いなか
海原　うなばら
乳母　うば
浮つく　うわつく
笑顔　えがお
大人　おとな
お巡りさん　おまわりさん

カ

母さん　かあさん
仮名　かな
為替　かわせ
河原・川原　かわら
昨日　きのう
今日　きょう
果物　くだもの
今朝　けさ
景色　けしき
心地　ここち
今年　ことし

サ

差し支える　さしつかえる
五月　さつき
五月雨　さみだれ
時雨　しぐれ
竹刀　しない
老舗　しにせ
芝生　しばふ
清水　しみず
三味線　しゃみせん
砂利　じゃり
上手　じょうず
白髪　しらが

タ

太刀　たち
立ち退く　たちのく

七夕　たなばた
一日　ついたち
梅雨　つゆ
手伝う　てつだう
父さん　とうさん
時計　とけい
友達　ともだち

ナ
名残　なごり
兄さん　にいさん
姉さん　ねえさん

ハ
博士　はかせ
二十・二十歳　はたち
二十日　はつか
波止場　はとば
一人　ひとり
日和　ひより
二人　ふたり
二日　ふつか
吹雪　ふぶき
下手　へた
部屋　へや

マ
迷子　まいご
真面目　まじめ
真っ赤　まっか
真っ青　まっさお
土産　みやげ
息子　むすこ
眼鏡　めがね
紅葉　もみじ
木綿　もめん
最寄り　もより

ヤ
八百屋　やおや
大和　やまと
行方　ゆくえ

ワ
若人　わこうど

5級以下の配当漢字

中は中学校で習う読み

ア

漢字	部首	読み
愛	心	アイ
悪	心	アク　(オ)　わるい
圧	土	アツ
安	宀	アン　やすい
案	木	アン
暗	日	アン　くらい
以	人	イ
衣	衣	イ　中ころも
位	亻	イ　くらい
囲	口	イ　かこむ　かこう
医	匚	イ
委	女	イ　ゆだねる
胃	肉	イ
異	田	イ　こと
移	禾	イ　うつる　うつす
意	心	イ
遺	辶	イ　中ユイ
域	土	イキ
育	肉	イク　そだつ　そだてる　はぐくむ
一	一	イチ　イツ　ひと　ひとつ
茨	艹	いばら
引	弓	イン　ひく　ひける
印	卩	イン　しるし
因	口	イン　(よる)
員	口	イン
院	阝	イン
飲	食	イン　のむ
右	口	ウ　ユウ　みぎ
宇	宀	ウ
羽	羽	中ウ　は　はね
雨	雨	ウ　あめ　あま
運	辶	ウン　はこぶ
雲	雨	ウン　くも
永	水	エイ　ながい
泳	氵	エイ　およぐ
英	艹	エイ
映	日	エイ　うつる　うつす　中はえる
栄	木	エイ　さかえる　(はえ)　(はえる)
営	⺍	エイ　いとなむ
衛	行	エイ
易	日	エキ　イ　やさしい
益	皿	エキ　(ヤク)
液	氵	エキ
駅	馬	エキ
円	冂	エン　まるい
延	廴	エン　のびる　のべる　のばす
沿	氵	エン　そう
媛	女	中エン
園	口	エン　中その
遠	辶	エン　(オン)　とおい
塩	土	エン　しお
演	氵	エン
王	王	オウ
央	大	オウ
応	心	オウ　こたえる
往	彳	オウ
桜	木	(オウ)　さくら
横	木	オウ　よこ
岡	山	おか

- 屋（尸）オク　や
- 億（亻）オク
- 音（音）オン　[中]イン　おと　ね
- 恩（心）オン
- 温（氵）オン　あたたか　あたたかい　あたたまる　あたためる

カ

- 下（一）カ　ゲ　した　しも　[中]もと　さげる　さがる　くだる　くだす　くださる　おろす　おりる

- 化（匕）カ　[中]ケ　ばける　ばかす
- 火（火）カ　ひ　（ほ）
- 加（力）カ　くわえる　くわわる
- 可（口）カ
- 仮（亻）カ　[中]ケ　かり
- 何（亻）[中]カ　なに　なん
- 花（艹）カ　はな
- 価（亻）カ　（あたい）
- 果（木）カ　はたす　はてる　はて

- 河（氵）カ　かわ
- 科（禾）カ
- 夏（夂）カ　[中]ゲ　なつ
- 家（宀）カ　ケ　いえ　や
- 荷（艹）[中]カ　に
- 貨（貝）カ
- 過（辶）カ　すぎる　すごす　（あやまつ）　（あやまち）
- 歌（欠）カ　うた　うたう
- 課（言）カ

- 我（戈）[中]ガ　われ　[中]わ
- 画（田）ガ　カク
- 芽（艹）ガ　め
- 賀（貝）ガ
- 回（口）カイ　（エ）　まわる　まわす
- 灰（火）[中]カイ　はい
- 会（人）カイ　（エ）　あう
- 快（忄）カイ　こころよい
- 改（攵）カイ　あらためる　あらたまる
- 海（氵）カイ　うみ

- 界（田）カイ
- 械（木）カイ
- 絵（糸）カイ　エ
- 開（門）カイ　ひらく　ひらける　あく　あける
- 階（阝）カイ
- 解（角）カイ　（ゲ）　とく　とかす　とける
- 貝（貝）かい
- 外（夕）ガイ　[中]ゲ　そと　ほか　はずす　はずれる
- 害（宀）ガイ

- 街（行）ガイ　[中]カイ　まち
- 各（口）カク　（おのおの）
- 角（角）カク　かど　つの
- 拡（扌）カク
- 革（革）カク　[中]かわ
- 格（木）カク　（コウ）
- 覚（見）カク　おぼえる　さます　さめる
- 閣（門）カク
- 確（石）カク　たしか　たしかめる
- 学（子）ガク　まなぶ

楽（木）ガク　ラク　たのしい　たのしむ
額（頁）ガク　ひたい
潟（氵）かた
活（氵）カツ
割（刂）(中)カツ　わる　わり　われる　(中)さく
株（木）かぶ
干（干）カン　ほす　(中)ひる
刊（刂）カン
完（宀）カン
官（宀）カン

巻（己）カン　まく　まき
看（目）カン
寒（宀）カン　さむい
間（門）カン　ケン　あいだ　ま
幹（干）カン　みき
感（心）カン
漢（氵）カン
慣（忄）カン　なれる　ならす
管（⺮）カン　くだ
関（門）カン　せき　かかわる

館（飠）カン　やかた
簡（⺮）カン
観（見）カン
丸（丶）ガン　まる　まるい　まるめる
岸（山）ガン　きし
岩（山）ガン　いわ
眼（目）ガン　（ゲン）　(中)まなこ
顔（頁）ガン　かお
願（頁）ガン　ねがう
危（㔾）キ　あぶない　(中)あやうい　(中)あやぶむ

机（木）(中)キ　つくえ
気（气）キ　ケ
岐（山）(中)キ
希（巾）キ
汽（氵）キ
季（子）キ
紀（糸）キ
記（言）キ　しるす
起（走）キ　おきる　おこる　おこす
帰（巾）キ　かえる　かえす
基（土）キ　(中)もと　（もとい）

寄（宀）キ　よる　よせる
規（見）キ
喜（口）キ　よろこぶ
揮（扌）キ
期（月）キ　（ゴ）
貴（貝）キ　(中)たっとい　(中)とうとい　(中)たっとぶ　(中)とうとぶ
旗（方）キ　はた
器（口）キ　(中)うつわ
機（木）キ　(中)はた
技（扌）ギ　(中)わざ
義（羊）ギ

疑（疋）ギ　うたがう
議（言）ギ
客（宀）キャク　(中)カク
逆（辶）ギャク　さか　さからう
九（乙）キュウ　ク　ここの　ここのつ
久（丿）キュウ　（ク）　ひさしい
弓（弓）(中)キュウ　ゆみ
旧（日）キュウ
休（亻）キュウ　やすむ　やすまる　やすめる
吸（口）キュウ　すう

漢字	部首	読み
求	水	キュウ もとめる
究	穴	キュウ (中)きわめる
泣	氵	(中)キュウ なく
急	心	キュウ いそぐ
級	糸	キュウ
宮	宀	キュウ (中)グウ (ク) みや
救	攵	キュウ すくう
球	王	キュウ たま
給	糸	キュウ
牛	牛	ギュウ うし
去	ム	キョ コ さる
居	尸	キョ いる
挙	手	キョ あげる あがる
許	言	キョ ゆるす
魚	魚	ギョ うお さかな
漁	氵	ギョ リョウ
共	八	キョウ とも
京	亠	キョウ (中)ケイ
供	亻	キョウ (ク) そなえる とも
協	十	キョウ
胸	月	キョウ むね (中)むな
強	弓	キョウ (中)ゴウ つよい つよまる つよめる (中)しいる
教	攵	キョウ おしえる おそわる
郷	阝	キョウ (中)ゴウ
境	土	キョウ (中)ケイ さかい
橋	木	キョウ はし
鏡	金	キョウ かがみ
競	立	キョウ ケイ (中)きそう (せる)
業	木	ギョウ (ゴウ) (中)わざ
曲	曰	キョク まがる まげる
局	尸	キョク
極	木	キョク (中)ゴク (中)きわめる (中)きわまる (中)きわみ
玉	玉	ギョク たま
均	土	キン
近	辶	キン ちかい
金	金	キン コン かね かな
勤	力	キン (ゴン) つとめる つとまる
筋	竹	キン すじ
禁	示	キン
銀	金	ギン
区	匚	ク
句	口	ク
苦	艹	ク くるしい くるしむ くるしめる にがい にがる
具	八	グ
空	穴	クウ そら あく あける から
熊	灬	くま
君	口	クン きみ
訓	言	クン
軍	車	グン
郡	阝	グン
群	羊	グン むれる むれ むら
兄	儿	ケイ (中)キョウ あに
形	彡	ケイ ギョウ かた かたち
系	糸	ケイ
径	彳	ケイ
係	亻	ケイ かかる かかり
型	土	ケイ かた
計	言	ケイ はかる はからう

漢字	部首	読み
経	糸	ケイ、〔中〕キョウ、へる
敬	攵	ケイ、うやまう
景	日	ケイ
軽	車	ケイ、かるい、〔中〕かろやか
警	言	ケイ
芸	艹	ゲイ
劇	刂	ゲキ
激	氵	ゲキ、はげしい
欠	欠	ケツ、かける、かく
穴	穴	〔中〕ケツ、あな
血	血	ケツ、ち
決	氵	ケツ、きめる、きまる
結	糸	ケツ、むすぶ、〔中〕ゆう、〔中〕ゆわえる
潔	氵	ケツ、（いさぎよい）
月	月	ゲツ、ガツ、つき
犬	犬	ケン、いぬ
件	亻	ケン
見	見	ケン、みる、みえる、みせる
券	刀	ケン
建	廴	ケン、（コン）、たてる、たつ
研	石	ケン、〔中〕とぐ
県	目	ケン
健	亻	ケン、〔中〕すこやか
険	阝	ケン、けわしい
検	木	ケン
絹	糸	（ケン）、きぬ
権	木	ケン、（ゴン）
憲	心	ケン
験	馬	ケン、（ゲン）
元	儿	ゲン、ガン、もと
言	言	ゲン、ゴン、いう、こと
限	阝	ゲン、かぎる
原	厂	ゲン、はら
現	王	ゲン、あらわれる、あらわす
減	氵	ゲン、へる、へらす
源	氵	ゲン、みなもと
厳	⺍	ゲン、（ゴン）、〔中〕おごそか、きびしい
己	己	コ、〔中〕キ、〔中〕おのれ
戸	戸	コ、と
古	口	コ、ふるい、ふるす
呼	口	コ、よぶ
固	囗	コ、かためる、かたまる、かたい
故	攵	コ、〔中〕ゆえ
個	亻	コ
庫	广	コ、（ク）
湖	氵	コ、みずうみ
五	二	ゴ、いつ、いつつ
午	十	ゴ
後	彳	ゴ、コウ、のち、うしろ、あと、〔中〕おくれる
語	言	ゴ、かたる、かたらう
誤	言	ゴ、あやまる
護	言	ゴ
口	口	コウ、ク、くち
工	工	コウ、ク
公	八	コウ、〔中〕おおやけ
功	力	コウ、（ク）
広	广	コウ、ひろい、ひろまる、ひろめる、ひろがる、ひろげる
交	亠	コウ、まじわる、まじえる、まじる、まざる、まぜる、〔中〕かう、〔中〕かわす

漢字	部首	読み
光	儿	コウ ひかる ひかり
向	口	コウ むく むける むかう むこう
后	口	コウ
好	女	コウ このむ すく
考	耂	コウ かんがえる
行	行	コウ ギョウ (アン) いく ゆく おこなう
孝	子	コウ
効	力	コウ きく
幸	干	コウ さいわい 中さち しあわせ
厚	厂	中コウ あつい
皇	白	コウ オウ
紅	糸	コウ 中ク べに 中くれない
香	香	中コウ (キョウ) か かおり かおる
候	亻	コウ (そうろう)
校	木	コウ
耕	耒	コウ たがやす
航	舟	コウ
降	阝	コウ おりる おろす ふる
高	高	コウ たかい たか たかまる たかめる
康	广	コウ
黄	黄	中コウ オウ き 中こ
港	氵	コウ みなと
鉱	金	コウ
構	木	コウ かまえる かまう
興	臼	コウ キョウ (おこる) (おこす)
鋼	金	コウ 中はがね
講	言	コウ
号	口	ゴウ
合	口	ゴウ ガッ カッ あう あわす あわせる
告	口	コク つげる
谷	谷	中コク たに
刻	刂	コク きざむ
国	囗	コク くに
黒	黒	コク くろ くろい
穀	禾	コク
骨	骨	コツ ほね
今	人	コン 中キン いま
困	囗	コン こまる
根	木	コン ね
混	氵	コン まじる まざる まぜる こむ

サ

漢字	部首	読み
左	工	サ ひだり
佐	亻	サ
査	木	サ
砂	石	サ 中シャ すな
差	工	サ さす
座	广	中ザ すわる
才	手	サイ
再	冂	サイ サ ふたたび
災	火	サイ 中わざわい
妻	女	サイ つま
採	扌	サイ とる
済	氵	サイ すむ すます
祭	示	サイ まつる まつり
細	糸	サイ ほそい ほそる こまか こまかい
菜	艹	サイ な

漢字	部首	読み
最	曰	サイ もっとも
裁	衣	サイ (中)たつ さばく
際	阝	サイ (きわ)
埼	土	さい
在	土	ザイ ある
材	木	ザイ
財	貝	ザイ (中)サイ
罪	罒	ザイ つみ
崎	山	さき
作	亻	サク サ つくる
昨	日	サク
策	⺮	サク
冊	冂	サツ (サク)
札	木	サツ ふだ
刷	刂	サツ する
殺	殳	サツ (サイ) (セツ) ころす
察	宀	サツ
雑	隹	ザツ ゾウ
皿	皿	さら
三	一	サン み みつ みっつ
山	山	サン やま
参	厶	サン まいる
蚕	虫	サン かいこ
産	生	サン うむ うまれる (うぶ)
散	攵	サン ちる ちらす ちらかす ちらかる
算	⺮	サン
酸	酉	サン (すい)
賛	貝	サン
残	歹	ザン のこる のこす
士	士	シ
子	子	シ ス こ
支	支	シ ささえる
止	止	シ とまる とめる
氏	氏	シ (中)うじ
仕	亻	シ (ジ) つかえる
史	口	シ
司	口	シ
四	囗	シ よ よつ よっつ よん
市	巾	シ いち
矢	矢	(シ) や
死	歹	シ しぬ
糸	糸	シ いと
至	至	シ いたる
志	心	シ こころざす こころざし
私	禾	シ わたくし わたし
使	亻	シ つかう
始	女	シ はじめる はじまる
姉	女	(中)シ あね
枝	木	(シ) えだ
姿	女	シ すがた
思	心	シ おもう
指	扌	シ ゆび さす
師	巾	シ
紙	糸	シ かみ
視	見	シ
詞	言	シ
歯	歯	シ は
試	言	シ こころみる (中)ためす
詩	言	シ
資	貝	シ
飼	食	シ かう
誌	言	シ
示	示	ジ (中)シ しめす
字	子	ジ (中)あざ

漢字	部首	読み
寺	寸	ジ てら
次	欠	ジ 中シ つぐ つぎ
耳	耳	中ジ みみ
自	自	ジ シ みずから
似	亻	中ジ にる
児	儿	ジ 中ニ
事	亅	ジ (ズ) こと
治	氵	ジ チ おさめる おさまる なおる なおす
持	扌	ジ もつ
時	日	ジ とき
滋	氵	中ジ
辞	辛	ジ 中やめる
磁	石	ジ
鹿	鹿	しか か
式	弋	シキ
識	言	シキ
七	一	シチ なな ななつ なの
失	大	シツ うしなう
室	宀	シツ 中むろ
質	貝	シツ 中シチ (チ)
実	宀	ジツ み みのる
写	冖	シャ うつす うつる
社	ネ	シャ やしろ
車	車	シャ くるま
舎	舌	シャ
者	耂	シャ もの
射	寸	シャ いる
捨	扌	シャ すてる
謝	言	シャ 中あやまる
尺	尸	シャク
借	亻	シャク かりる
若	艹	中ジャク (ニャク) わかい (もしくは)
弱	弓	ジャク よわい よわる よわまる よわめる
手	手	シュ て 中た
主	丶	シュ (ス) ぬし おも
守	宀	シュ ス まもる 中もり
取	又	シュ とる
首	首	シュ くび
酒	酉	シュ さけ さか
種	禾	シュ たね
受	又	ジュ うける うかる
授	扌	ジュ 中さずける 中さずかる
樹	木	ジュ
収	又	シュウ おさめる おさまる
州	川	シュウ 中す
周	口	シュウ まわり
宗	宀	シュウ 中ソウ
拾	扌	中シュウ 中ジュウ ひろう
秋	禾	シュウ あき
修	亻	シュウ 中シュ おさめる おさまる
終	糸	シュウ おわる おえる
習	羽	シュウ ならう
週	辶	シュウ
就	尢	シュウ (ジュ) 中つく 中つける
衆	血	シュウ (シュ)
集	隹	シュウ あつまる あつめる 中つどう
十	十	ジュウ ジッ とお と

漢字	部首	読み
住	イ	ジュウ すむ すまう
重	里	ジュウ チョウ え おもい かさねる かさなる
従	彳	ジュウ (ショウ) (ジュ) したがう したがえる
縦	糸	ジュウ たて
祝	ネ	シュク (シュウ) いわう
宿	宀	シュク やど やどる やどす
縮	糸	シュク ちぢむ ちぢまる ちぢめる ちぢれる ちぢらす
熟	灬	ジュク (中)うれる
出	山	シュツ (中)スイ でる だす
述	辶	ジュツ のべる
術	行	ジュツ
春	日	シュン はる
純	糸	ジュン
順	頁	ジュン
準	氵	ジュン
処	几	ショ
初	刀	ショ はじめ はじめて はつ (うい) (中)そめる
所	戸	ショ ところ
書	曰	ショ かく
暑	日	ショ あつい
署	罒	ショ
諸	言	ショ
女	女	ジョ (中)ニョ (ニョウ) おんな (中)め
助	力	ジョ たすける たすかる (中)すけ
序	广	ジョ
除	阝	ジョ (中)ジ のぞく
小	小	ショウ ちいさい こ お
少	小	ショウ すくない すこし
招	扌	ショウ まねく
承	手	ショウ (中)うけたまわる
松	木	ショウ まつ
昭	日	ショウ
将	寸	ショウ
消	氵	ショウ きえる けす
笑	竹	(中)ショウ わらう (中)えむ
唱	口	ショウ となえる
商	口	ショウ (中)あきなう
章	立	ショウ
勝	力	ショウ かつ (中)まさる
焼	火	(中)ショウ やく やける
証	言	ショウ
象	豕	ショウ ゾウ
傷	イ	ショウ きず (中)いたむ (中)いためる
照	灬	ショウ てる てらす てれる
障	阝	ショウ (さわる)
賞	貝	ショウ
上	一	ジョウ (ショウ) うえ うわ かみ あげる あがる のぼる (中)のぼせる (中)のぼす
条	木	ジョウ
状	犬	ジョウ
乗	ノ	ジョウ のる のせる
城	土	ジョウ しろ
常	巾	ジョウ つね (とこ)
情	忄	ジョウ (セイ) なさけ
場	土	ジョウ ば

漢字	部首	読み
蒸	艹	ジョウ　(中)むす　(中)むれる　(中)むらす
縄	糸	(中)ジョウ　なわ
色	色	ショク　シキ　いろ
食	食	ショク　(ジキ)　くう　(くらう)　たべる
植	木	ショク　うえる　うわる
織	糸	(ショク)　シキ　おる
職	耳	ショク
心	心	シン　こころ
申	田	(中)シン　もうす
臣	臣	シン　ジン
身	身	シン　み
信	イ	シン
神	ネ	シン　ジン　かみ　(中)かん　(こう)
真	目	シン　ま
針	金	シン　はり
深	氵	シン　ふかい　ふかまる　ふかめる
進	辶	シン　すすむ　すすめる
森	木	シン　もり
新	斤	シン　あたらしい　あらた　にい
親	見	シン　おや　したしい　したしむ
人	人	ジン　ニン　ひと
仁	イ	ジン　(中)ニ
図	口	ズ　ト　(中)はかる
水	水	スイ　みず
垂	土	スイ　たれる　たらす
推	扌	スイ　(中)おす
数	攵	スウ　(ス)　かず　かぞえる
寸	寸	スン
井	二	(セイ)　(中)ショウ　い
世	一	セイ　セ　よ
正	止	セイ　ショウ　ただしい　ただす　まさ
生	生	セイ　ショウ　いきる　いかす　いける　うまれる　うむ　(中)おう　はえる　はやす　(中)き　なま
成	戈	セイ　(ジョウ)　なる　なす
西	西	セイ　サイ　にし
声	士	セイ　(ショウ)　こえ　(中)こわ
制	刂	セイ
性	忄	セイ　(中)ショウ
青	青	セイ　(ショウ)　あお　あおい
政	攵	セイ　(ショウ)　(まつりごと)
星	日	セイ　(中)ショウ　ほし
省	目	セイ　ショウ　(中)かえりみる　はぶく
清	氵	セイ　(ショウ)　きよい　きよまる　きよめる
盛	皿	(中)セイ　(ジョウ)　もる　(中)さかる　(中)さかん
晴	日	セイ　はれる　はらす
勢	力	セイ　いきおい
聖	耳	セイ
誠	言	セイ　(中)まこと
精	米	セイ　(中)ショウ
製	衣	セイ

漢字	部首	読み
静	青	セイ　(中)ジョウ　しず　しずか　しずまる　しずめる
整	攵	セイ　ととのえる　ととのう
税	禾	ゼイ
夕	夕	(中)セキ　ゆう
石	石	セキ　シャク　(中)コク　いし
赤	赤	セキ　(シャク)　あか　あかい　あからむ　あからめる
昔	日	(セキ)　(中)シャク　むかし
席	巾	セキ
責	貝	セキ　せめる
積	禾	セキ　つむ　つもる
績	糸	セキ
切	刀	セツ　(中)サイ　きる　きれる
折	扌	セツ　おる　おり　おれる
接	扌	セツ　(つぐ)
設	言	セツ　もうける
雪	雨	セツ　ゆき
節	竹	セツ　(セチ)　ふし
説	言	セツ　(ゼイ)　とく
舌	舌	(中)ゼツ　した
絶	糸	ゼツ　たえる　たやす　たつ
千	十	セン　ち
川	川	(中)セン　かわ
先	儿	セン　さき
宣	宀	セン
専	寸	セン　(中)もっぱら
泉	水	セン　いずみ
浅	氵	(中)セン　あさい
洗	氵	セン　あらう
染	木	(中)セン　そめる　そまる　(しみる)　(しみ)
船	舟	セン　ふね　ふな
戦	戈	セン　(中)いくさ　たたかう
銭	金	セン　(中)ぜに
線	糸	セン
選	辶	セン　えらぶ
全	入	ゼン　まったく　すべて
前	刂	ゼン　まえ
善	口	ゼン　よい
然	灬	ゼン　ネン
祖	ネ	ソ
素	糸	ソ　(中)ス
組	糸	ソ　くむ　くみ
早	日	ソウ　(中)サッ　はやい　はやまる　はやめる
争	亅	ソウ　あらそう
走	走	ソウ　はしる
奏	大	ソウ　(かなでる)
相	目	ソウ　(中)ショウ　あい
草	艹	ソウ　くさ
送	辶	ソウ　おくる
倉	人	ソウ　くら
巣	⺍	(ソウ)　す
窓	穴	ソウ　まど
創	刂	ソウ　つくる
装	衣	ソウ　(中)ショウ　(よそおう)
想	心	ソウ　(ソ)
層	尸	ソウ
総	糸	ソウ
操	扌	ソウ　(みさお)　(中)あやつる
造	辶	ゾウ　つくる
像	イ	ゾウ

漢字	部首	読み
増	土	ゾウ　ます　ふえる　ふやす
蔵	艹	ゾウ　(中)くら
臓	月	ゾウ
束	木	ソク　たば
足	足	ソク　あし　たりる　たる　たす
則	刂	ソク
息	心	ソク　いき
速	辶	ソク　はやい　はやめる　はやまる　(中)すみやか
側	亻	ソク　がわ
測	氵	ソク　はかる
族	方	ゾク
属	尸	ゾク
続	糸	ゾク　つづく　つづける
卒	十	ソツ
率	玄	(中)ソツ　リツ　ひきいる
存	子	ソン　ゾン
村	木	ソン　むら
孫	子	ソン　まご
尊	寸	ソン　たっとい　とうとい　たっとぶ　とうとぶ
損	扌	ソン　(中)そこなう　(中)そこねる

タ

漢字	部首	読み
他	亻	タ　ほか
多	夕	タ　おおい
打	扌	ダ　うつ
太	大	タイ　タ　ふとい　ふとる
対	寸	タイ　(中)ツイ
体	亻	タイ　(中)テイ　からだ
待	彳	タイ　まつ
退	辶	タイ　しりぞく　しりぞける
帯	巾	タイ　おびる　おび
貸	貝	(中)タイ　かす
隊	阝	タイ
態	心	タイ
大	大	ダイ　タイ　おお　おおきい　おおいに
代	亻	ダイ　タイ　かわる　かえる　よ　(中)しろ
台	口	ダイ　タイ
第	⺮	ダイ
題	頁	ダイ
宅	宀	タク
達	辶	タツ
担	扌	タン　(かつぐ)　(になう)
単	⺍	タン
炭	火	タン　すみ
探	扌	タン　(中)さぐる　さがす
短	矢	タン　みじかい
誕	言	タン
団	口	ダン　(トン)
男	田	ダン　ナン　おとこ
段	殳	ダン
断	斤	ダン　(中)たつ　ことわる
暖	日	ダン　あたたか　あたたかい　あたたまる　あたためる
談	言	ダン
地	土	チ　ジ
池	氵	チ　いけ
知	矢	チ　しる
値	亻	チ　ね　(中)あたい
置	罒	チ　おく
竹	竹	チク　たけ
築	⺮	チク　きずく

茶 艹 チャ ㊥サ
着 羊 チャク (ジャク) きる きせる つく つける
中 丨 チュウ ジュウ なか
仲 亻 ㊥チュウ なか
虫 虫 チュウ むし
沖 氵 (チュウ) おき
宙 宀 チュウ
忠 心 チュウ
注 氵 チュウ そそぐ
昼 日 チュウ ひる

柱 木 チュウ はしら
著 艹 チョ ㊥あらわす ㊥いちじるしい
貯 貝 チョ
丁 一 チョウ ㊥テイ
庁 广 チョウ
兆 儿 チョウ (きざす) (きざし)
町 田 チョウ まち
長 長 チョウ ながい
帳 巾 チョウ
張 弓 チョウ はる
頂 頁 チョウ いただく いただき

鳥 鳥 チョウ とり
朝 月 チョウ あさ
腸 月 チョウ
潮 氵 チョウ しお
調 言 チョウ しらべる ㊥ととのう ㊥ととのえる
直 目 チョク ジキ ただちに なおす なおる
賃 貝 チン
追 辶 ツイ おう
通 辶 ツウ (ツ) とおる とおす かよう

痛 疒 ツウ いたい いたむ いためる
低 亻 テイ ひくい ひくめる ひくまる
弟 弓 ㊥テイ ダイ ㊥デ おとうと
定 宀 テイ ジョウ さだめる さだまる (さだか)
底 广 テイ そこ
庭 广 テイ にわ
停 亻 テイ
提 扌 テイ ㊥さげる
程 禾 テイ ㊥ほど

的 白 テキ まと
笛 ⺮ テキ ふえ
適 辶 テキ
敵 攵 テキ ㊥かたき
鉄 金 テツ
天 大 テン (あめ) あま
典 八 テン
店 广 テン みせ
点 灬 テン
展 尸 テン
転 車 テン ころがる ころげる ころがす ころぶ

田 田 デン た
伝 亻 デン つたわる つたえる つたう
電 雨 デン
徒 彳 ト
都 阝 ト ツ みやこ
土 土 ド ト つち
努 力 ド つとめる
度 广 ド (ト) ㊥タク ㊥たび
刀 刀 トウ かたな
冬 冫 トウ ふゆ

漢字	部首	読み
灯	火	トウ (ひ)
当	⺌	トウ あたる あてる
投	扌	トウ なげる
豆	豆	トウ ズ まめ
東	木	トウ ひがし
島	山	トウ しま
討	言	トウ 中うつ
党	儿	トウ
湯	氵	トウ ゆ
登	癶	トウ ト のぼる
答	⺮	トウ こたえる こたえ
等	⺮	トウ ひとしい
統	糸	トウ (すべる)
糖	米	トウ
頭	頁	トウ ズ (ト) あたま 中かしら
同	口	ドウ おなじ
動	力	ドウ うごく うごかす
堂	土	ドウ
童	立	ドウ 中わらべ
道	辶	ドウ (トウ) みち
働	亻	ドウ はたらく
銅	金	ドウ
導	寸	ドウ みちびく
特	牛	トク
得	彳	トク える 中うる
徳	彳	トク
毒	母	ドク
独	犭	ドク ひとり
読	言	ドク トク トウ よむ
栃	木	とち
届	尸	とどける とどく

ナ

漢字	部首	読み
奈	大	ナ
内	入	ナイ 中ダイ うち
梨	木	なし
南	十	ナン (ナ) みなみ
難	隹	ナン (かたい) むずかしい
二	二	ニ ふた ふたつ
肉	肉	ニク
日	日	ニチ ジツ ひ か
入	入	ニュウ いる いれる はいる
乳	乚	ニュウ ちち 中ち
任	亻	ニン まかせる まかす
認	言	中ニン みとめる
熱	灬	ネツ あつい
年	干	ネン とし
念	心	ネン
燃	火	ネン もえる もやす もす
納	糸	ノウ 中ナッ (ナ) (ナン) 中トウ おさめる おさまる
能	肉	ノウ
脳	月	ノウ
農	辰	ノウ

ハ

漢字	部首	読み
波	氵	ハ なみ
派	氵	ハ
破	石	ハ やぶる やぶれる
馬	馬	バ うま ま
拝	扌	ハイ おがむ
背	肉	ハイ せ せい 中そむく 中そむける
肺	月	ハイ
俳	亻	ハイ
配	酉	ハイ くばる

敗　攵　ハイ　やぶれる
売　士　バイ　うる　うれる
倍　亻　バイ
梅　木　バイ　うめ
買　貝　バイ　かう
白　白　ハク　(ビャク)　しろ　しら　しろい
博　十　ハク　(バク)
麦　麦　【中】バク　むぎ
箱　⺮　はこ
畑　田　はた　はたけ

八　八　ハチ　や　やっつ　よう
発　癶　ハツ　【中】ホツ
反　又　ハン　(ホン)　【中】タン　そる　そらす
半　十　ハン　なかば
犯　犭　ハン　【中】おかす
判　刂　ハン　バン
坂　土　(ハン)　さか
阪　阝　【中】ハン
板　木　ハン　バン　いた
版　片　ハン

班　王　ハン
飯　食　ハン　めし
晩　日　バン
番　田　バン
比　比　ヒ　くらべる
皮　皮　ヒ　かわ
否　口　ヒ　(いな)
批　扌　ヒ
肥　月　ヒ　こえる　こえ　こやす　こやし
非　非　ヒ
飛　飛　ヒ　とぶ　とばす

秘　禾　ヒ　【中】ひめる
悲　心　ヒ　かなしい　かなしむ
費　貝　ヒ　【中】ついやす　【中】ついえる
美　羊　ビ　うつくしい
備　亻　ビ　そなえる　そなわる
鼻　鼻　【中】ビ　はな
必　心　ヒツ　かならず
筆　⺮　ヒツ　ふで
百　白　ヒャク
氷　水　ヒョウ　こおり　(ひ)

表　衣　ヒョウ　おもて　あらわす　あらわれる
俵　亻　ヒョウ　たわら
票　示　ヒョウ
評　言　ヒョウ
標　木　ヒョウ
秒　禾　ビョウ
病　疒　ビョウ　(ヘイ)　【中】やむ　やまい
品　口　ヒン　しな
貧　貝　【中】ヒン　ビン　まずしい
不　一　フ　ブ

夫　大　フ　【中】フウ　おっと
父　父　フ　ちち
付　亻　フ　つける　つく
布　巾　フ　ぬの
府　广　フ
阜　阜　フ
負　貝　フ　まける　まかす　おう
婦　女　フ
富　宀　フ　(フウ)　とむ　とみ
武　止　ブ　ム

漢字	部首	読み
部	阝	ブ
風	風	フウ (フ) かぜ かざ
服	月	フク
副	刂	フク
復	彳	フク
福	礻	フク
腹	月	フク はら
複	衤	フク
仏	亻	ブツ ほとけ
物	牛	ブツ モツ もの
粉	米	フン こ こな
奮	大	フン ふるう
分	刀	ブン フン ブ わける わかれる わかる わかつ
文	文	ブン モン 中ふみ
聞	耳	ブン (モン) きく きこえる
平	干	ヘイ ビョウ たいら ひら
兵	八	ヘイ ヒョウ
並	一	中ヘイ なみ ならべる ならぶ ならびに
陛	阝	ヘイ
閉	門	ヘイ とじる 中とざす しめる しまる
米	米	ベイ マイ こめ
別	刂	ベツ わかれる
片	片	中ヘン かた
辺	辶	ヘン あたり べ
返	辶	ヘン かえす かえる
変	夂	ヘン かわる かえる
編	糸	ヘン あむ
弁	廾	ベン
便	亻	ベン ビン たより
勉	力	ベン
歩	止	ホ 中ブ (フ) あるく あゆむ
保	亻	ホ たもつ
補	衤	ホ おぎなう
母	母	ボ はは
墓	土	ボ はか
暮	日	中ボ くれる くらす
方	方	ホウ かた
包	勹	ホウ つつむ
宝	宀	ホウ たから
放	攵	ホウ はなす はなつ はなれる ほうる
法	氵	ホウ (ハッ) (ホッ)
訪	言	ホウ 中おとずれる たずねる
報	土	ホウ 中むくいる
豊	豆	ホウ ゆたか
亡	亠	ボウ (モウ) (ない)
忘	心	中ボウ わすれる
防	阝	ボウ ふせぐ
望	月	ボウ 中モウ のぞむ
棒	木	ボウ
貿	貝	ボウ
暴	日	ボウ 中バク (あばく) あばれる
北	匕	ホク きた
木	木	ボク モク き こ
牧	牛	ボク 中まき
本	木	ホン もと

マ

漢字	部首	読み
毎	母	マイ
妹	女	中マイ いもうと

漢字	部首	読み
枚	木	マイ
幕	巾	マク バク
末	木	マツ (バツ) すえ
万	一	マン [中]バン
満	氵	マン みちる みたす
未	木	ミ
味	口	ミ あじ あじわう
密	宀	ミツ
脈	月	ミャク
民	氏	ミン [中]たみ
務	力	ム つとめる つとまる
無	灬	ム ブ ない
夢	夕	ム ゆめ
名	口	メイ ミョウ な
命	口	メイ [中]ミョウ いのち
明	日	メイ ミョウ あかり あかるい あかるむ あからむ あきらか あける あく あくる あかす
迷	辶	[中]メイ まよう
盟	皿	メイ
鳴	鳥	メイ なく なる ならす
面	面	メン [中]おも [中]おもて (つら)
綿	糸	メン わた
模	木	モ ボ
毛	毛	モウ け
目	目	モク [中]ボク め (ま)
門	門	モン [中]かど
問	口	モン とう とい とん

ヤ

漢字	部首	読み
夜	夕	ヤ よ よる
野	里	ヤ の
役	彳	ヤク [中]エキ
約	糸	ヤク
訳	言	ヤク わけ
薬	艹	ヤク くすり
由	田	ユ ユウ (ユイ) (よし)
油	氵	ユ あぶら
輸	車	ユ
友	又	ユウ とも
有	月	ユウ [中]ウ ある
勇	力	ユウ いさむ
郵	阝	ユウ
遊	辶	ユウ (ユ) あそぶ
優	亻	ユウ [中]やさしい [中]すぐれる
予	亅	ヨ
余	人	ヨ あまる あます
預	頁	ヨ あずける あずかる
幼	幺	ヨウ おさない
用	用	ヨウ もちいる
羊	羊	ヨウ ひつじ
洋	氵	ヨウ
要	襾	ヨウ かなめ [中]いる
容	宀	ヨウ
葉	艹	ヨウ は
陽	阝	ヨウ
様	木	ヨウ さま
養	食	ヨウ やしなう
曜	日	ヨウ
浴	氵	ヨク あびる あびせる
欲	欠	ヨク (ほっする) [中]ほしい

翌（羽） ヨク

ラ

来（木） ライ／くる／㊥きたる／㊥きたす

落（艹） ラク／おちる／おとす

乱（乚） ラン／みだれる／みだす

卵（卩） ㊥ラン／たまご

覧（見） ラン

利（刂） リ／（きく）

里（里） リ／さと

理（王） リ

裏（衣） ㊥リ／うら

陸（阝） リク

立（立） リツ／（リュウ）／たつ／たてる

律（彳） リツ／（リチ）

略（田） リャク

流（氵） リュウ／（ル）／ながれる／ながす

留（田） リュウ／ル／とめる／とまる

旅（方） リョ／たび

両（一） リョウ

良（艮） リョウ／よい

料（斗） リョウ

量（里） リョウ／はかる

領（頁） リョウ

力（力） リョク／リキ／ちから

緑（糸） リョク／（ロク）／みどり

林（木） リン／はやし

輪（車） リン／わ

臨（臣） リン／㊥のぞむ

類（頁） ルイ／たぐい

令（人） レイ

礼（礻） レイ／（ライ）

冷（冫） レイ／つめたい／ひえる／ひや／ひやす／ひやかす／さめる／さます

例（亻） レイ／たとえる

歴（止） レキ

列（刂） レツ

連（辶） レン／つらなる／つらねる／つれる

練（糸） レン／ねる

路（足） ロ／じ

老（耂） ロウ／おいる／（ふける）

労（力） ロウ

朗（月） ロウ／㊥ほがらか

六（八） ロク／む／むっ つ／むっつ／むい

録（金） ロク

論（言） ロン

ワ

和（口） ワ／（オ）／㊥やわらぐ／㊥やわらげる／㊥なごむ／㊥なごやか

話（言） ワ／はなす／はなし

部首一覧

1画

一	いち
丨	ぼう　たてぼう
丶	てん
ノ	の　はらいぼう
乙	おつ
乚	おつ
亅	はねぼう

2画

二	に
亠	なべぶた　けいさんかんむり
人	ひと
亻	にんべん
𠆢	ひとやね
入	いる
儿	ひとあし　にんにょう
八	はち
ハ	は
冂	どうがまえ　けいがまえ　まきがまえ
冖	わかんむり
冫	にすい
几	つくえ
凵	うけばこ
刀	かたな
刂	りっとう
力	ちから
勹	つつみがまえ
匕	ひ
匚	はこがまえ
匸	かくしがまえ
十	じゅう
卜	と　うらない
卩	わりふ　ふしづくり
㔾	わりふ　ふしづくり
厂	がんだれ
厶	む
又	また

3画

口	くち
口	くちへん
囗	くにがまえ
土	つち
土	つちへん
士	さむらい
夂	すいにょう　ふゆがしら
夕	た　ゆうべ
大	だい
女	おんな
女	おんなへん
子	こ
子	こへん
宀	うかんむり
寸	すん
小	しょう
⺌	しょう
尢	だいのまげあし
尸	かばね　しかばね
屮	てつ
山	やま
山	やまへん
川	かわ
巛	かわ
工	え　たくみ
工	たくみへん
己	おのれ
巾	はば
巾	はばへん　きんべん
干	かん　いちじゅう
幺	よう　いとがしら
广	まだれ
廴	えんにょう
廾	こまぬき　にじゅうあし
弋	しきがまえ
弓	ゆみ
弓	ゆみへん
彡	さんづくり
彳	ぎょうにんべん
⺍	つかんむり
忄	りっしんべん
扌	てへん
氵	さんずい
犭	けものへん
艹	くさかんむり
辶	しんにょう　しんにゅう
阝	おおざと
阝	こざとへん

4画

心	こころ
⺗	したごころ
戈	ほこ　ほこづくり　ほこがまえ

戸	と
戸	とだれ とかんむり
手	て
支	し
攵	のぶん ぼくづくり
文	ぶん
斗	とます
斤	きん
斤	おのづくり
方	ほう
方	ほうへん かたへん
日	ひ
日	ひへん
曰	ひらび いわく
月	つき
月	つきへん
木	き
木	きへん
欠	あくび かける
止	とめる
歹	かばねへん いちたへん がつへん
殳	るまた ほこづくり
毋	なかれ
比	ならびひ くらべる
毛	け
氏	うじ
气	きがまえ
水	みず
火	ひ
火	ひへん
灬	れんが れっか
爫	つめかんむり つめがしら
父	ちち
片	かた
片	かたへん
牛	うし
牛	うしへん
犬	いぬ
王	おう
王	おうへん たまへん
礻	しめすへん
耂	おいかんむり おいがしら
月	にくづき
5画	
玄	げん
玉	たま
瓦	かわら
甘	かん あまい
生	うまれる
用	もちいる
田	た
田	たへん
疋	ひき
𤴔	ひきへん
疒	やまいだれ
癶	はつがしら
白	しろ
皮	けがわ
皿	さら
目	め
目	めへん
矛	ほこ
矢	や
矢	やへん
旡	なし ぶ すでのつくり
石	いし
石	いしへん
示	しめす
禾	のぎ
禾	のぎへん
穴	あな
穴	あなかんむり
立	たつ
立	たつへん
氺	したみず
罒	あみがしら あみめ よこめ
衤	ころもへん
6画	
竹	たけ
⺮	たけかんむり
米	こめ
米	こめへん
糸	いと
糸	いとへん
缶	ほとぎ
羊	ひつじ
羽	はね
而	しかして しこうして
耒	すきへん らいすき
耳	みみ
耳	みみへん
聿	ふでづくり

	肉	にく
	自	みずから
	至	いたる
	臼	うす
	舌	した
	舟	ふね
	舟	ふねへん
	艮	ねづくり　こんづくり
	色	いろ
	虍	とらがしら　とらかんむり
	虫	むし
	虫	むしへん
	血	ち
	行	ぎょう
	彳亍	ぎょうがまえ　ゆきがまえ

	衣	ころも
	西	にし
	覀	おおいかんむり
7画	見	みる
	臣	しん
	角	かく　つの
	角	つのへん
	言	げん
	言	ごんべん
	谷	たに
	豆	まめ
	豕	ぶた　いのこ
	貝	かい　こがい
	貝	かいへん
	赤	あか

	走	はしる
	走	そうにょう
	足	あし
	𧾷	あしへん
	身	み
	車	くるま
	車	くるまへん
	辛	からい
	辰	しんのたつ
	酉	ひよみのとり
	酉	とりへん
	釆	のごめへん
	里	さと
	里	さとへん
	舛	まいあし

	麦	むぎ
8画	金	かね
	金	かねへん
	長	ながい
	門	もん
	門	もんがまえ
	阜	おか
	隶	れいづくり
	隹	ふるとり
	雨	あめ
	雨	あめかんむり
	青	あお
	非	あらず　ひ
	斉	せい
	飠	しょくへん

9画	面	めん
	革	かくのかわ　つくりがわ
	革	かわへん
	音	おと
	頁	おおがい
	風	かぜ
	飛	とぶ
	食	しょく
	首	くび
	香	か　かおり
10画	馬	うま
	馬	うまへん
	骨	ほね
	骨	ほねへん
	高	たかい

	髟	かみがしら
	鬼	おに
	鬼	きにょう
	竜	りゅう
11画	魚	うお
	魚	うおへん
	鳥	とり
	鹿	しか
	麻	あさ
	黄	き
	黒	くろ
12画	歯	は
	歯	はへん
13画	鼓	つづみ
14画	鼻	はな